铁路桥涵工程质量安全监督检查指南

中铁大桥局集团有限公司◎编著

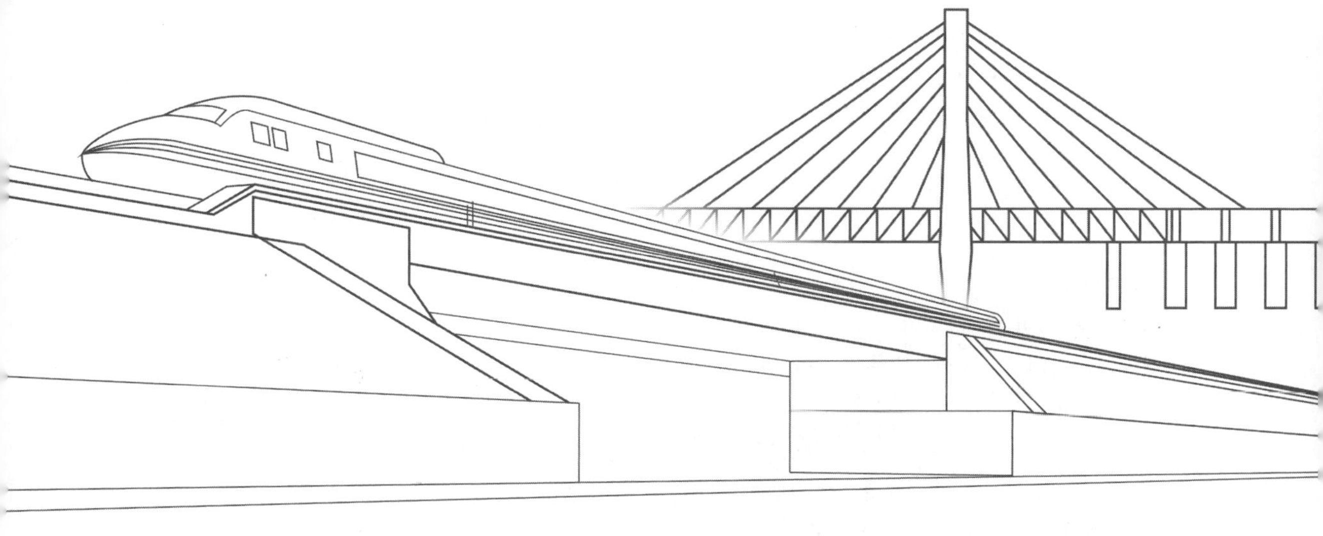

中国铁道出版社有限公司
CHINA RAILWAY PUBLISHING HOUSE CO., LTD.

内容简介

本书共分十七章，遵循“便捷、实用”的原则，依据铁路桥涵工程施工质量验收标准和安全技术规程等相关标准规范，并结合中铁大桥局多年来的铁路桥涵施工经验，系统梳理总结出铁路桥涵施工过程中各工序的关键质量检查要点和安全检查要点，有助于提高桥涵施工过程质量、安全管控水平和监督检查效率。

本书可供广大铁路桥涵施工人员，尤其是质量、安全监督检查人员，参考使用。

图书在版编目（CIP）数据

铁路桥涵工程质量安全监督检查指南/中铁大桥局集团有限公司编著.—北京：中国铁道出版社有限公司，2025.4

ISBN 978-7-113-30249-8

Ⅰ.①铁… Ⅱ.①中… Ⅲ.①铁路桥-桥涵工程-工程质量监督-指南 Ⅳ.①U448.13-62

中国国家版本馆CIP数据核字（2023）第087837号

书　　名：铁路桥涵工程质量安全监督检查指南
作　　者：中铁大桥局集团有限公司

责任编辑：朱荣荣　　　　**编辑部电话：**（010）51873017
封面设计：崔丽芳
责任校对：苗　丹
责任印制：高春晓

出版发行：中国铁道出版社有限公司（100054，北京市西城区右安门西街8号）
网　　址：https://www.tdpress.com
印　　刷：河北宝昌佳彩印刷有限公司
版　　次：2025年4月第1版　2025年4月第1次印刷
开　　本：787 mm × 1 092 mm　1/16　**印张：**20　**字数：**474千
书　　号：ISBN 978-7-113-30249-8
定　　价：108.00元

— 编委会 —

前 言

质量安全监督检查是推进铁路建设标准化管理、改善施工作业环境、消除质量安全隐患、防止质量安全事故发生的重要手段。

中铁大桥局集团有限公司结合自身在铁路桥涵施工质量安全管控方面的经验，在系统研究国家政策、标准规范、各铁路项目施工标准化要求等基础上，编著《铁路桥涵工程质量安全监督检查指南》一书。全书共分十七章，涵盖不同类型铁路桥涵每道施工工序的施工工艺流程、质量检查要点、安全检查要点以及检查方法、需重点检查的资料，并提供了具有参考性的正面标准化图例和反面警示图例，旨在为各层级质量安全监督检查人员提供一本便捷、速查的工具书，提高铁路桥涵工程施工质量安全监督检查的效率。

本书编写过程中得到了国铁集团工管中心的系统指导和中国铁道出版社有限公司的大力支持，在此表示诚挚感谢。由于编写时间仓促，书中相关表述难免有疏漏之处，敬请广大读者批评指正。

另外，我公司以常见的桥梁施工工序或危险源为切入点，梳理出桥梁安全质量防控要点、易发事故点以及国内外的桥梁施工典型事故案例分析，编著《桥梁施工安全质量风险防控指南》一书并由中国铁道出版社有限公司出版，有兴趣的读者朋友可一并参考使用。

作 者

2024年12月

目 录

第一章

>> 基本规定

（1）建设各方应建立健全安全质量管理体系，设置专门管理机构，配置管理人员，落实责任制度，保证工程施工安全质量。

（2）建设各方人员应遵守安全生产有关法律法规要求，经过培训合格后上岗。特种作业人员必须按照国家相关规定经专门的安全作业培训，取得相应资格后方可上岗作业。

（3）现场施工应严格执行专项施工方案评审及实施制度，危险性较大的工程应编制专项施工方案；超过一定规模的危险性较大的分部分项工程的方案，应按照相关管理规定组织外部专家论证审查。

（4）原材料、半成品、构配件进场后，施工单位、监理单位应按照相关要求进行进场检验。

（5）施工中应采用合格的机械设备、仪器仪表、材料和安全防护用品等。

（6）施工中应严格执行危险源辨识、安全教育培训、技术交底、每天班前讲话等制度。

（7）特种作业、高处作业、水上作业、有限空间作业、起重吊装作业等和特种设备管理、施工用电管理、消防管理、火工品管理等均应严格遵守相关安全管理要求。

（8）施工单位应为现场作业人员配备合格的安全帽、安全带等劳保及安全防护用品并监督其规范使用，施工作业人员应严格执行各项安全操作规程。

（9）施工单位应为现场作业人员提供安全的现场作业条件，做好作业通道及平台的安全防护，设置醒目的安全警示等标识标牌。

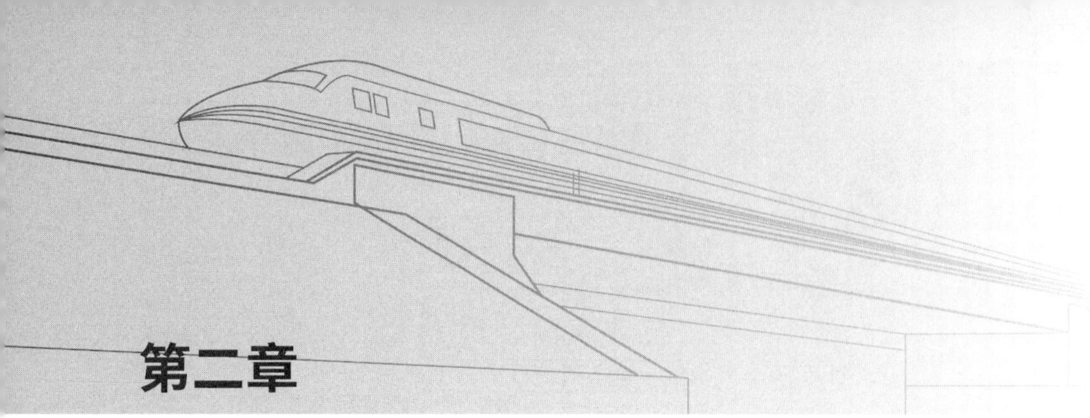

第二章

>> 明挖基础

第一节　总体施工流程

明挖基础的总体施工工艺流程如图2-1所示。

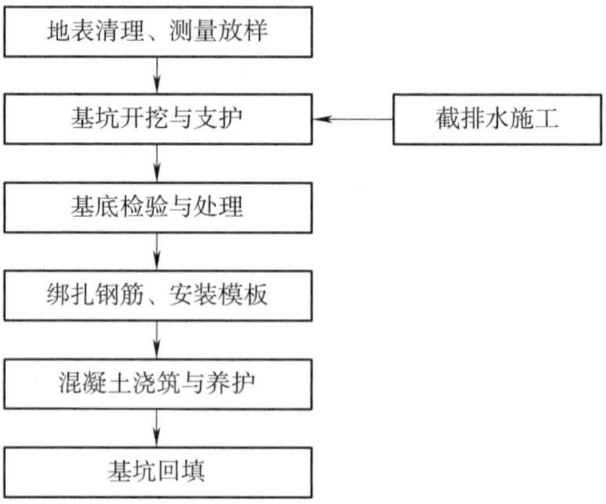

图2-1　明挖基础施工流程

第二节　基 坑 开 挖

一、质量检查要点

基坑开挖应遵循“先支护后开挖、有序分层开挖、严禁超挖、渣土及时清运、安全围挡与站位”等原则规范作业，如图2-2所示。

图2-2　基坑开挖规范作业

1. 检查内容

（1）基坑平面尺寸、坑底尺寸、基底地质条件和承载力是否符合设计要求。

（2）软弱不均地层的处理方案是否由设计提出。

（3）基坑边坡坡度是否符合设计要求。

（4）基坑开挖方法和顺序是否按照方案执行。

2. 易发问题

（1）不按设计或专项施工方案进行基坑开挖。

（2）基底、边坡超挖，基坑平面尺寸、深度、坡度不符合设计要求。

3. 检查方式

现场核查（目测、量具实测、现场抽检、抽查资料）。

4. 核查资料

设计、方案、交底、试验数据（报告）等有关资料。

二、安全检查要点

1. 检查内容

（1）深度超过3 m的基坑施工是否编制专项施工方案，专项施工方案是否完善，深度超过5 m的基坑施工方案是否经专家评审。

（2）开挖顺序、支护措施是否符合设计、专项施工方案要求。

（3）深基坑周边构筑物的沉降变形观测是否按设计或方案实施，是否对沉降变形数据进行记录与分析，是否对超限情况进行应急处理。

（4）是否对基坑所在地下管线提前进行调查，开挖过程中是否进行探挖或采取保护措施。

（5）开挖、弃土外运是否有专人指挥。

（6）基坑降水、截排水设施是否符合要求。

（7）上下作业通道的设置是否合理、安全。

（8）基坑四周安全防护及警示标识是否规范设置。

2. 易发问题

（1）机械交叉作业发生碰撞。

（2）基坑四周违规堆载导致边坡垮塌。

（3）违规采用局部开挖或从底层向四周掏土的方法施工导致基坑坍塌。

（4）基坑降水、截排水不及时导致基坑被淹、坍塌。

（5）作业通道不安全导致作业人员高坠受伤。

（6）挖断地下管线。

3. 检查方式

现场核查（目测、量具实测、抽查资料）。

4. 核查资料

方案及外部专家评审、安全交底、特种作业人员证件及培训等相关资料。

第三节　基坑支护

一、质量检查要点

基坑支护应遵循“结构简单、受力可靠、施工便捷、支护到位、循环利用”等原则规范作业，规范性的基坑支护如图2-3所示。

图2-3　基坑支护

1. 检查内容

（1）支护方式是否符合设计或专项施工方案要求。

（2）支护强度和稳定性是否经计算验证。

2. 易发问题

（1）不按设计或专项施工方案进行基坑支护。

（2）支护结构的质量（尺寸、材质等）不符合要求。

3. 检查方式

现场核查（目测、量具实测、现场抽检、抽查资料）。

4. 核查资料

方案、交底及基坑支护有关计算资料及支护材料的进场验收或试验资料。

二、安全检查要点

1. 检查内容

（1）支护体系是否有变形。

（2）支护体系和周边环境（建筑、道路、管线、地下水位等）是否开展监控量测，数据变化情况是否超限，是否对超限情况进行应急处理。

（3）支撑拆除时是否按自下而上分段进行。

（4）支撑拆除时是否有专人指挥，是否设置警戒区并撤离相关作业人员。

（5）基坑爆破开挖时，是否编制专项爆破方案并严格按方案执行。

2. 易发问题

（1）支护体系变形导致基坑垮塌。

（2）不均匀沉降导致周边构筑物受损。

3. 检查方式

现场核查（目测、量具实测、现场抽检、抽查资料）。

4. 核查资料

方案、安全交底、测量监测相关数据。

第四节 基底处理

一、质量检查要点

1. 检查内容

（1）基坑底部承载力、平整度、基底高程等是否符合设计要求。

（2）人工清底是否存在超挖和扰动基底的情况。

（3）基坑底部是否按设计和专项施工方案要求进行加固处理。

（4）基坑底部换填是否符合规范要求。

2. 易发问题

（1）基底超挖或欠挖。

（2）基坑底部承载力不满足设计要求。

（3）超挖、欠挖、换填材料和质量不符合设计或规范要求。

3. 检查方式

现场核查（目测、量具实测、现场抽检、抽查资料）。

4. 核查资料

设计文件、专项施工方案、技术交底、施工记录、测量及试验等相关资料。

基坑开挖到位后要及时对基底处理情况进行核验，如图2-4、图2-5所示。

图2-4 基底高程测量

图2-5 基底处理及检验

二、安全检查要点

1. 检查内容

（1）基底的临时排水、降水设施是否按设计和方案设置。

（2）人员上下通道设置是否符合要求。

（3）基坑加固处理设备使用是否安全。

（4）基底是否存在长时间积水或泡水现象。

2. 易发问题

降水、排水不及时导致基底泡水，降低地基承载力。

3. 检查方式

现场核查（目测、量具实测、现场抽检、抽查资料）。

4. 核查资料

专项设计、专项施工方案、安全交底。

第五节　混凝土基础

一、质量检查要点

1. 检查内容

（1）钢筋原材料质量及钢筋加工、连接和安装是否符合设计及现行《铁路混凝土工程施工质量验收标准》（TB 10424）相关要求。

（2）大体积混凝土基础是否编制专项温控方案，温控系统布置是否符合方案要求。

（3）模板及支撑结构强度、刚度、稳定性是否经过计算验证，安装质量是否满足设计要求。

（4）分层浇筑混凝土水平施工缝处理是否符合要求。

（5）混凝土外观质量有无裂缝和孔洞、疏松等缺陷。

2. 易发问题

（1）跑模、漏浆、钢筋移位。

（2）蜂窝、麻面、漏筋等外观质量缺陷。

（3）施工缝处理不到位或混凝土养护不到位出现裂纹或裂缝。

3. 检查方式

现场核查（目测、量具实测、现场抽检、抽查资料）。

4. 核查资料

专项方案、技术交底、施工记录、隐蔽工程影像资料等。

二、安全检查要点

1. 检查内容

（1）钢筋支撑骨架是否进行专项设计和检算，安装后应进行验收。

（2）上层钢筋是否堆放超重，严禁集中堆载。

（3）钢筋骨架安装是否稳固。

（4）作业人员上下通道是否规范、安全便捷。

2. 易发问题

（1）钢筋骨架垮塌，人员伤亡。

（2）安全防护不完善，人员高处坠落。

3. 检查方式

现场核查（目测、量具实测、抽查资料）。

4. 核查资料

专项方案、交底等相关资料。

第六节　基坑回填

一、质量检查要点

1. 检查内容

（1）基坑回填是否编制专项方案或作业指导书。

（2）基坑回填填料类别和填筑质量是否符合设计和规范要求。

（3）基坑回填前，基坑内是否有积水、淤泥或其他杂物。

（4）是否分层回填并逐层夯实，顶面高程是否符合设计要求，表面是否平整、密实。

2. 易发问题

基坑不按要求回填或未逐层夯实宜导致基坑土体松软、塌陷、积水。

3. 检查方式

现场核查（目测、量具实测、现场抽检、抽查资料）。

4. 核查资料

施工记录与交底相关资料。

基坑回填时应分层夯实以防止塌陷，如图2-6所示；基坑回填后表面应整平并压实，如图2-7所示。

图 2-6　基坑回填分层夯实

图 2-7　基坑回填整平

二、安全检查要点

1. 检查内容

（1）是否存在违规交叉作业，如向基坑内卸料或推土时应将基坑内摊铺压实作业人员撤离至安全位置。

（2）基坑有支护时，回填土是否与支护结构的拆除协调一致，不得破坏支护结构。

（3）自卸汽车、推土机等设备站位距基坑边缘是否有足够的安全距离。

2. 易发问题

（1）现场违章作业发生机械伤人事故。

（2）违规移除支护结构导致基坑坍塌。

（3）机械设备距基坑过近导致倾覆。

3. 检查方式

现场核查（目测、量具实测、抽查资料）。

4. 核查资料

方案、安全技术与交底资料。

第七节　明挖基础典型质量安全问题案例

（1）基坑边坡放坡不合理，如图2-8所示。

（2）基坑坑底泡水，如图2-9所示。

图 2-8　基坑边坡放坡不合理

图 2-9　基础排水设施不符合要求

（3）基坑坑底承载力不足，如图2-10所示。

（4）基坑开挖深度不足，如图2-11所示。

图 2-10　基础地基承载力不符合要求

图 2-11　基础开挖深度不足

（5）基坑边坡防护不到位，如图2-12所示。

（6）基坑支护不满足要求，如图2-13所示。

图 2-12　基础边坡防护质量不符合要求

图 2-13　基础未按照设计要求进行支护

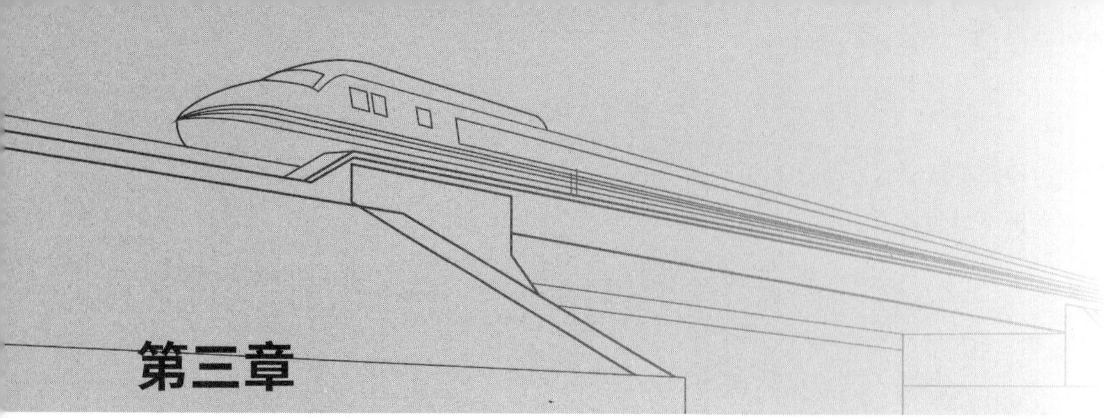

第三章

>> 桩 基 础

第一节　挖孔桩（井）

一、施工流程

挖孔桩（井）施工工艺流程如图3-1所示。

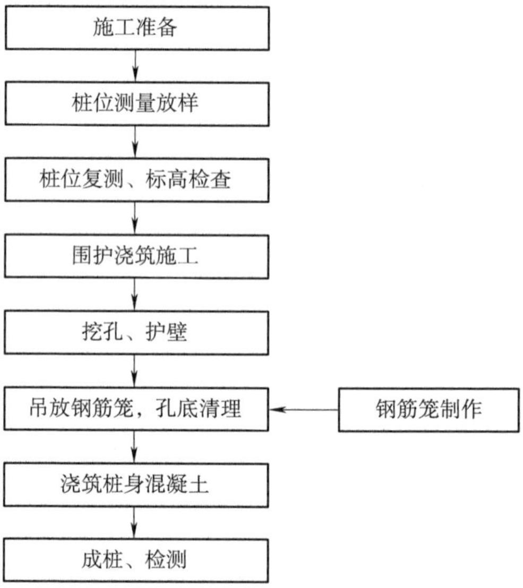

图3-1　人工挖孔桩（井）施工流程

二、质量检查要点

1. 检查内容

（1）挖孔桩的桩位、孔径测量放样是否与设计相符。

（2）挖孔达到设计深度后，桩底地质情况是否符合设计要求。孔底应平整、无松渣、淤泥、沉淀或扰动过的软层。

（3）孔型是否符合设计要求，孔径、孔深不应小于设计值。

（4）钢筋原材料质量，钢筋加工、连接和安装的检验，钢筋原材料表面质量和加工允许偏差的检验是否符合现行《铁路混凝土工程施工质量验收标准》（TB 10424）的相关规定，钢筋骨架的允许偏差是否符合表3-1的规定。

表3-1 挖孔桩钢筋骨架允许偏差

序 号	项 目	允许偏差
1	钢筋骨架在承台底以下长度	± 100 mm
2	钢筋骨架直径	± 20 mm
3	主钢筋间距	± 0.5 *d*（*d*为钢筋直径/mm）
4	加强钢筋间距	± 20 mm
5	箍筋间距或螺旋筋间距	± 20 mm
6	钢筋骨架垂直度	1%
7	钢筋保护层厚度	不小于设计值

（5）混凝土原材料、配合比设计、拌和质量和混凝土施工的检验是否符合现行《铁路混凝土工程施工质量验收标准》（TB 10424）的相关规定。

（6）桩身顶端超灌部分采用机械切除，切除后顶面应平整，粗骨料分布均匀，不应损坏基桩钢筋，切除时混凝土强度应达到10 MPa。

（7）桩身混凝土是否匀质、完整。桩身混凝土应全部进行无损检测，对桩身混凝土质量有疑问或设计有要求的桩，应采用钻芯取样进行检测。

（8）桩顶凿除后的高程和主筋伸入承台长度的允许偏差是否符合相关规定。

2. 易发问题

（1）桩基底岩层有夹层。

（2）桩底沉渣过厚。

（3）孔位偏差过大。

（4）桩孔歪斜。

（5）钢筋笼上浮。

（6）桩身混凝土夹渣、断桩、桩顶浮渣等质量缺陷。

（7）桩顶主筋嵌入承台内的长度不够。

3. 检查方式

现场核查（目测、量具实测、现场抽检、抽查资料）。

（1）检查施工记录、观察。

（2）测量检查和用检孔器或成孔检测仪器检查孔径、孔深、孔型。

（3）超声波检查孔的倾斜度及桩身完整性。

（4）尺量检查钢筋直径、间距、长度。

（5）测斜仪或掉线尺量检查钢筋骨架的垂直度。

（6）通过检查垫块尺寸检查钢筋保护层厚度。

桩位处应设置渣样盒及时核实桩底地质情况是否符合设计要求，如图3-2所示。

图3-2　设置孔口防护及渣样盒

4. 核查资料

设计文件、施工方案、技术交底、测量数据试验报告等有关资料。

三、安全检查要点

1. 检查内容

（1）施工前是否核对地质资料，判别是否满足挖孔桩施工的条件。

（2）孔口是否设置截排水沟，防止地表水流入孔内。孔口围圈应高出地面0.3 m以上，并设防护栏。

（3）孔内是否设置防护措施，例如应急软梯、护盖等防止物体坠落的设施。

（4）绞车、绞绳、吊斗、卷扬机等提升设备性能是否完好，是否经常检查维修。起吊设备必须有限位器和防脱钩装置，渣桶应设锁定防翻措施。

（5）孔内作业时，作业人员是否正确配戴安全防护用品，孔口处是否安排配合作业人员，严禁单人独自进行挖孔作业。

（6）通风措施是否完善。应检查有害气体浓度，二氧化碳含量超过0.1%时，或其他有害气体超过允许浓度或孔深超过10 m时，应采用机械通风措施，供风量不能少于3 m^3/min。

（7）夜间作业时孔外是否悬挂示警红灯，孔内照明是否采用低压防爆灯。

（8）挖孔桩护壁是否做到随挖随护，护壁强度是否满足要求，每循环进尺不宜超过1 m，并应在当日连续施工完毕；护壁强度是否满足设计要求。

（9）弃渣是否及时运走。弃渣不得堆在孔口周围。

（10）孔底是否布有集水井，保证排水及时，无积水，地面排水设施良好通畅。

（11）如采用爆破施工，相关爆破安全措施是否到位。孔内爆破应采用浅眼爆破作业，邻近孔的作业人员应撤离至安全地带。

孔口护壁要做到随挖随护，严禁超挖，如图3-3所示。人工挖孔桩施工孔口防护，孔口围圈设置满足规范要求，临边防护措施到位，如图3-4所示。

图3-3　挖孔（井）桩施工

图3-4　人工挖孔桩施工孔口临边防护及遮盖

2. 易发问题

（1）不正确佩戴安全防护用品导致作业人员坠孔。

（2）孔口防护不到位、渣土提升设备检修保养不到位导致坠物伤人。

（3）护壁不及时或强度不够导致塌孔。

（4）孔内通风不到位导致作业人员窒息。

3. 检查方式

现场核查（目测、量具实测、抽查资料）。

4. 核查资料

方案、安全交底等相关资料。

第二节　钻　孔　桩

一、施工流程

钻孔灌注桩施工流程如图3-5所示。

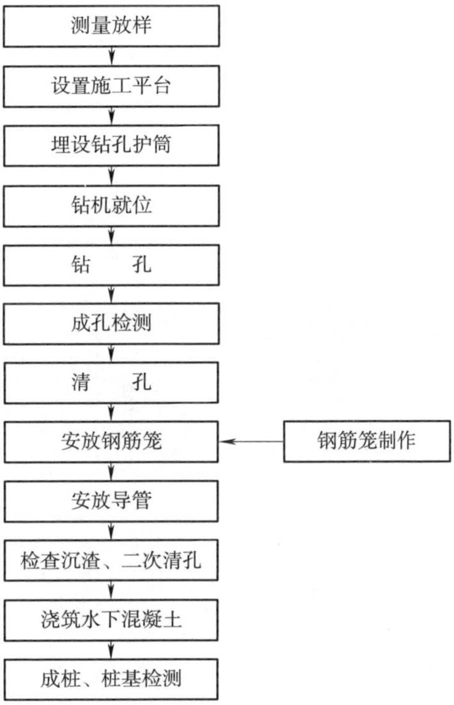

图3-5　钻孔灌注桩施工流程

二、质量检查要点

1. 检查内容

（1）钻孔达到设计深度后，桩底地质情况是否符合设计要求，如图3-6所示。

（2）孔径、孔深是否小于设计值，孔型是否符合设计要求，钻孔桩钻孔允许偏差应符合表3-2的规定。

（3）灌注水下混凝土前应清底，桩底沉渣厚度是否符合设计要求。设计无要求时，摩擦桩孔底沉渣厚度不大于200 mm、柱桩不大于50 mm。

图3-6　钻孔桩施工

表3-2　钻孔桩钻孔偏差

序　号	项　　目		允许偏差
1	护筒	顶面中心位置	50 mm
		倾斜度	1%
2	孔位中心		50 mm
3	倾斜度		1%

（4）钢筋原材料质量，钢筋加工、连接和安装的检验，钢筋原材料表面质量和加工允许偏差的检验是否符合现行《铁路混凝土工程施工质量验收标准》（TB 10424）的相关规定。钢筋骨架的允许偏差是否符合表3-2的规定。

（5）混凝土原材料、配合比设计、拌和质量和混凝土施工的检验是否符合现行《铁路混凝土工程施工质量验收标准》（TB 10424）的相关规定。

（6）钢筋笼采用全自动钢筋笼滚焊机长线法工厂化制作，如图3-7所示。

（7）钢筋笼安装过程中是否有专人指挥，起吊用的吊具和扁担梁是否经过专项设计确定，吊入钢筋笼时应对准孔中心竖直插入，严防触及孔壁；混凝土灌注时，现场是否采取防止钢筋笼上浮的有效措施。钢筋笼吊装如图3-8所示。

图3-7　钢筋笼制作

图3-8　钢筋笼吊装

（8）封孔前是否对导管水密试验并按导管编号顺序安装联结牢靠。导管水密性试验如图3-9所示。

图3-9　导管水密性试验

（9）料斗容量及首盘混凝土方量计算是否准确，首封混凝土宜埋住导管至少1 m；在随后灌注过程中，导管埋置深度宜控制在2 ~ 6 m范围内，严禁不经测算盲目提拔导管。桩基混凝土浇筑如图3-10所示。

（10）桩基混凝土是否合理超灌，桩顶混凝土面标高超过设计标高0.5 ~ 1.0 m，以确保桩头质量；桩身超灌部分是否采用环切工艺，切除后顶面混凝土是否密实，是否损伤钢筋或破坏钢筋保护层。桩头环切及整形如图3-11所示。

图3-10　桩基混凝土浇筑

图3-11　桩头环切及整形

2. 易发问题

（1）护筒冒水、脱落。

（2）钻孔偏斜。

（3）桩底沉渣过多。

（4）桩长小于设计值。

（5）钢筋笼上浮。

（6）混凝土导管堵管。

（7）桩顶混凝土强度不够。

（8）桩身混凝土夹渣或断桩。

（9）桩基成孔其他质量问题，如孔壁坍塌、缩孔、卡钻等。

3. 检查方式

现场核查（目测、量具实测、现场抽检、抽查资料）

4. 核查资料

设计文件、施工方案及相关结构计算、技术交底施工记录、检验及测量试验数据等有关资料。

三、安全检查要点

1. 检查内容

（1）钻机施工场地及行走道路是否平坦坚实，能否满足钻机正常工作和移动要求。

（2）钻机、钻具和吊钻头的钢丝绳是否符合设计要求，使用时是否有专人检查维修。钻机安装时，机架是否垫平、稳定。

（3）钻渣及其他重物是否堆积在孔口周围。

（4）钻孔桩停止施工时，钻头是否提出孔外安全放置，孔口是否有可靠防护措施。

（5）非施工状态的桩基孔口是否设防护盖和围栏并悬挂警示标识。孔口防护盖及围栏如图3-12所示。

（6）泥浆池是否设置防护围栏并悬挂“泥浆池危险请勿靠近”等警示标识。泥浆池临边防护如图3-13所示。

图3-12　钻孔桩施工孔口防护

图3-13　钻孔桩施工孔口防护

（7）邻近高压线或营业线施工，是否采取可靠的防触电、防倾覆措施。

（8）孔口连接时，固定钢筋笼的扁担梁是否经计算确定，是否固定牢靠，现场是否设专人指挥。

（9）水下浇筑混凝土时是否搭设浇筑工作平台并设置井口防护措施，确保操作人员安全，图3-14所示。

（10）夜间进行钢筋笼吊装和混凝土灌注时，灯光照明设施是否满足要求，是否安排专人值班和指挥。

图3-14　泥浆池临边标准化防护

2. 易发问题

（1）钻孔或钢筋笼吊装过程中钻机或吊机倾覆。

（2）钢丝绳断裂或与卷扬机脱开，钻头坠落。

（3）孔口塌陷、孔口防护不到位导致人员坠落。

（4）钻杆触碰高压电线造成触电。

（5）钢筋笼吊装时吊具或钢绳断裂变形、扁担梁断裂导致钢筋笼变形坠落。

（6）指挥不当等造成起重伤害。

（7）水下浇筑混凝土时人员落水，造成淹溺事故。

3. 检查方式

现场核查（目测、量具实测、抽查资料）。

4. 核查资料

施工方案、安全技术交底起重吊装、特种作业人员上岗证及培训等资料。

第三节　沉　入　桩

一、施工流程

沉入桩施工工艺流程如图3-15所示。

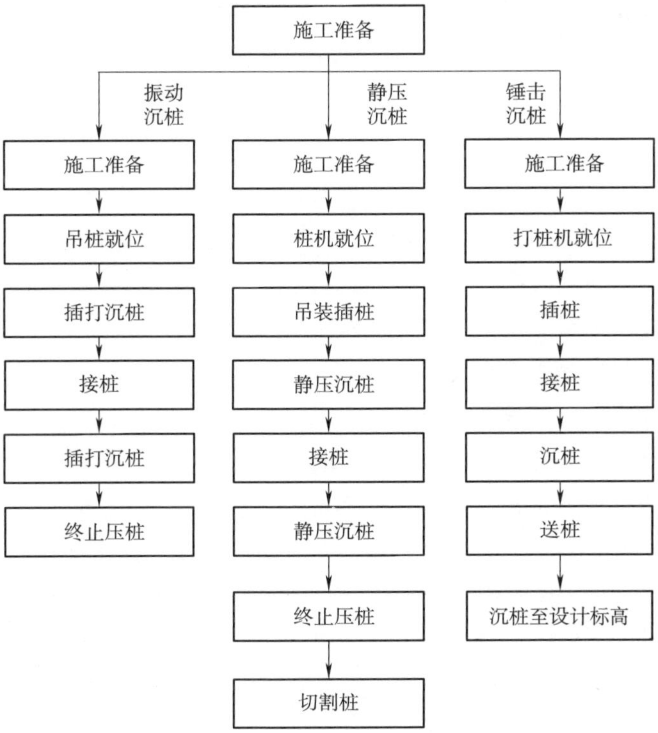

图3-15　沉入桩施工流程

陆上沉桩、水域沉桩施工如图3-16、图3-17所示。

图3-16　陆上沉桩施工

图3-17　水域沉桩施工

二、质量检查要点

1. 检查内容

（1）沉桩前是否对桩的质量进行验收，其质量和规格是否符合设计要求。

（2）沉桩之前，是否进行沉桩工艺试验。

（3）沉入桩的下沉、桩尖高程和最终贯入度是否符合设计和施工工艺要求。

（4）桩的承载力试验是否符合设计要求。

（5）接桩是否符合设计要求，连接是否牢固。

（6）桩顶高程和桩头处理是否符合设计要求。

（7）沉桩桩位允许偏差是否符合表3-3的规定。

表3-3　沉桩桩位允许偏差

序　号	项　　目		允许偏差
1	桩位	中间桩	$d/2$且不大于250 mm
		外缘桩	$d/4$
2	倾斜度	直桩	1%
		斜桩	$15\% \cdot \tan\theta$

注：d为桩径或短边（mm），θ为斜桩轴线与垂线间的夹角。

2. 易发问题

（1）桩顶位移或上升涌起。

（2）桩身倾斜。

（3）桩头击碎。

（4）桩身断裂。

（5）接头松脱、开裂。

（6）沉桩达不到设计深度要求。

（7）桩急剧下沉。

（8）桩身跳动，桩锤回弹。

3. 检查方式

现场核查（目测、量具实测、现场抽检、抽查资料）。

4. 核查资料

设计文件、施工方案、技术交底、施工记录及测量实际数据等有关计算资料。

三、安全检查要点

1. 检查内容

（1）桩的存放场地是否平整、坚实、不积水，堆放层数是否超高、支点设置是否合理（混凝土桩不超过4层、钢桩不超过3层），是否采取防滚动措施。

（2）桩的吊点位置是否合理，吊钩上是否有防松脱保护装置，吊装作业时是否有专人指挥。

（3）沉桩机械设备性能是否满足安全施工要求。

（4）振动沉桩时，沉桩机、机座、桩帽是否连接牢固，沉桩机与桩的中心是否在同一轴线上。

（5）射水沉桩时，高压水泵的压力和射水量是否有效控制，压力表、安全阀、输水管路是否完好。施工中严禁射水管对向人、设备和其他设施。

（6）沉桩过程中，是否采取措施监控和应急处理贯入度发生突变、桩身突然倾斜、桩头损坏、地面隆起或桩身上浮等问题。

2. 易发问题

（1）机械设备倾覆。

（2）指挥不当等造成起重伤害。

3. 检查方式

现场核查（目测、量具实测、抽查资料）。

4. 核查资料

施工方案、计算书、安全技术交底特种作业人员上岗证及岗前培训等资料。

第四节　土石围堰

一、施工流程

土石围堰施工流程如图3-18所示。

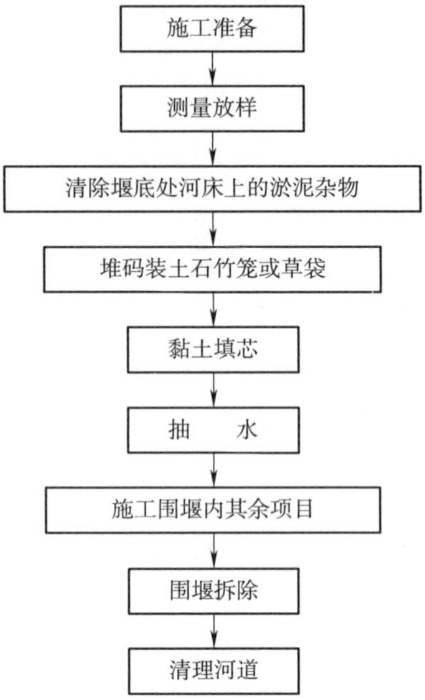

图3-18　土石围堰施工流程

二、质量检查要点

1. 检查内容

（1）围堰顶面的高程是否高出施工期间可能出现的最高水位（包括浪高）0.5～0.7 m。

（2）围堰的外形和尺寸是否考虑河流断面被压缩后流速增大导致水流对围堰本身和河床的集中冲刷，以及对河道泄洪、通航和导流的影响等不利因素。

（3）围堰的填筑是否分层进行，每层的压实度是否符合设计要求，是否有渗漏现象，是否满足强度和稳定性要求。

2. 易发问题

（1）填筑材料不合格。

（2）堰身填筑断面尺寸不满足设计要求。

（3）基底处理不合格。

（4）围堰漏水。

（5）压实度不足导致沉降变形。

3. 检查方式

现场核查（目测、量具实测、现场抽检、抽查资料）。

4. 核查资料

方案、交底及有关计算资料。

三、安全检查要点

1. 检查内容

（1）土石围堰填筑宽度是否满足承受水压力和流水冲刷的要求。

（2）围堰外侧迎水面是否采取防冲刷措施。

（3）围堰内侧坡脚与基坑边缘距离是否满足设计要求，最小不得小于1.0 m。

（4）吸泥船吹砂筑岛时，作业区内是否有其他船舶和无关人员进入，承载吸泥管道的浮筒上是否有人员驻留或行走。

（5）采用钢筋笼卵（片）石围堰的，钢筋笼下水时是否采取打桩等方式稳固。

（6）河床横坡较大时，是否在围堰外侧插打防护桩等防护措施。

（7）围堰周边是否设置防护栏杆并悬挂醒目的安全警示标识。

土石围堰顶面标高，外形和尺寸，填筑施工满足设计和规范要求，如图3-19所示。

图3-19 土石围堰施工

2. 易发问题

（1）土石围堰外侧冲刷导致坍塌。

（2）临边防护不到位导致人员落水。

（3）不均匀沉降导致设备倾覆。

3. 检查方式

现场核查（目测、量具实测、抽查资料）。

4. 核查资料

方案、交底及有关计算资料。

第五节 钢板（管）桩围堰

一、施工流程

钢板（管）桩围堰施工流程如图3-20所示。

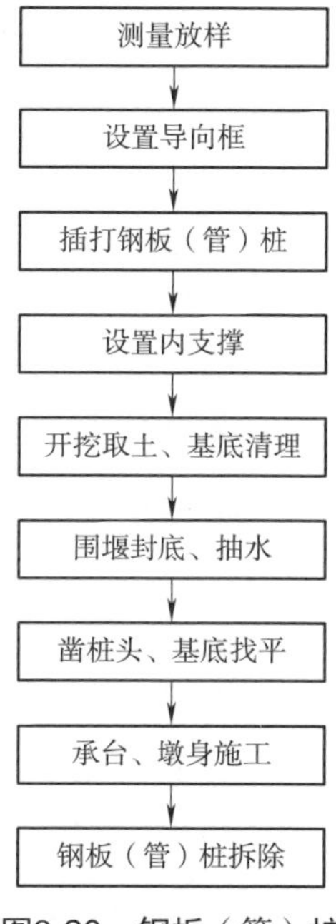

图3-20 钢板（管）桩围堰施工流程

二、质量检查要点

1. 检查内容

（1）钢板（管）桩进场是否全数检验合格证和出厂检验报告。

（2）钢板（管）桩外观质量是否有严重缺陷，外形尺寸是否符合设计要求，锁口是否满足通过性试验。

（3）拼接钢板（管）桩端头间隙不应大于3 mm，断面错位不应大于2 mm。钢管桩管节对口拼装时，相邻管节的焊接应错开1/8周长以上，相邻管节的管径、板边高差允许偏差是否符合现行《钢围堰工程技术标准》（GB/T 51295）相关要求。

（4）钢板（管）桩围堰几何尺寸是否符合设计要求。内支撑安装质量标准、钢管桩围堰成型后施工验收是否符合现行《钢围堰工程技术标准》（GB/T 51295）相关要求。

（5）围堰封底混凝土施工质量是否符合现行《钢围堰工程技术标准》（GB/T 51295）相关要求。

钢管桩围堰及内支撑，钢板（管）桩围堰尺寸符合设计要求，内支撑安装质量和钢板（管）桩围堰成型后施工验收符合相关规范要求，如图3-21所示。

钢板桩围堰封底混凝土，封底混凝土浇筑前钢护筒外壁及围堰内壁表面干净无杂质，封底厚度满足设计要求，如图3-22所示。钢管桩围堰开挖取土及封底如图3-23所示。

图3-21 钢管桩围堰及内支撑

图3-22 钢板桩围堰封底

图3-23 钢管桩围堰开挖取土及封底

2. 易发问题

（1）钢板（管）插打困难。

（2）钢板（管）变形、倾斜。

（3）封底厚度不足，基坑隆起。

（4）围堰渗漏水。

（5）锚固段太浅或支撑未固定牢靠，外部水和土侧压力大而失稳。

3. 检查方式

现场核查（目测、量具实测、现场抽检、抽查资料）。

4. 核查资料

设计文件、施工方案、技术交底、施工记录及测量实际数据等有关计算资料。

三、安全检查要点

1. 检查内容

（1）钢板桩起吊时，是否听从信号指挥。采用吊机吊装锤打钢板桩时，是否掌握钢丝绳的松弛度。

（2）水中插打钢板桩时，是否有安全可靠的打桩船或工作平台，四周设安全防护。

（3）围堰内外水头差、内支撑应力是否按设计控制，围堰及内支撑是否有变形现象。

（4）拔桩顺序是否按从下游往上游的顺序依次进行；拔桩设备应有超载和限位等安全装置，不得超载硬拔；顶层围檩是否拆除一组拔一组，不得一次性预先拔除；拔桩前是否拴好溜绳，拔桩机械作业范围及桩位不得站人。

2. 易发问题

（1）未编制专项施工方案或未按审批的专项施工方案组织施工。

（2）钢板桩吊装或拆除作业时，无人指挥。

（3）钢板桩插打顺序不按设计要求施工。

（4）水中插打钢板桩时，未设置工作平台和防护栏杆。

钢板桩施工现场不规范，四周应设置防护栏杆，并设置足够的游泳圈、救生绳等防护用品，人员上下应使用爬梯，现场危险部位应设置警示标识，如图3-24所示。

图3-24　钢板桩施工现场不规范

3. 检查方式

现场核查（目测、量具实测、抽查资料）。

4. 核查资料

设计文件、施工方案、技术交底、施工记录。

第六节　钢套（吊）箱围堰

一、施工流程

施工流程如图3-25、图3-26所示。

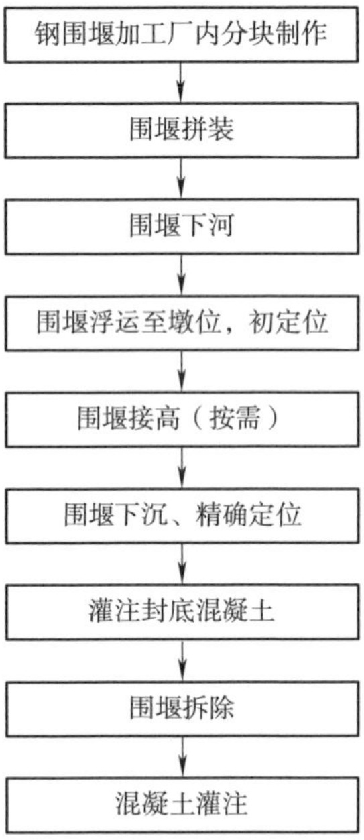

图3-25　钢套箱围堰施工流程

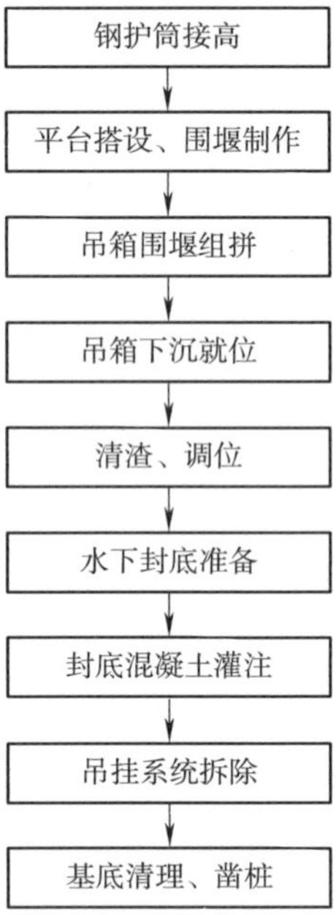

图3-26　钢吊箱围堰施工流程

二、质量检查要点

1. 检查内容

（1）钢套（吊）箱围堰节段拼装的焊缝是否进行超声波探伤检验。

（2）壁板及隔舱板拼装对接焊是否进行抗渗试验。

（3）钢套（吊）箱围堰节段拼装、钢吊箱围堰拼装时围堰吊杆及底板拼装、钢套（吊）箱围堰下沉就位允许偏差项目是否符合《钢围堰工程技术标准》（GB/T 51295）相关要求。

（4）水下混凝土封底时，是否用多根导管同时按规定的顺序对称浇筑，保证灌注质量和数量，厚度均匀。根据封底面积和每根导管的作用半径（混凝土流动半径）来确定平面上布设导管的数量和位置。

钢套（吊）箱围堰节段按设计分块顺序进行拼装，如图3-27所示。

钢套（吊）箱围堰吊装和下放施工，钢套（吊）箱围堰整体拼装场地选择、吊装运输方案和浮吊型号选择应满足设计和规范要求，钢套（吊）箱围堰吊挂系统吊点位置和吊杆材质应满足设计和规范要求，如图3-28所示。

钢套（吊）箱围堰封底混凝土浇筑，水下混凝土浇筑时导管的数量、浇筑顺序、浇筑质量和数量应满足设计和规范要求，如图3-29所示。

图3-27　钢套（吊）箱围堰节段拼装顺序

图3-28　钢套（吊）箱围堰吊装和下放施工

图3-29　钢套（吊）箱围堰封底混凝土浇筑

2. 易发问题

（1）套箱围堰基底清理不到位。

（2）围堰倾斜。

（3）平面定位偏差过大。

（4）钢套（吊）箱侧板间连接不合格。

（5）封底混凝土施工质量、厚度不合格。

（6）围堰渗漏水。

3. 检查方式

现场核查（目测、量具实测、现场抽检、抽查资料）。

4. 核查资料

设计文件、检验报告、施工方案、技术交底、施工记录及测量实际数据等有关计算资料。

三、安全检查要点

1. 检查内容

（1）钢吊箱强度、刚度及吊装方法是否满足施工要求。

（2）在浮船或浮箱上组装钢围堰时，四周是否设置缆风绳，并下锚固定，在锚定线路上是否设浮标。船锚在施放时，位置是否准确，并要采取措施，防止下锚时锚链（绳）缠绕或刮伤人。浮船及浮箱上，是否备有足够数量的救生及防火设备。

（3）在壁板或隔板内焊接钢围堰时，是否采取机械通风措施，舱内的空气温度不得超过25 ℃，二氧化碳等有害气体的浓度含量不得超过1.0%。

（4）钢围堰起吊前是否对吊点、吊具等构件进行检查，正式起吊前是否落实检查签证程序，是否安排专人指挥。

（5）钢围堰范围内是否设置醒目的警示浮标和防撞设施。

现场施工安全规范，人员及临边防护措施到位，起重吊装作业规范，设置专人指挥、监督，配备有足够数量的救生用品，现场整洁美观，如图3-30、图3-31所示。

图3-30　现场施工安全防护

图3-31　现场施工安全防护

2. 易发问题

（1）钢套（吊）箱围堰垮塌。

（2）起重设备倾覆、吊物坠落，造成设备损坏、人员伤亡。

（3）作业人员沿围堰攀爬，发生高处坠落。

（4）电焊机接线不规范，电弧造成作业人员伤亡。

（5）单壁钢吊箱内抽水时，内支撑强度不够，导致围堰垮塌。

3. 检查方式

现场核查（目测、量具实测、抽查资料）。

4. 核查资料

现场核对施工方案、计算书、安全技术交底等资料。

第七节　承　　台

一、施工流程

承台施工流程如图3-32所示。

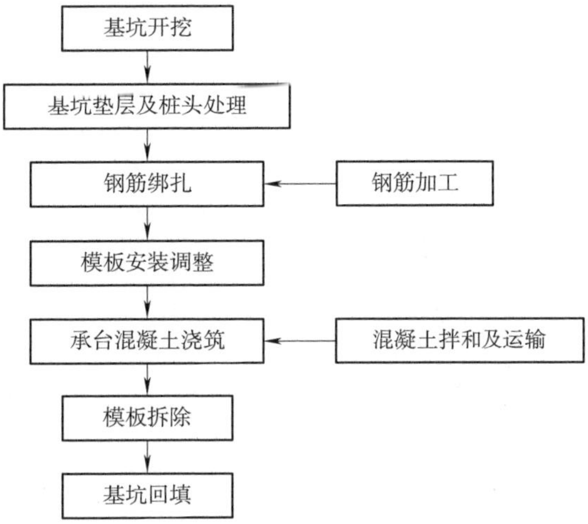

图3-32　承台施工流程

二、质量检查要点

1. 检查内容

（1）钢筋原材料质量、加工、连接和安装的检验是否符合现行《铁路混凝土工程施工质量验收标准》（TB 10424）相关条款的规定。

（2）预埋墩身钢筋伸入承台中的长度是否符合设计要求。

（3）混凝土原材料、配合比设计和拌和、混凝土施工的检验是否符合现行《铁路混凝土工程施工质量验收标准》（TB 10424）相关条款的规定。

（4）桩头与承台连接是否符合设计要求。

（5）承台允许偏差是否符合表3-4的规定。

表3-4　承台允许偏差

序　号	项　　目	允许偏差/mm
1	结构尺寸	±30
2	顶面高程	±20
3	轴线偏位	15

2. 易发问题

（1）桩头凿除不到位。

（2）承台养护不当。

（3）承台外观质量不合格。

（4）墩身预埋钢筋位置偏差过大。

3. 检查方式

现场核查（目测、量具实测、现场抽检、抽查资料）。

4. 核查资料

施工记录、设计文件、施工记录和交底资料。

三、安全检查要点

1. 检查内容

（1）深基坑工程专项施工方案的完整性、针对性。

（2）深基坑排水措施（不得浸泡基底）；边坡防护措施（围堰、边坡坡度、喷锚质量）；基坑变形监测；操作平台及支撑系统（应稳固可靠，满足施工需要）。

（3）钢筋支撑骨架是否进行施工设计和检算，安装后进行验收。上层钢筋上严禁堆放超重的材料和机具。

水中承台施工，墩身钢筋伸入承台中的长度符合设计要求，如图3-33所示。

岸上承台施工，承台模板设置规范，如图3-34所示。

图 3-33　水中承台施工

图 3-34　岸上承台施工

承台施工现场安全防护符合规范，临边防护措施到位，坑边无堆载，安全警示标示明确，整洁美观，如图3-35所示。

图 3-35　承台施工现场安全防护

2. 易发问题

（1）不按设计或专项施工方案进行基坑支护。

（2）临边防护未按要求设置。

（3）人员上下通道未按要求设置。

（4）坑边堆载不符合要求。

3. 检查方式

现场核查（目测、量具实测、抽查资料）。

4. 核查资料

（1）安全生产责任制运行记录。

（2）安全防护设施验收记录、变更记录。

（3）劳保用品“三证”及发放使用记录。

（4）劳务人员管理台账、体检、进出场及培训交底记录。

（5）现场核对方案、交底及基坑支护有关计算资料。

第八节 桩基础承台施工典型质量安全问题案例

一、桩基础施工典型问题案例

1. 事故简况

2007年年末，某施工现场对某桩进行开钻。该桩长21.8 m、桩径1.2 m，当钻进10.3 m时，孔内水位突然下降许多，孔口水面冒出细密的水泡，出土量显著增加，进尺量很小，钻机负荷显著增加。现场立刻停止钻进，经检查确认，该孔孔壁坍塌。

2. 事故原因

（1）直接原因

①使用的泥浆不符合要求。反循环旋挖钻工艺时，泥浆由黏土和水拌和而成，制备的泥浆必须满足下列指标：相对密度1.05～1.2，黏度16～22 s，含砂率4%～8%。该泥浆相对密度为0.8～0.9，没有起到护壁的作用。孔内水位低于地下水水位，致使孔内水位压强降低。

②该标高处土质多为黏性土。由于旋挖钻冲击速度快，再加上制备的泥浆相对密度不足，护壁不好，导致坍孔发生。

（2）间接原因

技术人员未及时进行检测，无法及时调整施工参数。

二、围堰施工典型问题案例

1. 事故简况

××年××月××日上午，某长江大桥4号墩围堰内10名工人正在进行桩基接长所需的桩头混凝土凿除和除渣工作，后续围堰上浮、坍塌并没于水中，同时，用于围堰内除渣的浮吊船（位于围堰岸侧）上的ZSL43140型起重机吊臂坠落，致使堰内工人和1名岸边洗衣妇女失踪，如图3-36所示。

图3-36　围堰坍塌事故现场

2. 事故原因

（1）围堰结构设计存在缺陷：围堰结构与构造不合理，结构承载力和稳定性安全储备不足。计算水位173.5 m的围堰结构构造沿用设防水位155 m的结构构造，构造设计本身不合理；在施工水位168.4 m（事故发生时水位）时结构应力水平偏高，局部应力超标，结构稳定性系数偏低，可能存在的围堰结构整体上浮对钢围堰的冲击等影响。最终导致围堰结构在隔仓混凝土顶面截面处断裂，成为上下两部分，进而出现围堰断裂、上浮、倾倒、漂移、沉没。

（2）施工组织管理不力：在围堰内桩头处理施工过程中，施工区域水位持续上涨，施工方没有意识到高水位对围堰结构安全造成的危害，在没有及时采取补救措施的前提下仍然继续组织大量人员在围堰内进行施工。

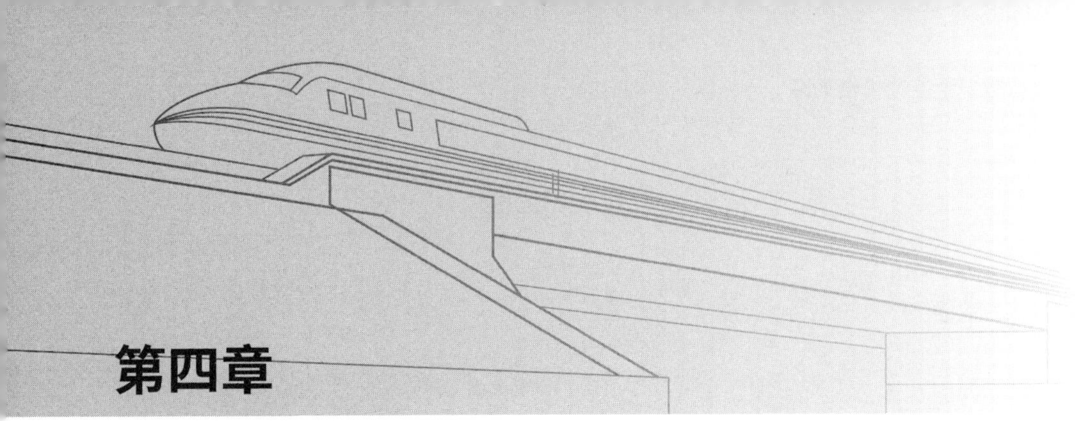

第四章

>> 沉井基础

第一节　总体施工流程

沉井基础施工流程如图4-1所示。

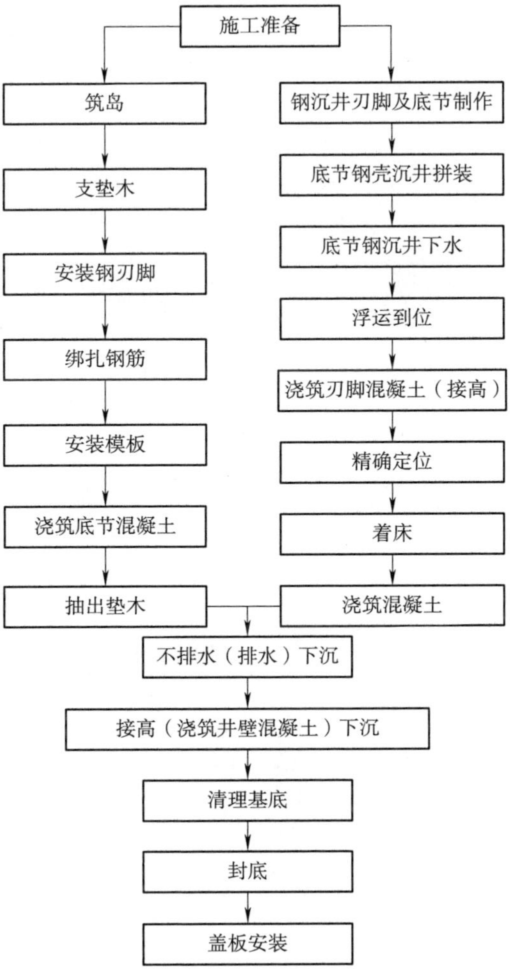

图4-1　沉井基础施工流程

第二节 钢沉井制造

一、质量检查要点

1. 检查内容

（1）原材料规格、强度是否符合设计及相关规定要求。

（2）板单元下料尺寸精度是否符合设计及相关规定要求。

（3）现场焊接是否按照已评定的焊接工艺进行焊接。

（4）钢沉井单元体焊接顺序是否按照专项施工方案执行。

（5）钢沉井单元件的加工尺寸及组拼精度是否满足设计要求及有关技术规范的规定。

底节钢沉井分块制造及拼装规范、标准板单元下料尺寸、焊接、拼装顺序符合设计及相关技术规定要求，如图4-2～图4-5所示。

图4-2 底节钢沉井T字形块制造

图4-3 底节钢沉井十字形块制造

图4-4 底节钢沉井圆弧块制造

图4-5 底节钢沉井总拼

底节钢沉井主要焊缝的探伤检查主要有煤油渗透性检查、磁粉探伤检查和超声波探伤检查，如图4-6～图4-8所示。

底节钢沉井从制造基地运往施工现场所采用的运输方式是否满足其尺寸及重量等要求。适合的运输方式，如图4-9～图4-11所示。底节钢沉井半潜驳运输如图4-12所示。

图4-6　底节钢沉井焊缝煤油渗透性检查

图4-7　底节钢沉井磁粉探伤检查

图4-8　底节钢沉井焊缝超声波探伤检查

图4-9　钢沉井基础制造

图4-10　钢沉井浮运离开船坞

图4-11　底节钢沉井拖轮运输

图4-12　底节钢沉井半潜驳运输

2. 易发问题

（1）上下层沉井节段间出现较大错台。

（2）接高的钢沉井节段间焊接质量出现缺陷而导致漏水。

（3）接高的混凝土节段重量控制出现偏差导致沉井倾斜或突沉。

（4）沉井监测元器件损坏造成无法实时监测沉井姿态和应力变化情况。

3. 检查方式

现场核查（目测、量具实测、现场抽检、抽查资料）。

4. 核查资料

专项施工方案交底及现场施工原始记录。

二、安全检查要点

1. 检查内容

（1）密闭空间焊接是否进行有毒有害气体检测和通风。

（2）是否配备护目镜、绝缘鞋及绝缘手套等并正确使用。

（3）板单元、构件支撑点等结构部件是否抄垫规范。

2. 易发问题

（1）密闭空间气体未检测造成人员窒息、中毒等。

（2）劳动防护用品佩戴不规范造成个人伤害。

（3）板单元、构件支撑点抄垫不密实造成坍塌、高处坠落、物体打击等伤害。

3. 检查方式

现场核查（目测、量具实测、抽查资料）。

4. 核查资料

专项方案及验收等。

第三节　底节沉井拼装（陆地）

一、质量检查要点

1. 检查内容

（1）沉井拼装场地地基承载力及沉降是否符合设计及相关规定要求。

（2）在支垫上立模制作钢筋混凝土沉井底节时，支垫的布置是否满足设计要求且方便抽取。

（3）混凝土原材料、配合比及拌和是否符合设计及规范要求。

（4）混凝土沉井浇筑时是否设置防水型拉杆。

（5）混凝土浇筑需对称进行，严格控制刃脚混凝土顶面高程偏差。

底节钢沉井陆地拼装场地地基承载力、支垫布置及混凝土浇筑符合方案和规范标准，如图4-13、图4-14所示。

图4-13 陆地底节钢沉井拼装及支垫

图4-14 陆地底节混凝土沉井浇筑

2. 易发问题

（1）沉井拼装场地不均匀沉降导致沉井拼装过程发生变形、倾斜及无法拼装。

（2）沉井刃脚下方支垫布置不合理且未按照方案抽取，导致沉井倾斜。

（3）混凝土沉井未采用防水型拉杆，导致沉井结构耐久性降低且沉井拉杆孔处存在漏水现象。

3. 检查方式

现场核查（目测、量具实测、现场抽检、抽查资料）。

4. 核查资料

专项施工方案及相关计算资料。

二、安全检查要点

1. 检查内容

（1）吊装方案是否编制并通过专家评审。

（2）胎架及胎架基础使用前应通过检验验证其尺寸、平整度、承载力、刚度等是否符合设计要求，作业区是否设置安全警戒区。

（3）胎架及胎架基础投入使用后是否开展定期检查。

（4）吊耳焊缝是否经过检验，强度是否满足要求。

（5）块体装载时是否抄垫或抄垫是否平稳，块体装载完成后是否采取加固措施或加固措施是否牢靠。

2. 易发问题

（1）吊装方案未编制或未按照规范进行专家评审，造成程序性失控。

（2）胎架及胎架基础未经检验就投入使用，承载力、刚度未满足要求，作业区未设置安全警戒区等造成结构失稳坍塌、物体打击、高处坠落等伤害。

（3）胎架及胎架基础投入使用后未开展定期检查形成安全隐患，造成结构失稳坍塌等。

（4）吊耳焊缝未经过检验，强度未满足要求等造成起重伤害。

（5）块体装载时未抄垫或抄垫不平稳，块体装载完成后未采取加固措施或加固措施不牢靠造成坍塌、物体打击等伤害。

（6）吊机在单元块之间还未形成有效连接时即松钩，造成起重伤害。

3. 检查方式

现场核查（目测、量具实测、抽查资料）。

4. 检查方式

专项施工方案及相关计算资料。

第四节　底节沉井拼装、定位（水上）

一、质量检查要点

1. 检查内容

（1）底节沉井拼装高度是否满足下水浮运最小高度要求。

（2）刃脚混凝土浇筑前隔舱内是否清理干净，无积水、建筑垃圾及其余杂物。

（3）钢沉井下水前底节是否进行水压试验，其余各节是否进行水密性试验。

（4）浮式沉井在浮运、就位、下沉和着床时，上述各工况下是否进行稳定性验算。

（5）沉井浮运前是否对拖运、定位、导向、起吊及排、灌水等相关设备设施进行检查。

（6）沉井着床后是否持续对河（海）床局部冲刷及因冲淤引起的河（海）床高差进行监测。

底节钢沉井水上定位的方式、方法符合要求底节钢沉井水上定位前所需船舶、水密、测量等进行全方面准备及检查，如图4-15、图4-16所示。

图4-15　钢沉井水上定位

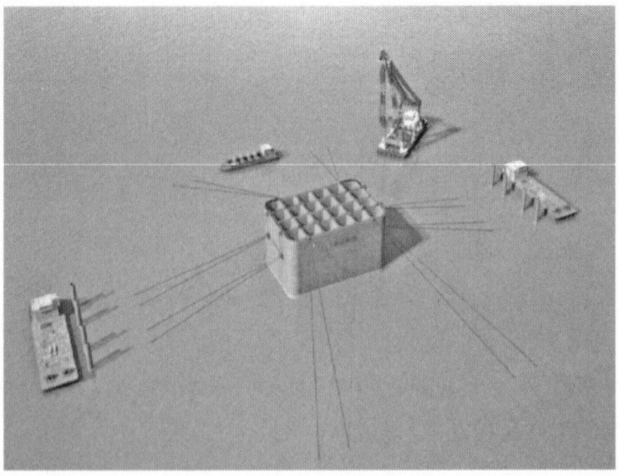

图4-16　钢沉井水上定位

2. 易发问题

（1）底节沉井拼装高度不满足下水浮运最小高度要求，沉井沉没风险将极大地增加。

（2）刃脚混凝土浇筑前隔舱内未清理干净，存在积水、建筑垃圾及杂物等，造成刃脚强度降低，沉井下沉过中刃脚变形。

（3）浮运过程中钢沉井焊缝处漏水，沉井存在沉没风险。

（4）沉井着床后，未对沉井周围河床面进行监测，造成河床局部冲刷过大，影响沉井着床稳定性。

3. 检查方式

现场核查（目测、量具实测、现场抽检、抽查资料）。

4. 核查资料

专项施工方案及相关计算资料。

二、安全检查要点

1. 检查内容

（1）定位、着床施工期间和水下作业是否由专人统一指挥。

（2）锚绳盘绕是否有序，是否便于放绳，是否存在死结。抛锚时，锚绳圈内及附近是否有人员侵入。

（3）是否提前与海事部门沟通和联系，是否发布通航公告，是否采取临时封航或交通管制措施，作业过程中是否安排警戒船加强警戒。

（4）各工作拖轮及其他船只在锚区内行驶时锚绳是否缠绕。

（5）主、边锚绳是否收紧，以便减少施工时水流阻力、风力等水平力的变化而引起的钢沉井移位。张拉收紧锚绳时，千斤顶前后是否有人员经过或停留。

（6）钢沉井定位后，各锚绳受力是否均匀，同一组锚绳受力是否相同，锚绳出水长度（或与水平面夹角）是否相等。

（7）水下切割封底板前是否检查钢丝绳收紧情况，避免出现钢丝绳出现不受力状况。

钢沉井施工作业平台标准的布置及防护，钢沉井施工平台在施工过程中规范的布置及防护，如图4-17～图4-23所示。

图4-17　施工作业平台临边防护整体规范作业

图4-18　施工作业平台脚手板铺设规范作业

图4-19　沉井孔口防护规范作业

图4-20　沉井通道圆弧段脚手板规范作业

图4-21　沉井施工临边防护栏杆规范作业

图4-22　沉井施工安全警示牌设置规范作业

图4-23　沉井节段规范吊装作业

2. 易发问题

（1）现场调度信息沟通不畅，造成现场指挥混乱。

（2）现场钢丝绳使用不当，造成钢丝绳打结受力不均甚至钢丝绳崩断等严重后果。

（3）锚绳定位偏差大，造成缠绕事故发生。

（4）人员未规范穿戴救生衣造成溺水事故。

（5）水下作业未经协调擅自作业。

（6）水下作业监控措施不到位，深潜作业未严格按照方案要求设置减压舱，造成潜水员存在犯职业病的危害。

3. 检查方式

现场核查（目测、量具实测、抽查资料）。

4. 核查资料

专项施工方案、施工记录。

第五节　沉井接高、下沉

一、质量检查要点

1. 检查内容

（1）陆地沉井地面接高时，沉井顶露出地面高度不小于0.5 m。

（2）水中沉井水上接高时，沉井顶露出水面高度需满足表4-1的要求，一般宜高出施工水位1.5 m。

表4-1　沉井接高要求

计算条件	参数取值	备　注
最高施工水位	H_1	20年一遇最高水位
河床高程	H_2	—
冲刷深度	H_3	防冲刷处理
入土稳定深度	H_4	—
浪高	H_5	—
高出水面工作高度	H_6	—
第二节沉井接高后下沉量	H_7	—
首节最小高度	$H=(H_2-H_1)+H_3+H_4+H_5+H_6+H_7$	
接高底节露出水面最小高度	$H=H_1+H_5+H_6+H_7$	

（3）接高前应将沉井的倾斜纠正到允许偏差范围内，接高各节的竖向中轴线应与前一节的中轴线相重合。

（4）沉井着床前刃脚混凝土强度是否满足设计及相关规定要求。

（5）沉井接高前，是否对沉井接高过程中重量增加导致沉井下沉及倾斜等工况进行验算。

（6）在不稳定的土层或砂层中下沉时，是否保持井内水位高于井外一定的水位差，防止翻砂。

（7）是否根据桥址处水文、地质情况和沉井的结构特点确定下沉方法，并对不同下沉工况进行必要的验算。

（8）下沉至设计高程后位置偏差是否符合设计要求。

（9）在钢沉井接高及井壁混凝土浇筑过程中，是否对监测元器件进行保护，监测元器件的存活率应满足设计要求。

钢沉井吸泥下沉及接高过程中的监测、指令及所采取的方法等，如图4-24 ~ 图4-28所示。

图4-24　钢沉井吸泥下沉

图4-25　钢沉井接高

图4-26　钢沉井接高（陆上混凝土节段施工）

图4-27　钢沉井接高（水上混凝土节段施工）

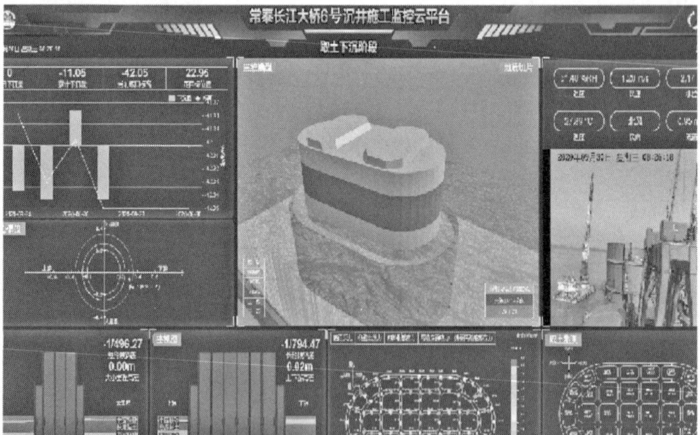

图4-28　钢沉井接高下沉智能监测系统

2. 易发问题

（1）上下层沉井节段间出现较大错台。

（2）接高的钢沉井节段间焊接质量出现缺陷而导致漏水。

（3）接高的混凝土节段重量控制出现偏差导致沉井倾斜或突沉。

（4）沉井监测元器件损坏造成无法实时监测沉井姿态和应力变化情况。

3. 检查方式

现场核查（目测、量具实测、现场抽检、抽查资料）。

4. 核查资料

专项施工方案及相关计算资料。

二、安全检查要点

1. 沉井接高

（1）检查内容

①接高、下沉施工期间是否由专人统一指挥。

②吊装用的浮吊就位抛锚时，抛锚船是否侵入航道，抛锚作业时是否安排警戒船进行警戒。

③钢沉井接高吊装施工是否选择水流流速小、风速小的平潮期进行，施工前提前3～4天是否告知海事部门，是否发布通航公告，是否采取临时封航或交通管制，作业过程中是否安排警戒船上下游加强警戒。

④钢沉井节段吊装前，是否对浮吊及其吊装用钢丝绳、高强度卸扣、卷扬机等设备进行检查，是否对钢沉井吊耳、原钢沉井定位装置焊接质量进行检查。

⑤钢沉井节段正式起吊前，是否核对钢沉井吊点与卸扣销轴的直径是否一致以及钢丝绳的角度、长度，以确保各钢丝绳都同步受力。

（2）易发问题

①现场调度信息沟通不畅，造成现场指挥混乱。

②吊装时浮吊侵入航道或未设置警戒船，浮吊与过往船只间碰撞，造成沉船事故。

③恶劣气候下未停止吊装作业，形成重大隐患风险，未提前告知海事部门，或未发布通航公告，或未采取临时封航，或交通管制，或未设置警戒船只，被海事部门处罚。

④大体积接高块未按方案施工，造成走锚等风险。

⑤大体积重物吊装前未对吊索具进行检查，发生起重伤害。

⑥大体积重物吊装吊点、销轴及钢丝绳不匹配，造成受力不均。

⑦吊装作业未封闭区域，造成人员侵入吊装区域。

（3）检查方式

现场核查（目测、量具实测、抽查资料）。

（4）核查资料

专项施工方案、检查记录、通航公告。

2. 沉井下沉

（1）检查内容

①是否严格按照监控指令进行吸泥作业。

②临边防护栏杆是否按方案布置。

③门吊在暂停使用时，是否夹好夹轨器并拉设缆风绳牢固，沉井突沉前是否对门吊、其他小型机具、设备、气瓶等进行加固。

沉井上下节段间及与栈桥平台间设置规范的作业通道，如图4-29所示。

图4-29　沉井上下通道规范作业

（2）易发问题

①未严格按照监控指令进行吸泥作业，造成沉井突沉。

②龙门吊支架平台（吸泥平台）、高处、临边、临水作业平台、安全通道等未经过检查验收就投入使用，造成门吊、支架承台等倾覆，对作业人员造成物体打击，高处坠落、溺水等伤害。

③临边防护栏杆未设置或临时拆除后未及时恢复完善造成人员高处坠落、溺水等伤害。

④门吊冒顶造成门吊倾覆。

⑤门吊在暂停使用时未夹好夹轨器和拉设缆风绳牢固，造成门吊倾覆；突沉时未对门吊加固，造成门吊倾覆；突沉时未对其他小型机具、设备、气瓶等进行加固，人员未及时撤离造成物体打击、高处坠落、溺水等伤害。

⑥局部超挖过深、刃脚下掏空过多，导致沉井倾斜或突然下沉。

（3）检查方式

现场核查（目测、量具实测、抽查资料）。

（4）核查资料

专项施工方案、施工记录。

第六节　沉井基底清理与封底

一、质量检查要点

1. 检查内容

（1）沉井下沉至设计高程后，基底地质条件是否满足设计要求。

（2）清理后的基底距隔墙底的高度、刃脚埋深和有效面积是否符合设计要求。

（3）沉井终沉完成后，应进行沉降观测，沉降满足设计要求时，方可进行封底。

（4）封底混凝土的原材料、配合比等是否满足要求，沉井应在封底混凝土强度达到设计强度后方可抽水填充。

钢沉井封底如图4-30所示。

图4-30　沉井封底

2. 易发问题

（1）在水下混凝土封底前，未对导管逐根进行水密性和压力试验，可能导致封底导管漏水，影响封底混凝土质量。

（2）在封底混凝土灌注过程中，未严格控制导管埋深，导管埋深过大造成堵管或导管拔出混凝土面造成封底混凝土出现夹层。

3. 检查方式

现场核查（目测、量具实测、现场抽检、抽查资料）。

4. 核查资料

专项施工方案、施工记录。

二、安全检查要点

1. 检查内容

（1）是否严格按照施工现场安全规程及施工工艺、施工操作规程、施工设计进行施工。

（2）沉井基底清理与封底时高处、临边、临水作业平台、安全通道等使用前是否完成检查验收。

（3）临边防护栏杆是否设置。

（4）夜间施工时，是否配置好足够的照明设施，是否在危险处设隔离栅、防护网及明显标识。

2. 易发问题

清基、封底时高处、临边、临水作业平台、安全通道等未经检查验收就投入使用，造成平台坍塌或坠物伤人、人员坠落。

3. 检查方式

现场核查（目测、量具实测、抽查资料）。

4. 核查资料

方案、检查记录。

第七节　盖 板 安 装

一、质量检查要点

1. 检查内容

（1）盖板存放支点是否符合设计要求及相关规定。

（2）盖板是否按照其安装的先后顺序编号存放，存放时间是否符合相关规定。多层叠放时，层与层之间应以垫木隔开，上下层垫木应在同一条竖直线上。

（3）盖板安装前应检查构件强度是否满足设计图纸及相关规定要求。

（4）安装在同一井孔上的盖板，其施工的龄期差不宜超过10天，特殊情况不应超过30天。

（5）盖板安装位置应准确，相邻盖板之间接缝应满足相关要求，接缝之间应采用同等级水泥砂浆填充。

钢沉井盖板的预制、存放及安装，如图4-31~图4-33所示。

图4-31　盖板预制施工

图4-32　盖板存放

图4-33　盖板安装

2. 易发问题

（1）盖板在存放期间因支点沉陷而受到损坏或存放场地排水不畅导致盖板受水浸泡。

（2）盖板多层叠放时，层与层之间未采用垫木隔开，上下层垫木未在同一条竖直线上，使得下层构件出现负弯矩，造成盖板开裂。

（3）相邻盖板之间接缝不满足要求，接缝之间未采取措施填充，易导致承台混凝土浇筑时漏浆，影响承台混凝土浇筑质量。

3. 检查方式

现场核查（目测、量具实测、现场抽检、抽查资料）。

4. 核查资料

设计图纸、专项施工方案、施工记录。

二、安全检查要点

1. 检查内容

（1）是否严格按照相关专项施工方案进行施工。

（2）盖板吊装时是否设置警戒区域。

（3）吊装作业前是否对吊索具等进行检查。

钢沉井盖板吊点合理设置，便于吊装作业顺利进行，如图4-34所示。

图4-34 沉井盖板吊装作业

2. 易发问题

（1）未严格按照相关专项施工方案进行施工。

（2）高处、临边、临水作业平台、安全通道等未经检查验收就投入使用。

（3）临边防护栏杆是否设置或临时拆除后未及时恢复完善。

（4）盖板吊装时未设置警戒区域。

（5）吊装作业前未对吊索具等进行检查。

3. 检查方式

现场核查（目测、量具实测、抽查资料）。

4. 核查资料

方案、检查验收记录。

第八节　沉井施工典型质量安全问题案例

（1）钢沉井块单元对接错位问题

说明：钢沉井块单元对接时，块单元之间极易错位（图4-35）。

整改措施：分析错位产生原因，如错位较大时，重新起吊对位，如错位较小时，可采用千斤顶等装置进行纠偏。

（2）沉井附属射水管变形问题

说明：沉井附属设施射水管，在运输过程中碰撞导致变形（图4-36）。

图4-35　钢沉井块单元对接错位

图4-36　沉井附属射水管变形

整改措施：射水管为辅助沉井下沉的重要结构，需采取措施保证其安装质量。射水管变形严重时，需更换；如变形较小，可进行小幅度调整，恢复其原样。射水管对接完成后，需对该处接头进行焊缝外观及无损探伤检测，保证在射水管工作压力下不漏水。

（3）焊缝焊口未打磨问题

说明：沉井块单元体对接焊前焊口未打磨（图4-37）。

整改措施：焊口打磨需满足规范及相关标准要求，焊口未打磨不得进行下一道工序施工。

图4-37　焊缝焊口未打磨

（4）井壁隔舱混凝土面未清理干净问题

说明：沉井井壁隔舱内浇筑混凝土前检查发现交接面存在积水，且凿毛不到位，存在浮浆（图4-38）。

整改措施：混凝土交接面按照规范要求进行凿毛，露出新鲜的石子，且交接面无积水、杂物及淤泥等。

（5）射水管堵塞问题

说明：沉井射水管在吸泥下沉过程中易进杂物导致堵管，影响后期射水辅助下沉。

整改措施：在射水管端部加装管盖，避免杂物掉入堵塞射水管（图4-39）。

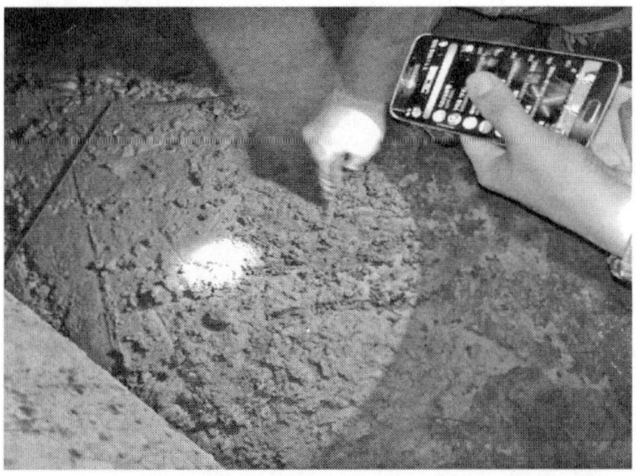

图4-38 井壁隔舱混凝土面未清理干净

图4-39 安装射水管盖

（6）吸泥支架管桩底口脱空问题

说明：沉井顶节井壁混凝土浇筑完成后，局部未浇满，导致后续吸泥支架钢管桩桩底仅支撑在钢沉井角钢及水平环板上，影响吸泥支架结构安全（图4-40）。

图4-40 吸泥支架管桩底口脱空

整改措施：采取在管桩底口灌浆的方式，使得吸泥支架管桩竖向力传递至隔舱混凝土上，保证吸泥支架结构安全。

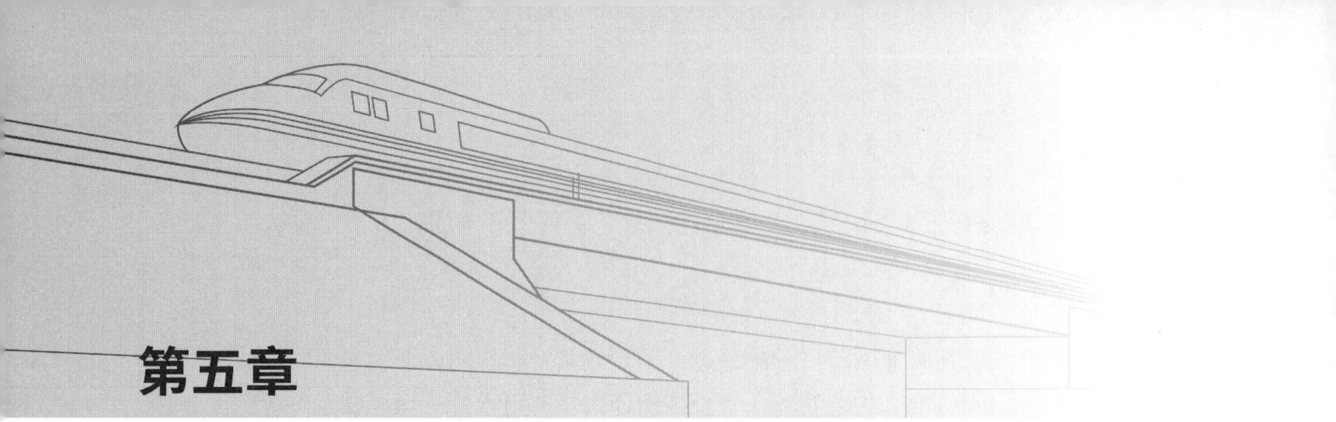

第五章

>> 墩　台

第一节　总体施工流程

墩台施工流程如图5-1所示。

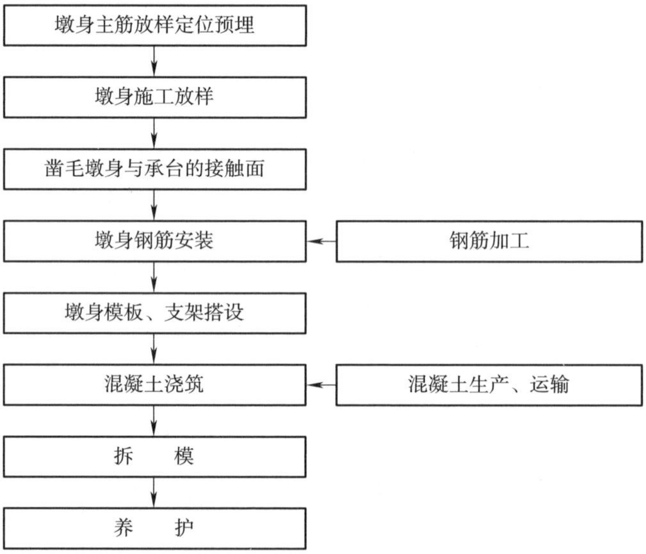

图5-1　墩台施工流程

第二节　墩台身施工

一、质量检查要点

1. 检查内容

（1）钢筋原材料质量，钢筋加工、连接和安装的检验应符合现行《铁路混凝土工程施工质量验收标准》（TB 10424）的相关规定。

（2）混凝土原材料、配合比设计和拌和，混凝土施工的检验和混凝土表面质量验收应符合现行《铁路混凝土工程施工质量验收标准》（TB 10424）的相关规定。

（3）墩台模板和支架应具有足够的强度、刚度和稳定性，连接牢固，能承受所浇筑混凝土的重力、侧压力及施工荷载，其弹性压缩、预拱度和沉降值等应符合设计要求。

（4）置于地基上的模板和支架的基础承载力应符合设计要求，并应有防排水或防冻胀措施。

（5）墩台模板和支架的材料质量及结构应符合施工设计要求。

（6）模板和支架安装应符合施工设计要求。安装应稳固牢靠，模板接缝严密，不应漏浆。模板与混凝土的接触面应清理干净并涂刷隔离剂。浇筑混凝土前，模板内的积水和杂物应清理干净。

（7）模板安装允许偏差应符合设计和相关规范的要求。

（8）拆除承重模板和支架时混凝土强度应符合设计和相关规范的要求。

（9）拆除非承重模板时，应保证混凝土表面及棱角不受损伤。

（10）预埋件和预埋孔洞的留置应符合设计和相关规范的要求。

（11）墩台混凝土宜连续浇筑，当分段浇筑时，施工接缝应符合设计要求。设计无要求时，应符合下列规定：

①施工缝的平面应与结构的轴线相垂直，边缘应处理平整。

②空心墩施工缝不宜设在空心段与实心段交界位置。

③墩台周边应设直径不小于16 mm的钢筋（设计有连接或护面钢筋时可不另设），钢筋埋入深度和露出长度均应不小于钢筋直径的15倍，间距应不大于20 cm。使用光圆钢筋时两端应设半圆形标准弯钩，使用带肋钢筋时可不设弯钩。连接钢筋的混凝土保护层厚度应符合有关规定。

（12）墩台顶面排水坡应符合设计要求。

（13）墩台允许偏差应符合表5-1的规定。

表5-1　混凝土墩台允许偏差

序　号	项　　目	允许偏差
1	墩台前后、左右边缘距设计中心线尺寸	± 20 mm
2	空心墩壁厚	± 5 mm
3	桥墩平面扭角	2°
4	表面平整度	5 mm
5	预埋件和预留孔位置	5 mm
6	空心墩通风孔位置	10 mm

（14）防水层所用原材料的品种、规格、质量、性能等应符合设计要求。

（15）防水层铺设工艺和铺设质量应符合设计要求和相关标准的规定。

（16）桥台泄水管与防水层应衔接良好。

墩台钢筋安装，钢筋连接和安装满足设计及规范要求，如图5-2、图5-3所示。

图5-2　墩台钢筋安装

图5-3　墩身钢筋安装

模板安装稳固牢靠，接缝严密，安装允许偏差满足规定，混凝土结构表面平整、颜色均匀，无露筋和蜂窝缺陷，如图5-4所示。

墩身混凝土表面用水浸湿，并外包塑料膜保湿、保温，如图5-5所示。

图5-4　墩台身模板安装

图5-5　墩身与承台混凝土养护

2. 易发问题

（1）墩柱错台严重。

（2）墩柱外观质量问题。

（3）墩柱模板和支架强度、刚度、稳定性不满足施工要求。

（4）混凝土保护层厚度不符合设计要求。

3. 检查方式

现场核查（目测、量具实测、现场抽检、抽查资料）。

4. 核查资料

设计文件、施工方案、施工记录和交底资料。

二、安全检查要点

1. 检查内容

（1）特种设备的采购（租赁）、安装、拆卸、检验、使用、备案和日常维修保养是否符合国家或相关行业标准的规定。

（2）施工电梯、塔式起重机等应按规定安装风速仪，风力4级及以上时不得进行加高和顶升作业，恶劣天气、风力6级及以上不得进行起重吊装作业。

（3）墩台身模板脚手支架作业平台和临边防护是否设置、是否牢固，临边防护栏杆且高度不应低于1.2 m。

（4）脚手支架搭设较高或风力较大时，是否拉设缆风绳并锚固牢靠。

（5）模板拉杆的规格、材质、数量和安装位置等是否符合模板设计要求，模板螺栓是否牢固，宜采用双螺母且露出不少于2丝。

（6）混凝土浇筑速度是否偏快。

（7）模板拆除前，混凝土是否达到设计或规范要求的强度；是否按照先上后下、先非承重后承重、分节分块、先立先拆的原则和顺序进行拆除。承重模板拆除时，混凝土强度是否达到设计要求。

（8）严禁自桥台一侧倾倒弃土，防止造成墩台偏压。

墩身施工规范、标准安全防护措施满足规范要求，划分作业区域，警示标示明确，设备有专人指挥、监督作业，外侧临边封闭防护措施到位，爬梯材质满足要求，坡度、踏步间距符合规范要求，现场整洁美观，如图5-6 ~ 图5-11所示。

图5-6 墩身施工规范作业

图5-7 墩台身施工现场安全防护

图5-8 墩台身施工现场安全防护

图5-9 墩台身施工现场安全防护

图5-10　墩台身施工现场安全防护

图5-11　墩台身施工现场爬梯设置

2. 易发问题

高处坠落、物体打击、起重伤害、触电、坍塌、机械伤害、爆模、钢筋倒塌。

3. 检查方式

现场核查（目测、量具实测、抽查资料）。

4. 核查资料

（1）安全生产责任制运行记录。

（2）安全防护设施验收记录变更记录。

（3）劳保用品“三证”及发放使用记录。

（4）劳务人员管理台账、体检、进出场及培训交底记录。

（5）机械设备和特种设备安拆方案、检查维保记录、特种作业人员操作证件。

（6）隐蔽工程验收记录。

（7）支架托架施工图纸、计算书、验收记录等。

第三节　墩顶盖（帽）梁

一、质量检查要点

1. 检查内容

（1）墩台帽、盖梁、系梁和挡块的施工应在墩、台身质量检验合格后方可进行。

（2）对墩台帽、盖梁和系梁施工所采用的托架、支架或抱箍等临时结构，应进行受力分析计算与验算。支架宜直接支承在承台顶部；当必须支承在承台以外的软弱地基上时，应对地基进行妥善加固处理，并应对支架进行预压。

（3）在墩台帽、盖梁和系梁与墩身的连接处，模板与墩台身之间应密贴，不得出现漏浆现象。钢筋安装施工时，应避免在钢筋的接头处起弯，并应保证钢筋的混凝土保护层厚度。对支座垫石的预埋钢筋及上部结构所需要的预埋件，其位置应准确。

（4）挡块施工时其位置的测量放样定位应准确，模板应牢固且在浇筑混凝土时应不产生移位。

（5）施工过程中应采取措施防止对墩、台身成品造成损伤和污染。

（6）墩顶盖（帽）梁允许偏差是否符合相关规范要求。

墩顶盖（帽）梁施工规范、标准模板安装稳固牢靠，接缝严密，安装允许偏差满足规定，施工支架固定牢靠，临边防护到位，混凝土结构表面平整、颜色均匀、无露筋和蜂窝缺陷，如图5-12所示。

支座垫石安装规范、标准锚栓孔的纵、横向中心位置、深度安装允许偏差满足规定，作业人员安全用品佩戴规范，临边防护到位，如图5-13所示。

图5-12　墩顶盖（帽）梁施工规范作业

图5-13　支座垫石安装

2. 易发问题

（1）外观质量问题。

（2）墩柱模板和支架强度、刚度、稳定性不满足施工要求。

（3）混凝土保护层厚度不符合设计要求。

3. 检查方式

现场核查（目测、量具实测、现场抽检、抽查资料）。

（1）检查原材料进场质量验收记录。

（2）混凝土拌和物出场质量验收记录。

（3）观察、尺量检查。

4. 核查资料

方案、交底及有关计算资料。

二、安全检查要点

1. 检查内容

（1）施工前是否按规定编制专项施工方案。

（2）模板及支撑体系是否进行专项施工设计和检算，是否具有足够的强度、刚度和稳定性，出厂前是否进行试拼装，模板规格、尺寸和平整度等是否符合设计要求。

（3）托架、支架或抱箍等临时结构是否经受力分析计算与验算合格，抱箍支撑是否为双抱箍，高大脚手架是否进行专项设计、检算。

（4）张拉千斤顶及锚具在使用前是否进行相关检验和检测。

（5）钢绞线下料时是否采用机械切割，并配置专用防护架。

（6）预应力张拉作业是否符合相关安全规定要求。

（7）模板结构的设计及检算资料是否齐全，并且满足规范要求。模板安拆是否按设计与施工方案要求进行作业。

（8）混凝土浇筑时，是否按照专项施工方案相关规定进行。

（9）混凝土浇筑时，应设专人进行监测，发现模板、支架、支撑出现位移、变形和异常情况时，应立即停止浇筑，施工人员撤离危险区域；排险工作应在施工现场负责人的指挥下进行。

2. 易发问题

高处坠落、物体打击、起重伤害、触电、坍塌、机械伤害、爆模。

3. 检查方式

现场核查（目测、量具实测、抽查资料）。

4. 核查资料

（1）安全生产责任制运行记录。

（2）安全防护设施验收记录变更记录。

（3）劳保用品“三证”及发放使用记录。

（4）劳务人员管理台账、体检、进出场及培训交底记录。

（5）机械设备特种设备安拆方案、检查维保记录、特种作业人员操作证件。

（6）隐蔽工程验收记录。

（7）支架托架施工图纸、计算书验收记录等。

第四节 支座垫石

一、质量检查要点

1. 检查内容

（1）钢筋原材料质量，钢筋加工、连接和安装的检验应符合现行《铁路混凝土工程施工质量验收标准》（TB 10424）的相关规定。

（2）混凝土原材料、配合比设计和拌和，混凝土施工的检验和混凝土表面质量验收应符合现行《铁路混凝土工程施工质量验收标准》（TB 10424）的相关规定。

（3）支承垫石的允许偏差应符合表5-2的规定。

表5-2 支承垫石允许偏差

序号	项目		允许偏差/mm
1	支承垫石	顶面高程	0 −10
		中心位置	10

续上表

序 号	项 目		允许偏差/mm
2	锚栓孔	纵、横向中心位置	5
		深 度	+20 0

支座垫石施工规范、标准支座垫石的顶面高程、中心位置安装允许偏差满足规定。混凝土结构表面平整、颜色均匀，无露筋和蜂窝缺陷，如图5-14所示。

图5-14 支座垫石施工

2. 易发问题

（1）混凝土强度不符合设计要求。

（2）支承垫石的尺寸、平面位置和顶面高程偏差过大。

（3）钢筋混凝土保护层厚度过小。

3. 检查方式

现场核查（目测、量具实测、现场抽检、抽查资料）。

（1）检查原材料进场质量验收记录。

（2）混凝土拌和物出场质量验收记录。

（3）观察、尺量检查。

4. 核查资料

设计文件、施工方案、施工记录和交底资料。

二、安全检查要点

1. 检查内容

（1）是否对支座安装图纸进行核查和编制施工方案。

（2）上下爬梯、临边防护是否规范设置。

（3）模板安拆是否严格按照相关规范的有关要求执行。

（4）混凝土浇筑时，是否按照专项施工方案相关规定进行。

2. 易发问题

高处坠落、物体打击、起重伤害、触电、坍塌、机械伤害、爆模。

3. 检查方式

现场核查（目测、量具实测、抽查资料）。

4. 核查资料

（1）安全生产责任制运行记录。

（2）安全防护设施验收记录变更记录。

（3）劳保用品“三证”及发放使用记录。

（4）劳务人员管理台账、体检、进出场及培训交底记录。

（5）机械设备特种设备安拆方案、检查维保记录、特种作业人员操作证件。

（6）隐蔽工程验收记录。

第五节　锥体及排水设施

一、质量检查要点

1. 检查内容

（1）锥体

①砌体原材料和砌筑的检验应符合现行《铁路混凝土工程施工质量验收标准》（TB 10424）的相关规定。

②砌体的结构形式、位置、基底高程及基础埋深应符合设计要求。

③护坡应与边坡密贴、无空洞，如图5-15所示。

图5-15　锥体施工

④桥台锥体护坡及边坡防护应完整并符合设计要求。

⑤砌体反滤层所用材料质量和规格应符合设计要求。

⑥混凝土砌块的检验应符合现行《铁路混凝土工程施工质量验收标准》（TB 10424）的规定。

⑦砌体允许偏差应符合表5-3的规定。

表5-3　砌体允许偏差

序　号	项　　目	允许偏差
1	顶面高程	± 50 mm
2	表面平整度	30 mm
3	坡度	不低于设计要求
4	厚度	不小于设计要求
5	底面高程	± 50 mm
6	反滤层厚度	不小于设计要求

（2）排水设施

①钢筋原材料质量、钢筋加工、连接和安装的检验应符合现行《铁路混凝土工程施工质量验收标准》（TB 10424）的相关规定。

②混凝土原材料、配合比设计和拌和，混凝土施工的检验和混凝土表面质量验收应符合现行《铁路混凝土工程施工质量验收标准》（TB 10424）的相关规定。

③砌体原材料和砌筑的检验应符合现行《铁路混凝土工程施工质量验收标准》（TB 10424）的相关规定。

④排水设施应置于稳定的地基上，基底应密实、平整、无草皮、树根等杂物，无积水且压实质量应符合设计要求。

⑤水沟垫层、反滤层、封层、沉降缝和泄水孔的材料、结构形式、尺寸、位置等应符合设计要求，并保证排水通畅。

⑥水沟铺砌应密实、平顺、整齐、接缝严密、无渗漏水，沟内不积水、无淤塞。

⑦水沟与既有沟渠的衔接应满足设计要求，排水系统应完整且排水通畅。路基与桥台衔接处的排水沟应与天然沟渠衔接，不应直接冲刷桥台锥体。

⑧排水沟各部允许偏差、检验数量及检验方法应符合表5-4的规定。

表5-4　排水沟各部允许偏差和检验数量

序　号	项　　目	允许偏差	施工单位检验数量
1	沟底中心位置	± 100 mm	每100 m抽样检验各5处
2	沟底高程	± 20 mm	
3	净空尺寸	± 20 mm	
4	沟底坡度	± 5%设计坡度	
5	厚度	−10 mm	
6	沟底平整度	20 mm	
7	沟顶高程	−20 ~ 0 mm	

⑨预制水沟及盖板各部允许偏差和检验数量应符合表5-5的规定。

表5-5　排水沟各部允许偏差和检验数量

序　号	项　　目		允许偏差/mm	检验数量
1	预制水沟厚度		−10	抽样检验2%
2	盖板	边长	−2 ~ +3	
3		对角线长	−2 ~ +4	
4		厚度	−2 ~ +4	

2. 易发问题

（1）原材料质量不符合设计要求。

（2）锥体的平面位置、轴线偏位偏差较大。

（3）排水设施平面位置、尺寸和轴线偏位较大。

3. 检查方式

现场核查（目测、量具实测、现场抽检、抽查资料）

（1）检查原材料进场质量验收记录。

（2）混凝土拌和物出场质量验收记录。

（3）观察、尺量检查。

4. 核查资料

施工记录、设计文件、施工方案、施工记录和交底资料。

二、安全检查要点

1. 检查内容

（1）砌筑片石、预制构件锥体护坡时，应按需要搭设作业平台，设置施工步梯，是否存在将片石、预制构件等自上而下滚落的现象。

（2）砌块采用人工搬运就位时，应捆绑牢固，动作一致，缓慢下放。砌块应用撬棍拨移，不得将手脚伸入拼砌面。

（3）使用小型吊机时，吊机机座应牢靠固定。吊送时，吊运范围内的施工人员应避让。

（4）砌筑桥台护锥，采用骨架及跳板等配合施工时，骨架与跳板应形成稳定结构，防止倾覆。

（5）围栏、吊篮、人行道和电缆槽、避车台支架安装的作业平台，应与墩、梁稳固连接。

2. 易发问题

（1）砌筑片石、预制构件锥体护坡时，未按需要搭设作业平台，设置施工步梯。将片石、预制构件等自上而下滚落。

（2）砌筑采用人工抬料就位时，未捆绑牢固，动作不一致，下放速度过快。将手脚伸入拼砌面拨移砌块。

（3）使用小型吊机时，吊机机座未固定，未严格遵守吊装作业安全操作规程。

（4）使用骨架、跳板、围栏、吊篮、人行道和电缆槽及其他临时结构时，未固定牢靠形成稳定结构。

（5）人员作业时，未正确使用劳动防护用品。

3. 检查方式

现场核查（目测、量具实测、抽查资料）。

4. 核查资料

安全技术交底、人员教育培训等资料。

第六节　墩台施工典型质量安全问题案例

一、模板爆模垮塌

1. 事故简况

2012年5月21日0时50分，由××单位承建施工的××铁路大桥6号墩，在浇筑混凝土至16 m高度时，模板发生爆模，造成3人死亡，如图5-16所示。

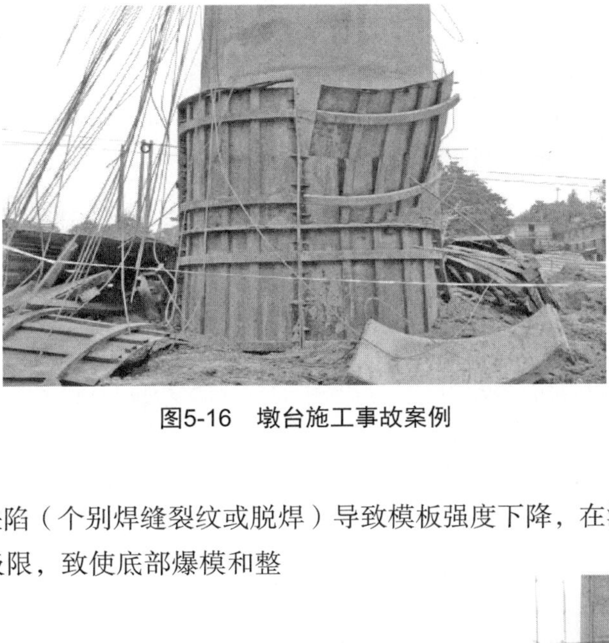

图5-16　墩台施工事故案例

2. 事故原因

模板局部存在缺陷（个别焊缝裂纹或脱焊）导致模板强度下降，在浇筑过程中模板所受侧压力超过其受力极限，致使底部爆模和整个模板垮塌。

二、模板倒塌

1. 事故简况

××年××月××日凌晨，由某单位承建的××铁路某特大桥在建桥墩突然倒塌，事故造成1人死亡、5人受伤，如图5-17所示。

图5-17　墩台施工事故案例

2．事故原因

（1）墩身模板节与节之间的法兰连接螺栓未按照设计要求安装。

（2）浇筑混凝土速度过快，导致模板受侧压力超过设计荷载。

三、模板坠落

1．事故简述

××年××月××日下午，由某单位承建的××铁路专线××特大桥桥墩拆模时，发生模板倒塌坠落事故，如图5-18所示。一名安全带挂设在模板背带上的操作工人随模板一起坠落，并被模板压盖，当场死亡；另一名操作工人未系安全带坠落后，送医途中死亡。

图5-18　墩台施工事故案例

2. 事故原因

（1）模板拆除时，待拆除墩身模板节与节之间的法兰连接螺栓未按照规定预留足够数量，吊机正在拆除另外一块弧形侧模。

（2）操作人员没有系安全带，一名操作人员将安全带挂设在拆除模板上，挂设位置不正确。

（3）操作人员在待拆模板没有可靠固定，且吊机没有挂钩的情况下盲目撬动模板，致使模板突然坠落。

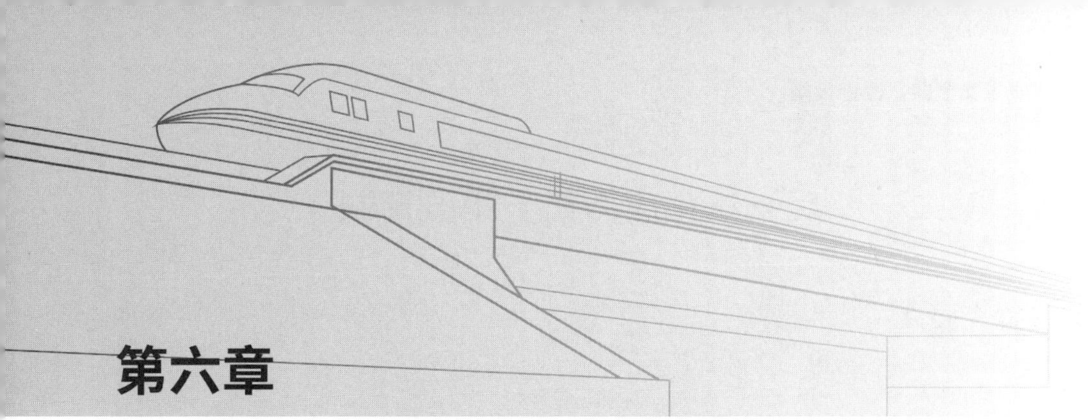

第六章

>> 预应力混凝土简支箱梁

第一节　总体施工流程

预应力混凝土简支箱梁施工工艺流程如图6-1所示。

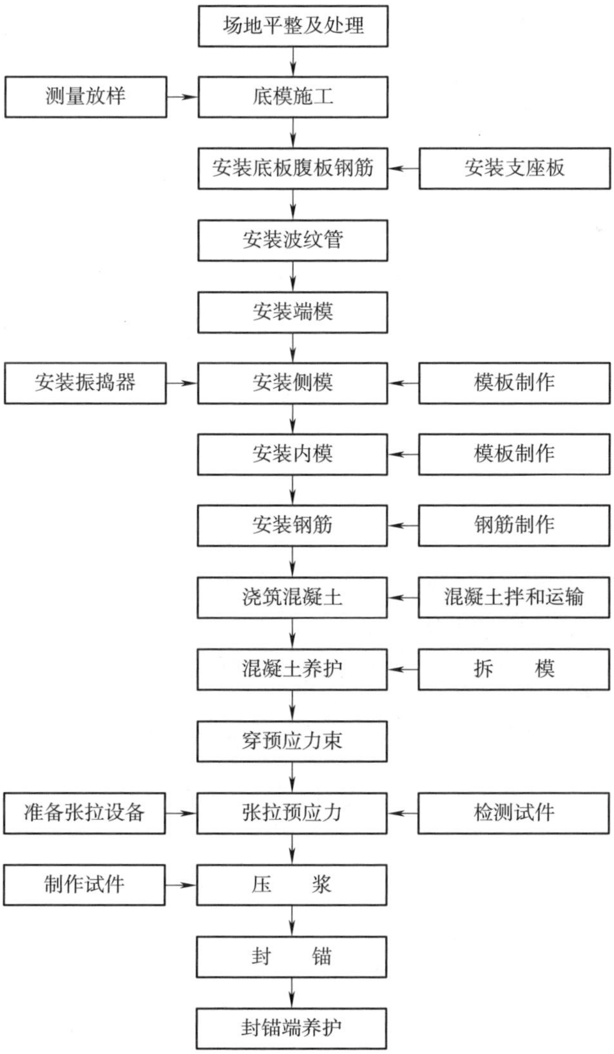

图6-1　预应力混凝土简支箱梁施工工艺流程

第二节　后张法预应力简支箱梁预制

一、质量检查要点

1. 检查内容

（1）钢筋保护层及模板安装质量是否满足设计和规范要求。

（2）钢筋、混凝土、预应力和支座、防水层施工内容应符合现行《铁路混凝土工程施工质量验收标准》（TB 10424）要求。

（3）预应力管道安装位置，张拉、压浆等施工质量是否满足设计要求，张拉设备是否定期校定、检查。

（4）是否按要求进行预制箱梁静载试验。

（5）梁体预埋件是否安装齐全、精准。

（6）支座板处混凝土是否有空鼓、夹渣等质量缺陷，梁体外观缺陷是否及时修整，强度是否满足要求。

（7）梁面平整度及泄水坡度是否满足设计要求。

箱梁钢筋在专用胎架上绑扎制作成整体骨架，规格、尺寸及间距等符合设计图纸要求，如图6-2所示。

箱梁预应力管道安装规范、标准，箱梁钢筋在专用胎架上绑扎制作成整体骨架，预应力管道定位精度满足规范要求，如图6-3所示。

钢筋骨架整体起吊采用专用吊架和吊具将钢筋骨架抬吊至制梁台座上，吊装平稳安全，钢筋骨架不变形，对位精确，如图6-4所示。

图6-2　箱梁钢筋安装规范及标准

图6-3　箱梁预应力管道安装规范及标准

增加设置滑移轨道将内模整体滑移至设计位置，顶升内模油缸，截面尺寸、外形尺寸和保护层厚度满足设计及规范要求，如图6-5所示。

采用布料机或汽车泵分别先从梁一端向梁另一端分层、连续、对称浇筑，采用振捣棒和振动式提浆机进行振捣，如图6-6所示。

人工收面，混凝土面标高及平整度满足设计要求，防雨措施完善，如图6-7所示。

养护质量和养护时间满足设计及规范要求，冬季施工期间采取密闭保温棚保温养护，如图6-8所示。

图6-4　预制箱梁钢筋吊装

图6-5　设置滑移轨道

图6-6　混凝土振捣

图6-7　混凝土收面

图6-8　混凝土保温保湿养护

预应力筋张拉、压浆规范，防护安全可靠，如图6-9、图6-10所示。

图6-9　预应力筋安装与张拉

图6-10　预应力筋压浆

箱梁封锚及时，采用干硬性无收缩补偿混凝土封锚，封锚质量满足设计及规范要求，如图6-11所示。

图6-11　预应力封锚

防水涂料刮涂平整，如图6-12所示。预制箱梁顶板钢筋吊装吊点设置合理，专人指挥，如图6-13所示。

图6-12　防水涂料刮涂平整

图6-13　预制箱梁顶板钢筋吊装

2. 易发问题

（1）预应力摩阻损失试验无设计及监理确认记录。

（2）预应力孔道定位不准确，钢绞线张拉力及伸长量不满足设计要求。

（3）胶管抽拔时间选择不合理，预应力管道堵塞。

（4）寒冷地区，预应力管道压浆配合比不符合设计要求，梁体冻胀开裂。

（5）梁体支座板处混凝土空鼓、夹渣，混凝土外观存在质量缺陷。

（6）梁面不平顺，局部积水。

3. 检查方式

现场核查（目测、量具实测、现场抽检、抽查资料）。

4. 核查资料

方案、交底及测量数据等有关计算资料。

二、安全检查要点

1. 检查内容

（1）制存梁台座、门式起重机轨道基础地基承载力及周边排水系统是否满足设计要求。

（2）钢筋骨架吊点设置及加固措施是否满足设计要求，钢筋骨架整体吊装前是否进行试吊。

（3）内模滑移、搁置支架是否进行专项设计。

（4）专用吊具是否定期检查、更换。

（5）是否设置张拉专用工作平台及防护措施。

（6）蒸汽养护使用的特种设备管控是否满足相关规范要求。

（7）门式起重机轨道安装是否满足设计要求，吊机是否设置锚固和防溜制动装置、防风装置。

（8）两台吊机起吊时，信号及指挥是否统一。

2. 易发问题

（1）制、存梁台座、门式起重机轨道基础沉降严重。

（2）内模滑移、搁置支架设置随意，未进行专项设计。

（3）蒸汽养护用锅炉压力表、安全阀等安全装置未定期校验。

（4）预应力张拉区域未设置明显警示标识。

3. 检查方式

现场核查（目测、量具实测、抽查资料）。

4. 核查资料

方案、技术交底、安全培训、检查验收记录等资料。

第三节　先张法预应力简支箱梁预制

一、质量检查要点

1. 检查内容

（1）钢筋保护层及模板安装质量是否满足设计和规范要求。

（2）钢筋、混凝土、预应力和支座、防水层施工内容应符合现行《铁路混凝土工程施工质量验收标准》（TB 10424）要求。

（3）张拉横梁强度及工作性能是否满足设计要求。

（4）先张法预应力简支箱梁是否符合设计或专项施工方案要求。

（5）预应力筋安装、张拉、放张顺序及方法是否满足设计及工艺要求，张拉设备是否定期校定、检查，折线筋导向装置安装位置及固定措施是否满足设计要求。

（6）是否按要求进行预制箱梁静载试验。

（7）梁体预埋件是否安装齐全、精准。

（8）支座板处混凝土是否有空鼓、夹渣等质量缺陷，梁体外观缺陷是否及时修整，强度是否满足要求。

（9）梁面平整度及泄水坡度是否满足设计要求。

先张法预制箱梁台座结构稳定、布置规范，专门设计承力台座。强度、刚度和稳定性满足施工要求，张拉前对台座、锚固横梁和张拉设备进行详细检查，张拉施工安全质量可控，如图6-14、图6-15所示。

图6-14　现场布置

图6-15　预应力筋张拉

2. 易发问题

①先张法预制梁放张完成后未对梁体弹性上拱值进行实测。

②同养试件、标养试件现场数量与试件台账不符，且试件标识不规范、不清晰。

③混凝土外观缺陷未及时整治。

④放张时混凝土强度不足，放张速度过快，导致梁体产生裂纹。

3. 检查方式

现场核查（目测、量具实测、现场抽检、抽查资料）。

4. 核查资料

方案、交底及制存梁台座有关计算资料。

二、安全检查要点

1. 检查内容

（1）张拉台座抗倾覆、抗滑移系数是否满足设计要求。

（2）制存梁台座、门式起重机轨道基础地基承载力及周边排水系统是否满足设计要求。

（3）钢筋骨架吊点设置及加固措施是否满足设计要求，钢筋骨架整体吊装前是否进行试吊。

（4）内模滑移、搁置支架是否进行专项设计。

（5）专用吊具是否定期检查、更换。

（6）是否设置张拉专用工作平台及防护措施。

（7）蒸汽养护使用的特种设备管控是否满足相关规范要求。

（8）门式起重机轨道安装是否满足设计要求，吊机是否设置锚固和防溜制动装置、防风装置。

（9）两台吊机起吊时，信号及指挥是否统一。

2. 易发问题

（1）混凝土浇筑时，振捣棒触碰预应力筋。

（2）内模滑移、搁置支架设置随意，未进行专项设计。

（3）蒸汽养护用锅炉压力表、安全阀等安全装置未定期校验。

（4）预应力张拉区域未设置明显警示标识。

3. 检查方式

现场核查（目测、量具实测、抽查资料）。

4. 核查资料

方案、技术交底、安全培训、检查验收记录等资料。

第四节　预应力简支箱梁运输、架桥机架设

一、质量检查要点

1. 检查内容

（1）梁体规格和质量是否符合设计要求。

（2）架桥机的设计、制造是否符合要求，有无质量证明等相关文件。

（3）预应力简支箱梁运输、架设是否符合设计或专项施工方案要求。

（4）运梁通道承载力是否经检算和试验合格。

（5）架桥机架梁作业及过孔时，抗倾覆稳定系数是否满足要求。

（6）墩台里程、支座中心线、支承垫石标高是否符合设计要求和相关标准的规定。

（7）梁体架设后应稳固、无损伤，梁缝均匀。

箱梁运输线路平坦、畅通，门吊、吊具选用合理、可靠，如图6-16、图6-17所示。

图6-16　预应力简支梁场内运输

图6-17　箱梁运输

箱梁架设平稳，精度和质量满足设计及规范要求，采用架桥机、浮吊等吊装设备架设箱梁，

梁体两端同步平稳起落，精确定位，成品保护到位，如图6-18、图6-19所示。

图6-18　箱梁架桥机架设

图6-19　箱梁水上吊机架设

2. 易发问题

模板、钢筋、钢绞线、预埋件安装、支腿支撑、支腿支垫等不符合要求。

3. 检查方式

现场核查（目测、量具实测、现场抽检、抽查资料）。

4. 核查资料

架桥机验收记录、架梁方案、技术交底、架梁记录、计算资料。

二、安全检查要点

1. 检查内容

（1）架梁作业是否编制专项施工方案，方案是否审批、论证，现场是否按照审批后的方案实施。

（2）架桥机拼装、就位完成后是否进行联合检查验收。

（3）架桥机架梁作业是否开展每日作业前检查。是否对吊点、吊具、制动装置、安全保护装置等进行检查并留存记录。

（4）架梁作业时，每班是否按规定配齐配足设备操作、管理、信号指挥和安全防护等人员，工序转换交接记录是否在现场签认。

（5）架梁作业时，现场是否设置警戒和安全防护标识，梁面、墩顶临边处是否设置安全防护栏杆；跨越道路时是否根据需要搭设安全防护棚架；水上架梁时，是否配备救生圈、救生衣等防护用品。

（6）冬季、雨季施工是否采取防滑措施；恶劣天气下是否停止相关作业，并对设备采取加固措施。

（7）架桥机与高压输电线路的安全距离是否符合国家或相关行业规定。

（8）跨越道路或邻近营业线架梁作业前，是否按规定办理施工许可，并签订安全协议。

2. 易发问题

交底不及时、检查签证走形式、防护不完善、操作人员培训不到位等。

3. 检查方式

现场核查（目测、量具实测、抽查资料）。

4. 核查资料

方案、技术交底、安全培训、检查验收记录等资料。

第五节　支架现浇

一、质量检查要点

1. 检查内容

（1）模板及支架原材料是否组织进场验收，材质质量是否符合要求，有无合格证明等相关资料。

（2）地基处理是否满足设计要求，地基承载力是否满足要求，地基排水系统设置是否合格。

（3）模板及支架安装质量是否满足设计要求。

（4）钢筋、钢绞线等原材质量是否合格。

（5）模板、钢筋、钢绞线、预埋件等施工质量是否合格。

（6）混凝土拌和质量、浇筑质量及养护是否满足要求。

支架地基和地基承载力、强度、刚度和稳定性满足施工工艺要求，采用混凝土块、钢筋、砂袋等材料进行支架预压，计算书、预压报告真实、齐全，报批程序符合管理要求，如图6-20所示。

内模支架图纸齐全，模板安装尺寸偏差满足规范要求，模板采用盘扣支架+型钢+方木+竹胶板/钢模组合，支架及模板安装满足设计及规范要求，灭火器、消防水桶等消防设备配置齐全，如图6-21所示。

图6-20　支架地基和地基承载力

图6-21　模板安装

钢筋原材料、加工、连接、安装满足设计及规范要求，严格按照设计图纸加工钢筋，标示钢筋、预应力管道位置，接头错开距离、安装偏差满足规范要求，连接可靠，如图6-22所示。

图6-22　钢筋绑扎

混凝土浇筑如图6-23所示，混凝土养护如图6-24所示，预应力施工如图6-25所示，支架防护如图6-26所示。

图6-23　混凝土浇筑

图6-24　混凝土养护

图6-25　预应力施工

图6-26　支架防护

2. 易发问题

地基处理、排水系统、支架安装等不符合要求。

3. 检查方式

现场核查（目测、量具实测、现场抽检、抽查资料）。

4. 核查资料

方案、交底及复核资料。

二、安全检查要点

1. 检查内容

（1）支架安拆作业是否编制专项施工方案，方案是否审批、论证，现场是否按照审批后的方案实施。

（2）架子工、电焊工、起重司机、电工、司索工等特种作业人员是否持有效证件上岗。

（3）支架安装作业时，现场是否设置警戒和安全防护标识，有无设置可靠的施工平台及人员上下通道。

（4）支架安装完成后是否进行联合检查验收，是否按设计要求进行预压。

（5）支架是否按规定设置防撞措施和警示标识，夜间是否设置警示灯带、反光标识及限高、限速、限宽等标识。

（6）支架结构是否设置沉降、位移、变形监控监测措施。

（7）支架杆件安装是否存在偏位情况，贝雷梁是否设置限位措施。

2. 易发问题

未按要求预压；跨越铁路、公路既有线搭设支架安全防护措施不到位；扩大基础地基承载力不满足设计要求；分配梁安装偏位。

3. 检查方式

现场核查（目测、量具实测、抽查资料）。

4. 核查资料

方案、技术交底、安全培训、检查验收记录等资料。

第六节　移动模架现浇

一、质量检查要点

1. 检查内容

（1）移动模架进场验收记录、安全检算资料、焊缝探伤检测报告、精轧螺纹钢筋力学试验报告等是否齐全。

（2）拼装场地地基承载力应符合拼装要求，临时支墩强度、刚度和稳定性是否满足设计要求。

（3）预应力安装精度、张拉压浆等施工是否满足设计要求。

（4）模板、钢筋、钢绞线、预埋件等施工质量是否合格。

（5）混凝土拌和质量、浇筑质量及养护是否满足要求。

模架零部件完好，拼装符合工艺设计要求，严格按照模架设计图纸要求拼装，设备检算、试验检测资料齐全、有效，满足设计及施工工艺要求，如图6-27所示。

模架强度、刚度和稳定性满足施工工艺要求。采用水袋、钢筋、砂袋等材料进行模架预压，计算书、预压报告真实、齐全，报批程序符合管理要求，如图6-28所示。

图6-27　移动模架拼装

图6-28　移动模架预压

模架平稳、安全前移过孔模架纵向前移的抗倾覆稳定系数不小于1.5。严格执行领导带班制，办理走行前、后签证，施工程序满足管理要求，如图6-29所示。

移动模架模板安装如图6-30所示，钢筋绑扎如图6-31所示，移动模架混凝土浇筑如图6-32所示，移动模架落模如图6-33所示。

图6-29　移动模架过孔

图6-30　移动模架模板安装

图6-31　钢筋绑扎

图6-32　移动模架混凝土浇筑

图6-33　移动模架落模

2. 易发问题

（1）不按设计或专项施工方案进行拼装。

（2）制造用材不合格及制造缺陷。

（3）移动模架进场时未按要求对重点部位的焊缝进行无损探伤检测。

（4）缺少预压记录或预压记录不能证明按预压方案实施到位。

（5）预应力管道弯曲、变形、漏浆，压浆压力不足，封锚强度不足。

3. 检查方式

现场核查（目测、量具实测、现场抽检、抽查资料）。

4. 核查资料

方案、交底及移动模架有关计算资料。

二、安全检查要点

1. 检查内容

（1）模架强度、刚度和稳定性是否满足设计要求。

（2）模架拼装完成后是否进行预压，并编制预压报告。移动模架拼装应有制造厂家技术人员现场指导。

（3）拼装完成后必须对电路、液压系统的运行情况进行检查。

（4）上行式模架后支腿应置于已浇筑梁段腹板中心线上，支承面积应满足模架设计要求，防止箱梁局部受压损坏。拼装完成后，应全面检查各挂架紧固件连接情况。

（5）下行式模架安装前，应对固定主支腿的精轧螺纹钢筋、夹具及连接器进行外观检查，并做力学试验，合格后方可使用。安装时按设计要求张拉，双螺帽紧固，其使用次数应不超过设计规定。

（6）移动模架设计抗倾覆稳定系数不得小于1.5。

（7）主梁整体吊装应进行安全技术交底，统一协调吊装；现场管理人员应经常检查吊车吊装时支腿摆放位置、地基承载力是否满足要求，以及检查钢丝绳、卸扣是否满足吊装吨位要求，特别是大型构件吊装时必须进行详细检查。

（8）移动模架过孔作业前，必须组织进行检查签证，并经技术负责人确认后，方可进行过孔作业。

（9）移动模架过孔作业前，必须彻底解除所有影响移动模架过孔的约束，并确保移动模架过孔限界内的杂物、机具等清理干净。

（10）移动模架过孔作业过程中，必须设专人监视移动模架系统的平衡状态，确保移动模架在移动过程中纵、横向的整体稳定性。两侧走行速度需尽可能一致，防止两侧走行不平衡而造成意外。

2. 易发问题

（1）不按设计或专项施工方案进行拼装。

（2）制造用材不合格及制造缺陷。

（3）操作人员业务不熟、违章操作。

（4）起吊主梁时地基承载力不满足要求。

（5）移动模架过孔过程中倾斜、失稳。

（6）主箱梁和导梁连接销板焊接不合格。

3. 检查方式

现场核查（目测、量具实测、抽查资料）。

4. 核查资料

方案、交底及复核资料。

第七节　移动支架拼装

一、质量检查要点

1. 检查内容

（1）移动支架在各种工况下的抗倾覆稳定系数是否满足要求。

（2）支架结构是否具有足够的强度、刚度和稳定性。

（3）支架安装前，是否对进场的杆件、构配件按规定进行检查验收，尤其是连接部位的焊缝或销轴。

（4）各类预埋件预埋是否准确，安装是否到位。

（5）墩旁托架是否符合设计或专项施工方案要求。

（6）主桁架拼装时是否快速形成三角形稳定结构，是否及时安装纵横向联结系。

（7）支架纵移过程中，每个滚轮箱锚固点是否设专人观察，前方墩上是否有仪器测控。

2. 易发问题

受力杆件材质、连接部位焊缝等不满足需求，易导致模架结构失稳、坍塌。

3. 检查方式

现场核查（目测、量具实测、现场抽检、抽查资料）。

4. 核查资料

方案、交底及有关计算资料。

二、安全检查要点

1. 检查内容

（1）移动支架安拆作业是否编制专项施工方案，方案是否审批、论证，现场是否按照审批后的方案实施。

（2）支架安装是否设置必要的作业平台、防护栏杆、施工爬梯、地面围栏及安全警示标识等安全设施；是否按规定设置安全平网、立体交叉作业防护网和防雷、临时用电接地装置。

（3）电焊工、起重司机、电工、司索工等特种作业人员是否持有效证件上岗。

（4）拼装完成后是否进行联合检查验收，发现的问题是否按期整改闭合。

（5）冬季、雨季施工是否采取防滑措施；恶劣天气下是否停止相关作业，并对支架采取加固措施。

（6）支架结构是否设置监控监测措施。

2. 易发问题

施工平台、上下通道、各类防护措施等缺失或者设置不合理，导致操作不便且有高坠风险。

3. 检查方式

现场核查（目测、量具实测、抽查资料）。

4. 核查资料

专项方案、交底、检查验收资料、监控检测资料。

第八节　预应力混凝土简支箱梁施工典型质量安全问题案例

一、箱梁实体质量缺陷

1. 事故简况

某预应力混凝土简支箱梁板拆除后，局部无混凝土或混凝土无浆、少浆，形成孔洞，如图6-34所示。

图6-34　连续梁腹板上孔洞

2. 事故原因

（1）箱梁腹板较高，厚度较薄，在底板与腹板连接部位钢筋密，又布置有预应力筋使得腹板混凝土浇筑时不易振实，也有漏振情况，造成孔洞。

（2）混凝土搅拌时间短，加水量不准，混凝土和易性差，混凝土浇筑后有的地方砂浆少石子多，形成孔洞。

（3）混凝土没有分层浇筑，下料不当，造成混凝土离析，因而出现蜂窝麻面。

（4）施工人员操作不熟练，振捣范围分工不明确，未能严格做到对相邻部位交叉振捣，从而发生漏振情况，使混凝土出现孔洞或蜂窝。

（5）结构截面过小或死角处振捣方法不正确。

二、满堂支架垮塌

1. 事故简况

××年××月××日上午，暴雨时停时歇，11:30正在建设中的某大桥箱梁现浇支架在试压过程中发生坍塌，如图6-35所示。试压用的 3 万多个装满沙子的砂袋，夹带着正在脚手架上作业的 4 名施工人员，从支架上坠落，构成两死两伤的一般安全生产事故。

图6-35　混现浇支架倒塌

2. 事故原因

（1）暴雨天气试压，导致试压沙包吸水增重，超过支架承重极限。

（2）地基加固处理不到位，雨水浸泡导致基础软化，进而基础沉降，导致支架杆件变形过大失稳。

三、梁柱支架垮塌

1. 事故简况

××年××月××日，某大道高架桥在一截支架安装过程中，重达300多吨的贝雷梁支架发生倾斜垮塌，如图6-36所示。

图6-36　贝雷梁支架坍塌

2. 事故原因

贝雷梁在安装时，未及时进行横向联结，致使贝雷梁侧向刚度不够，导致贝雷梁受外力扭转，侧向失稳。

四、移动模架倒塌

1. 事故简况

××年××月××日，某施工单位在一铁路工程桥梁用下承式移动模架进行过孔作业，当下行式移动模架向前方墩方向移动 9 m左右时，后支承门架西侧的主吊杆突然断裂，西侧主梁后端向外侧翻坠落，压垮桥下三间民房，东侧主梁在没有西侧主梁平衡的情况下，随之也向外侧翻坠落，事故造成 7 人死亡，19人受伤，直接经济损失670余万元的生产安全较大事故，如图6-37所示。

图6-37　移动模架倒塌

2. 事故原因

移动模架在拉杆构造设计上欠合理，安全富余度偏低，制造拉杆的材料性能不完全符合相关标准，焊接质量未达到要求，致使拉杆断裂截面在正应力作用下达到屈服极限，从而发生严重的塑性变形直至拉杆断裂，导致移动模架整体坍塌。

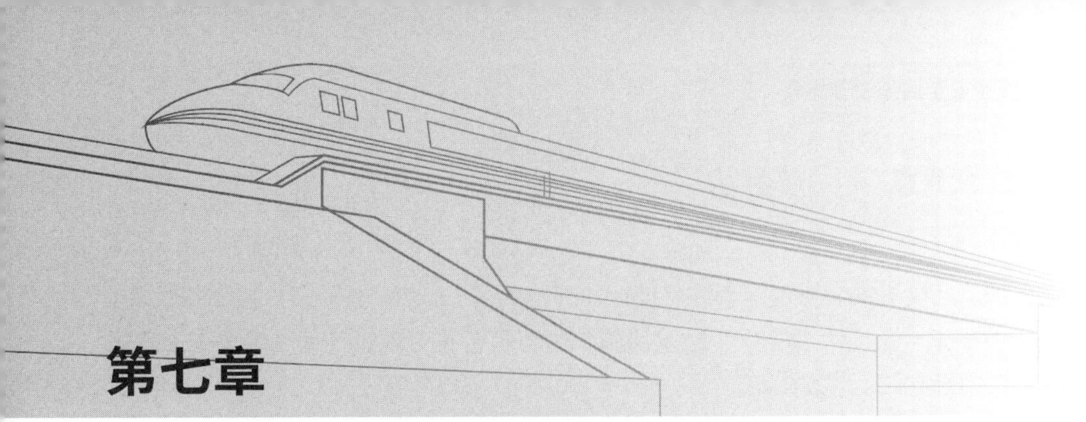

第七章

>> 预应力混凝土简支 T 梁

第一节　后张法预应力混凝土简支 T 梁预制

一、施工流程

后张法预应力混凝土简支T梁施工流程如图7-1所示。

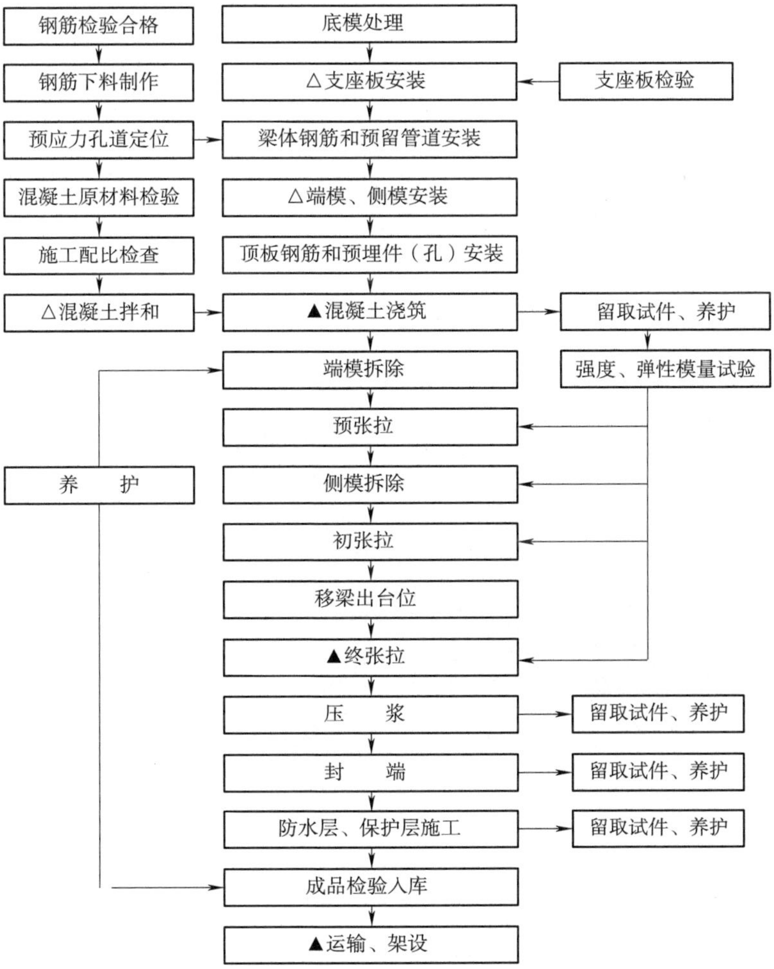

△—关键工序；▲—特殊过程。

图7-1　后张法预应力混凝土简支T梁施工流程

二、质量检查要点

1. 检查内容

（1）钢筋保护层及模板安装质量是否满足设计和规范要求。

（2）钢筋、混凝土、预应力和支座、防水层施工内容是否符合现行《铁路混凝土工程施工质量验收标准》（TB 10424）要求。

（3）后张法预应力混凝土简支T梁施工是否符合设计或专项施工方案要求。

（4）检查制、存梁台座沉降观测台账、基础周边排水情况及基础处理是否合理。

（5）后张法首孔梁预应力筋张拉前，是否对管道摩阻损失、喇叭口损失和锚口摩阻损失进行实际测定。设计单位是否根据施工单位提供的测试结果对张拉力进行确认或调整。

（6）检查张拉设备、仪表精度是否符合要求，是否按照规范规定时间、使用次数及其他规定进行有效标定。

（7）后张法预应力混凝土简支T梁的预应力张拉应符合设计要求，设计无要求时宜按初张拉和终张拉两个阶段进行。

（8）预应力混凝土简支T梁封锚（端）等处是否按设计要求进行防水处理和封堵。

（9）抽查孔道压浆时间、压浆饱满度是否满足设计和规范要求，是否存在空洞。

（10）检查T梁场内移运、存放时的梁体、封锚、水泥浆强度及预应力筋张拉情况是否满足规范与设计要求，梁体存放悬臂长度是否符合设计要求。

（11）查阅T梁成品静载试验报告，检查静载试验数量与频率。

钢筋绑扎与预应力管道安装，钢筋绑扎、垫块设置规范，预应力管道安装位置准确，整体线形符合要求，如图7-2所示。

T梁模板安装，模板采用钢模。模板刚度、强度符合要求，模板间拼缝处理规范，模板表面易清理整洁，如图7-3所示。

图7-2　钢筋绑扎与预应力管道安装

图7-3　模板安装

浇筑混凝土，模板顶部采用拉杆对拉固定，刚度符合要求，如图7-4所示。预制梁养护，采用篷布全封闭遮盖养护，有效保证了预制梁的养护质量，如图7-5所示。预应力筋张拉，按照设计要求进行预应力张拉，张拉端采取有效隔离防护设施，如图7-6所示。封锚，封锚混凝土密实，槽口周边无收缩裂缝，如图7-7所示。

图7-4　浇筑混凝土

图7-5　预制梁养护

图7-6　预应力筋张拉

图7-7　封锚

2. 易发问题

（1）钢筋连接焊缝不饱满、夹渣、未熔透，钢筋焊接烧伤严重，钢筋焊接接头轴线不对应、长度不足。

（2）预应力孔道线形不平顺，与钢筋位置冲突处处理不规范，随意切割钢筋。

（3）锚下螺旋箍筋定位不牢固，出现下垂偏位。

（4）梁体钢筋保护层合格率偏低。

（5）梁体出现模板接缝处漏浆、马蹄处倒角处气泡及底板色泽不均匀等外观质量问题。

（6）T梁顶板、横隔板倒角处发生收缩裂缝，张拉后梁端产生裂缝。

（7）预应力孔道堵塞，钢绞线穿束扭曲、缠绕，张拉过程中断丝、滑丝。

（8）锚垫板、支座板后钢筋密集区域混凝土空洞，张拉后锚垫板凹陷或损坏。

（9）预应力张拉后T梁上拱值与设计偏差过大。

（10）孔道压浆漏浆、不饱满、有空洞。冬期施工孔道压浆产生冻胀。

（11）封锚混凝土不密实，槽口周边产生收缩裂缝。

3. 检查方式

现场核查（目测、量具实测、现场抽检、抽查资料）。

4. 核查资料

（1）证明材料、试验报告、工艺文件。

（2）混凝土施工记录，预应力张拉、压浆记录和影像资料。

（3）设计文件和施工方案。

三、安全检查要点

1. 检查内容

（1）T梁预制是否编制专项施工方案。

（2）检查门吊、搬（提）设备、压力容器等特种机械设备的安全技术档案是否符合相关规范要求。

（3）场内门吊是否设置防溜制动装置及大风天气的抗风缆绳与锚碇。

（4）T梁、钢筋骨架、模板等构件吊具和钢丝绳是否经专门设计与计算，检查吊具和钢丝绳磨损情况。

（5）梁体钢筋骨架钢筋整体吊装吊点处是否设置架立钢筋加强、焊接是否牢固。

（6）梁体钢筋骨架绑扎或整体吊装至底模后，侧立面应设置临时支撑，防止倾覆伤人。

（7）钢绞线下料时是否配置专用防护架，防止下料过程中钢绞线弹出伤人。

（8）T梁侧模是否设置上下梯道、操作平台及防滑防坠落防护措施。

（9）张拉作业是否设置专用工作平台，张拉设备应稳固，平台应设防护屏障。油压泵上是否设置安全阀，应在最大工作油压状态下能自动打开。

（10）梁体存放是否满足相关规范要求。

2. 易发问题

（1）钢筋骨架绑扎、点焊不牢固，整体吊装过程中变形散落。

（2）模板吊装过程碰撞钢筋骨架，导致钢筋骨架倾覆。

（3）钢绞线下料时防护架散架，钢绞线弹出伤人。

（4）门吊停用时未采取制动及缆风措施，大风时门吊滑移倾覆。

（5）侧模拆除生拉硬拽致使T梁倾覆。

（6）张拉压浆作业时，液压油管、压浆橡胶管爆裂伤人。

（7）存梁台座基础不均沉降或双层存单时未设置支撑及支撑不牢固，致使T梁倾覆。

3. 检查方式

现场核查（目测、量具实测、抽查资料）。

4. 核查资料

（1）证明材料、检验报告、方案文件。

（2）安全用品设施台账。

第二节　先张法预应力混凝土简支 T 梁预制

一、施工流程

先张法预应力混凝土简支T梁施工流程如图7-8所示。

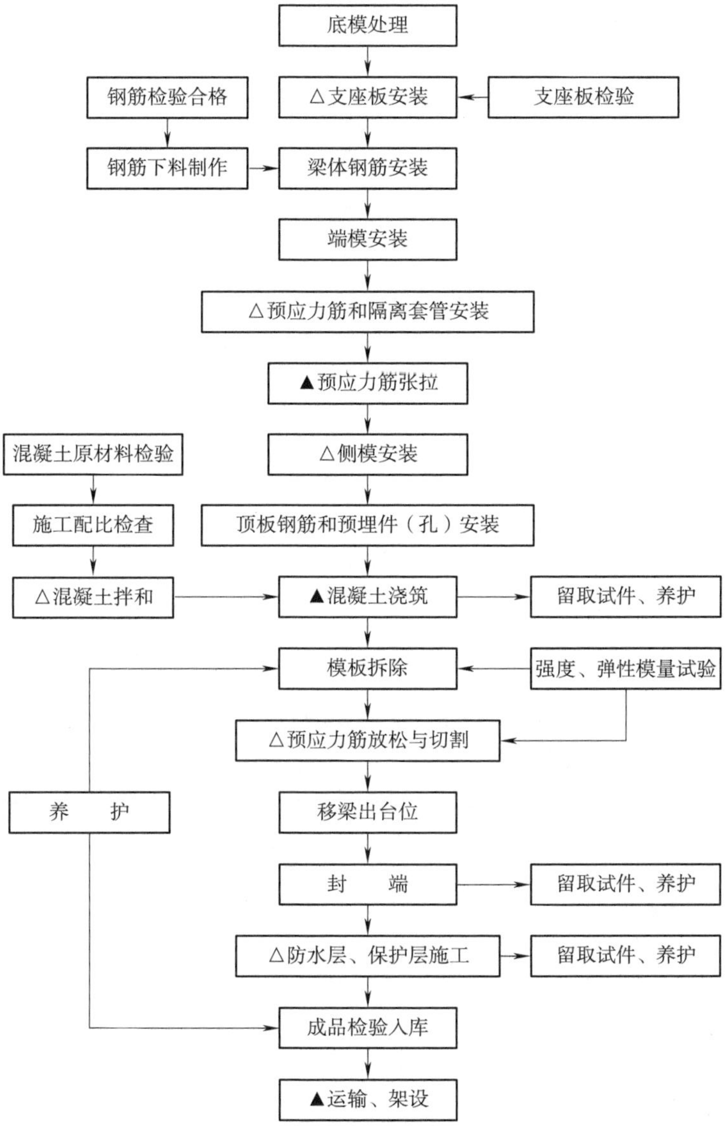

△—关键工序；▲—特殊过程。

图7-8 先张法预应力混凝土简支T梁施工流程

二、质量检查要点

1. 检查内容

（1）钢筋保护层及模板安装质量是否满足设计和规范要求。

（2）钢筋、混凝土、预应力和支座、防水层施工内容是否符合现行《铁路混凝土工程施工质量验收标准》（TB 10424）要求。

（3）先张法预应力混凝土简支T梁施工是否符合设计或专项施工方案要求。

（4）先张法制梁台座的设置是否符合相关规范要求。

（5）张拉台座、横梁锚板是否按张拉荷载最大梁型施工的强度、挠度进行设计和受力计算。折线配筋的先张梁，预应力筋转辙器的设置是否符合设计要求。

（6）检查制、存梁台座沉降观测台账、基础周边排水情况及基础处理是否合理。

（7）先张法折线配筋张拉前，对折线筋摩阻损失应进行实际测定，设计单位根据施工单位提供的实测结果对张拉控制应力进行确定或调整。

（8）检查张拉设备、仪表精度是否符合要求，是否按照规范规定时间、使用次数及其他规定进行有效标定。

（9）预应力混凝土简支T梁封锚（端）等处是否按设计要求进行防水处理和封堵。

（10）先张梁预应力筋隔离套管的检验是否符合相关规范的要求。

（11）先张梁预应力筋安装顺序、张拉及放张是否符合相关规范要求。

（12）检查T梁场内移运、存放时的梁体、封锚情况是否满足规范与设计要求。梁体存放悬臂长度是否符合设计要求。

（13）查阅T梁成品静载试验报告，检查静载试验数量与频率。

预应力和隔离套管安装位置准确，隔离套管安装前应按要求进行检验，如图7-9所示。

预应力筋张拉，先张法张拉台座、横梁锚板符合张拉荷载最大梁型施工的强度、挠度要求，如图7-10所示。

图7-9　预应力和隔离套管安装

图7-10　预应力筋张拉

混凝土浇筑，混凝土浇筑时按要求进行振捣，确保混凝土密实，如图7-11所示。

混凝土养护，采用篷布全面封闭遮盖养护，有效防止混凝土开裂等质量通病的发生，如图7-12所示。

图7-11　混凝土浇筑

图7-12　混凝土养护

2. 易发问题

（1）钢筋连接焊缝不饱满、夹渣、未熔透，钢筋焊接烧伤严重，钢筋焊接接头轴线不对应、长度不足。

（2）梁体钢筋保护层合格率偏低。

（3）梁体出现模板接缝处漏浆、马蹄处倒角气泡及底板色泽不均匀等外观质量问题。

（4）T梁顶板、横隔板倒角处发生收缩裂缝。

（5）支座板后钢筋密集区域混凝土空洞。

（6）预应力筋单束张拉，每束张拉力不均匀，预应力损失较大。

（7）预应力张拉后T梁上拱值与设计偏差过大。

（8）封锚混凝土不密实，槽口周边产生收缩裂缝。

3. 检查方式

现场核查（目测、量具实测、现场抽检、抽查资料）。

4. 核查资料

（1）证明材料、试验报告、工艺文件。

（2）混凝土施工记录，抽查预应力张拉记录和影像资料。

（3）设计文件和施工方案。

三、安全检查要点

1. 检查内容

（1）T梁预制是否编制专项施工方案。

（2）检查门吊、搬（提）设备、压力容器等特种机械设备的安全技术档案是否符合相关规范要求。

（3）场内门吊是否设置防溜制动装置及大风天气的抗风钢缆与锚碇。

（4）T梁、钢筋骨架、模板等构件吊具和钢丝绳是否经专门设计与计算，抽查吊具和钢丝绳磨损情况。

（5）梁体钢筋骨架钢筋整体吊装吊点处是否设置架立钢筋加强，焊接是否牢固。

（6）梁体钢筋骨架绑扎或整体吊装至底模后，侧立面应设置临时支撑，防止倾覆伤人。

（7）钢绞线下料时是否配置专用防护架，防止下料过程中钢绞线弹出伤人。

（8）T梁侧模是否设置上下梯道、操作平台及防滑防坠落防护措施。

（9）张拉使用的工具和锚具及折线配筋转辙器，使用前是否进行外观检验和探伤检测。

（10）张拉作业是否设置防护网、防护墙等安全防护措施。油压泵上是否设置安全阀，应在最大工作油压状态下能自动打开。

（11）放松预应力筋时楔块是否同步缓慢滑出或千斤顶是否设置单独油路，并且顶开最大间隙不得大于2 mm。

（12）梁体存放是否满足相关规范要求。

2. 易发问题

（1）钢筋骨架绑扎、点焊不牢固，整体吊装过程中变形散落。

（2）模板吊装过程碰撞钢筋骨架，至钢筋骨架倾覆。

（3）钢绞线下料时防护架散架，钢绞线弹出伤人。

（4）门吊停用时未采取制动及防风措施，大风时门吊滑移倾覆。

（5）侧模拆除生拉硬拽致使T梁倾覆。

（6）双层存梁台座基础沉降，致使T梁倾覆。

3. 检查方式

现场核查（目测观察、量具实测、抽查资料）。

4. 核查资料

（1）证明材料、检验报告、方案文件。

（2）安全用品设施台账。

第三节　预应力简支 T 梁运输、架桥机架设

一、质量检查要点

1. 检查内容

（1）检查梁体出厂制造技术证明文件，梁体规格、质量是否符合设计要求和有关标准规定。

（2）检查墩台质量合格证明文件，支承垫石标高、支座中心线、墩台里程等复核实测记录。

（3）检查同一孔T梁施加预应力时间间隔是否超过6天。

（4）检查吊梁时起吊点、跨装的运输支点是否满足设计允许的悬出长度范围内。

（5）检查梁体架设的大小里程方向及支座安装的型号、规格是否满足设计要求。

（6）检查横隔板、翼板等后期混凝土连接处，凿毛质量是否满足规范要求。

（7）检查T梁湿接缝、横隔板混凝土及预应力施工质量和记录。检查养护措施是否满足规范要求。

（8）检查T梁架设后的相邻梁跨梁端桥面之间、梁端桥面与相邻桥台顶面高差不应大于10 mm，T梁桥面不应高于设计高程，也不应低于设计高程20 mm。

（9）架桥机过孔前梁体的临时横向连接除按规定焊接外，还应进行横向临时紧固。

（10）检查T梁架设后的稳固情况、有无损伤、梁缝是否均匀。

T梁运输时，梁体运输支点应符合设计要求，并做好梁体成品保护，如图7-13所示。

T梁架设后的相邻梁跨梁端桥面之间、梁端桥面与相邻桥台顶面高差、T梁桥面高程应符合要求，如图7-14所示。

图7-13　T梁运输

图7-14　T梁架设

2. 易发问题

（1）T梁吊装过程中与钢丝绳接触的底板和翼板边角易损坏。

（2）相邻T梁顶面高差偏差较大、横隔板错位较大。

（3）横隔板钢板焊接质量差。

（4）湿接缝、横隔板混凝土浇筑后错台、漏浆严重。

3. 检查方式

现场核查（目测、量具实测、现场抽检、抽查资料）。

4. 核查资料

（1）现场查看证明材料、试验报告、工艺文件。

（2）查看混凝土施工记录，抽查预应力张拉记录和影像资料。

（3）对照设计文件和施工工艺，现场核对抽查。

（4）现场抽查、尺量结构尺寸。

二、安全检查要点

1. 检查内容

（1）架梁作业是否编制专项施工方案，方案是否审批、论证，现场是否按照审批后的方案实施。

（2）检查T梁提、运、架设备的使用许可和安全技术方案，检查架桥机签证，抽查检查、验收、试吊等试验记录，抽查检修保养制度和交接班记录。

（3）检查架梁前墩台围栏、吊篮、步板等安全设施是否安装到位。

（4）通过铁路营业线运输T梁，应符合铁路运输装运桥梁的规定，按照批准的铁路运输计划组织运输，运输前必须经列检、货检合格。

（5）通过工程线运输T梁，应派人随车监护，运梁车接近一度停车位置时，走行速度不得大于5 km/h，运梁车就位后，应制动锁定，并使用专用铁鞋楔紧。

（6）公路运输应向道路交通管理部门办理超限运输手续。专用平板车应符合T梁长度及吨位及转弯半径要求。行车速度不得大于20 km/h，停车制动后前后轮胎应使用专用木楔楔紧。

（7）T梁跨装两个平板车时，必须安装运梁转向架，一端活动一端固定，梁的中心线和平板车中心线的偏差不得大于2 cm。

（8）T梁装至运输平板车后，应打紧斜支撑并捆绑牢固，斜支撑与梁体接触位置应使用专用护铁保护，捆绑所用钢丝绳和手拉葫芦的规格应经计算确定。

（9）铁路架桥机架梁前，应进行线路压道，桥头部位应确保密实稳定，严禁使用架桥机压道。公铁两用架桥机架梁前，应对路基和过渡段的坡度、平整度和承载力等进行检测验收。

（10）架梁作业时，应预先清除架桥机限界内的障碍物。通过隧道时应低速运行，设专人指挥和防护。

（11）铁路架桥机应加强线路养护，不良地段应降低架桥机运行速度并加强监控。接近桥位时，架桥机应减速至0.5 km/h，距离桥头100 m处应一度停车，检查制动系统良好后方可继续前行，设专人指挥对位。主机对位后，及时采取可靠的制动措施。

（12）在坡道和曲线架梁时，运梁车应有可靠的防溜、防倾覆措施，架桥机应正确使用止轮装置。

（13）超出运架设备性能的大坡道、小半径曲线架梁施工，应根据运架设备性能和工况要求编制专项施工方案，必要时对运架设备进行改造。改造后，架桥机应进行型式试验和安全检验，运梁设备按规定进行试验鉴定，合格后方可投入使用。

（14）运梁平板车应按规定进行制动试验，确保制动良好。接近主机时，应由专人指挥，速度降至0.5 km/h以下，防止发生冲撞。对位后，及时打入止轮装置。

（15）墩台顶移梁时应在梁两端采取可靠支撑措施，梁面设专用支架或手拉葫芦等防倾覆设施。千斤顶落梁时，应先固定支座端，再活动支座端，严禁两端同步进行。在梁体横向未支撑牢靠前，不得解除架桥机提吊状态。

（16）梁面预铺碎带应均匀，不得偏载；预铺线路的轨距、水平、方向和轨道结构强度等应满足铁路架桥机架梁需要。

（17）架梁完成后，桥面湿接缝未施工前，需在湿接缝位置处铺设预防高坠的安全防护板材。

（18）架桥机过孔及架梁过程中，横移轨道的承重支墩不应置于T梁翼缘板上。架桥机前后的横移轨道必须支垫牢靠，确保平行和顺直，端头设置车挡。横移轨道应使用通长钢轨。

（19）风力5级及以上时，严禁架桥机过孔作业；风力6级及以上、气温低于-20 ℃时，应停止架梁作业。风力超过10级、长时间停机时，应对运架设备进行可靠锚固。

（20）检查架桥机过孔前的T梁横向连接措施，除了临时横向连接按规定焊接外，还应进行横向临时紧固。

2. 易发问题

（1）T梁运输道路地基承载力不足，运输过程梁体倾覆。

（2）T梁运输过程行车速度过快，刹车刹不住造成交通事故或急转弯造成梁体倾覆。

（3）架桥机支腿抄垫不平、抄垫过高或抄垫枕木腐朽等，造成架桥机失稳倾覆。

3. 检查方式

现场核查（目测、量具实测、抽查资料）。

（1）证明材料、检验报告、方案文件。

（2）安全用品设施台账。

第四节　预应力混凝土简支 T 梁施工典型质量安全问题案例

一、钢筋焊接

采用闪光对焊进行钢筋连接时，焊接工艺不规范，导致焊接高度不足、焊口处氧化、松渣，如图7-15所示。

图7-15　钢筋闪光对焊焊口氧化

1. 产生原因

（1）变压器级数太低，次级电压也低，焊接电流小、闪光困难、加热不足，不能利用闪光保护焊口免受氧化。

（2）焊口局部为氧化膜覆盖致使表面光滑。

（3）在焊口四周由于焊接过程中发生强烈氧化导致该部位失去金属光泽。

钢筋闪光对焊质量合格，如图7-16所示。

2. 预防与纠正措施

（1）确保烧化过程的连续性。

图7-16 钢筋闪光对焊合格质量

（2）采用适当的顶锻留量。

（3）采用尽可能快的顶锻速度，避免氧化形成。

（4）保证接头处具有适当的塑性变形，有利于去除氧化物。

二、钢筋保护层

钢筋定位不准确、保护层垫块绑扎不牢固等，易导致保护层厚度不足，严重时会出现露筋，如图7-17所示。

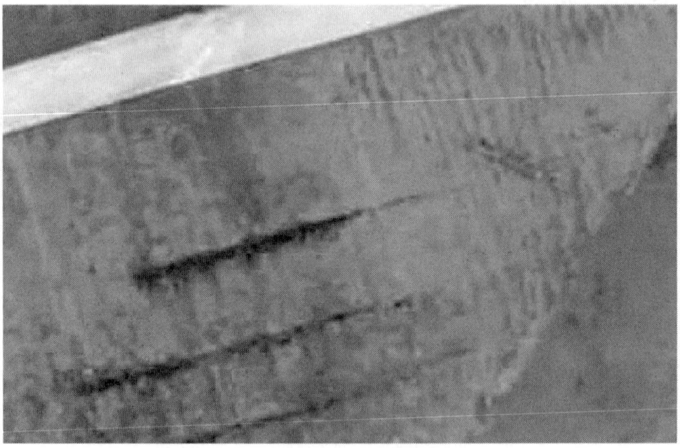

图7-17 钢筋保护层厚度不足

1. 产生原因

（1）钢筋制作时，箍筋尺寸有较大错误。

（2）钢筋骨架绑扎不牢固，在浇筑混凝土时，振捣使钢筋偏位。

（3）模板安装时，对现浇梁、板考虑到自重的影响，过度起拱，模板在混凝土重力、侧压力、施工荷载等作用下，安装不牢靠产生位移跑模现象，导致保护层成型尺寸不标准。

（4）制作砂浆垫块时，砂浆强度低，承受不起钢筋的自重，不能有效控制钢筋的位置。

（5）混凝土浇筑时，保护措施不到位，车压人踩，使受力钢筋变位、变形，不能保证钢筋位置准确。

2. 预防与纠正措施

（1）根据实际配筋情况设置保护层垫块，必要时进行加密，垫块可采用定型产品钢筋骨架应定位准确、绑扎牢固，在施工过程中出现轻微扰动也不会出现明显变形，如图7-18所示。

（2）模板应根据设计图纸要求进行加工，有足够的刚度和平整度，支撑稳固，确保拼接后各个方向保护层厚度均能达到设计要求。

（3）混凝土浇筑前认真检查钢筋的保护层厚度，混凝土振捣时避免扰动钢筋骨架。

（4）为预防作业人员踩踏及作业工具压砸造成的骨架变形，预制场应搭设独立的、可移动的轨道滑行临时作业平台，用于混凝土浇筑振捣施工作业。

图7-18　合理布置保护层垫块

三、预应力锚固

锚垫板底部混凝土灌注及振捣不密实，在张拉时易导致预应力张拉时梁端局部破损，如图7-19所示。

图7-19　张拉后锚下混凝土损坏

1. 产生原因

（1）通常锚板附近钢筋布置很密，浇筑混凝土时，振捣不密实，混凝土疏松或仅有砂浆，以致该处混凝土强度低。

（2）锚垫板下的钢筋布置不够、受压区面积不够、锚板或锚垫板设计厚度不够，受力后变形过大。

2. 预防与纠正措施

（1）锚板、锚垫板必须有足够的厚度以保证其刚度。锚垫板下应布置足够的钢筋，以使钢筋混凝土足以承受因张拉预应力索而产生的压应力和主拉应力。

（2）浇筑混凝土时应特别注意锚头区的混凝土质量，因在该处往往钢筋密集，混凝土的粗骨料不易进入而只有砂浆，会严重影响混凝土的强度。

四、T梁运输

T梁运输时，突然发生侧翻倾覆，如图7-20所示。

1. 产生原因

（1）T梁在运输和安装就位后两侧支承布置不对称，或支承不牢靠，特别是边梁外侧无端横隔板更易倾倒。

（2）T梁运输车辆的转向架转向失灵或转弯时车速过快。

（3）T梁的支座布置偏位太大，在T梁间没有互相连接前，更易发生。

（4）T梁安装完成后T梁间没有互相连接前，受其他外部荷载作用。

2. 预防与纠正措施

（1）T梁在运输和安装完成后，必须立即设置斜撑。T梁有端横梁时，横隔梁下应垫实，先安装好的T梁，采取临时或永久的措施与后安装的梁横向可靠连接。待整孔T梁安装完成后立即连成整体，不得将T梁无侧向支承而单独置于墩上。

（2）T梁起运前应捆扎牢固并设斜撑，应检查车辆的转向架，运输过程中，速度不宜过快，转弯时放慢速度，如图7-21所示。

（3）施工工程中注意避免对已安装到位的T梁施加水平荷载。

（4）对发生倾侧的T梁，根据倾侧情况检查T梁的外观与内在质量，对仅有外观缺损而未影响内在质量的可采用快干水泥进行修补。发现有影响内在质量的梁，不得使用。

图7-20　T梁运输时侧翻倾覆

图7-21　合理捆绑运输

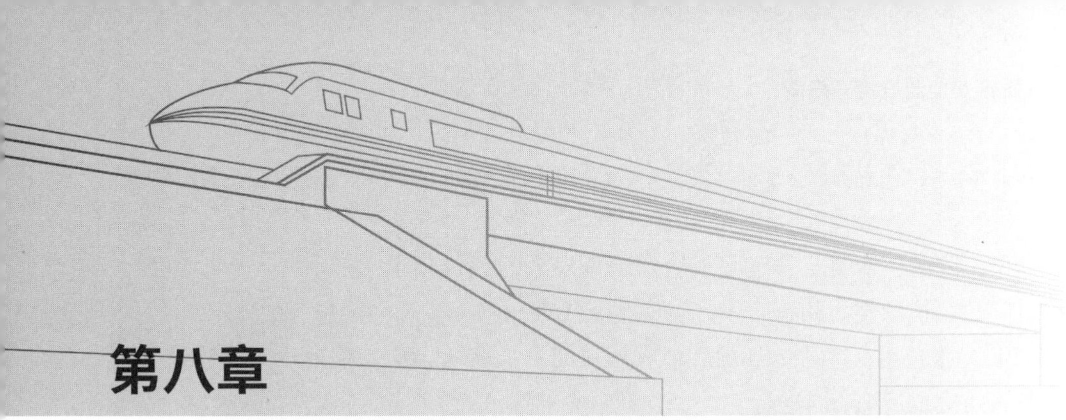

第八章

>> 预应力混凝土连续梁、连续刚构

第一节　悬 臂 浇 筑

一、施工流程

预应力混凝土连续梁、连续刚构总体施工流程如图8-1所示。

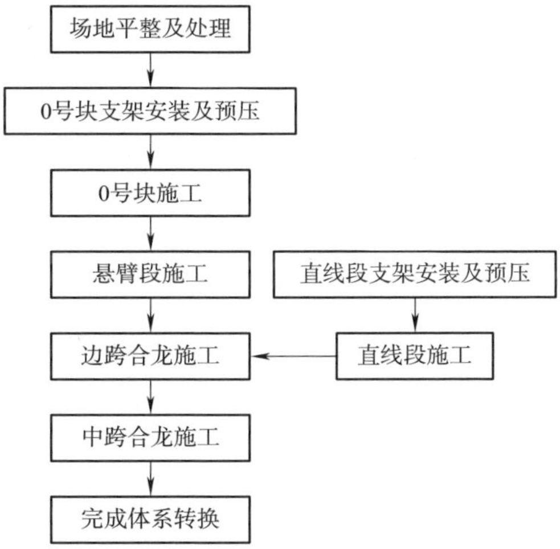

图8-1　预应力混凝土连续梁、连续刚构总体施工流程

二、质量检查要点

1. 检查内容

（1）挂篮及支架、钢筋、混凝土、预应力和支座的施工是否符合设计要求和现行《铁路混凝土工程施工质量验收标准》（TB 10424）等相关标准的规定。

（2）挂篮设计应符合强度、刚度、稳定性要求外，挂篮设计总重量与混凝土重量比值应为0.3～0.5（设计有要求时遵守设计要求），施工挂篮总重量的变化不应超过设计重量的10%，且挂篮总重不得超过设计重量。

（3）预应力管道位置准确，固定牢固，接头封闭严密。接地钢筋、预埋件符合设计要求。

（4）预应力张拉设备及仪表应配套标定、配套使用并按规定校验。应按设计要求对管道摩阻和锚口（包括喇叭口）锚阻进行实际测定，设计单位应根据实测结果对张拉控制力进行确认或调整。

（5）梁段端模拆除时，混凝土强度必须达到100%或符合设计要求。

（6）张拉时间、张拉顺序必须符合设计对混凝土龄期、强度、弹性模量等的要求。

（7）预应力筋终张拉后必须在24 h内完成孔道压浆；后张法预应力混凝土箱梁管道压浆宜在预应力筋终张拉完成后48 h内进行。

（8）封端前按要求对锚具和预应力筋做防锈和防水处理，封端应密实且保护层厚度满足要求。

（9）混凝土浇筑前应将合龙口单侧梁墩的临时固结的约束解除，合龙梁段混凝土强度达到设计要求时应及时进行预应力筋张拉。

（10）悬臂浇筑梁段施工过程中，应进行线形监测，超出允许偏差应及时调整纠正。

挂篮及支架、钢筋、混凝土、预应力和支座施工，如图8-2所示。挂篮应具有足够的强度、刚度和稳定性挂篮结构形式、几何尺寸设计符合梁段高度变化，使用前采用桁片对拉、三角桁架反力架、砂袋、混凝土块等材料进行载重试验，预压荷载为最大施工荷载的1.2倍，如图8-3所示。

图8-2　0号块施工

图8-3　挂篮拼装

预埋件定位满足施工及规范要求设置带有卡槽的端模精确定位钢筋，按图设置挂篮走道梁锚固系统预埋件，保护措施到位，如图8-4、图8-5所示。

图8-4　挂篮钢筋安装

图8-5　预埋件安装

合龙段施工顺序、配重等满足设计及施工工艺要求在一天中梁体温度最低时设置劲性骨架，进行合龙口临时锁定、临时张拉纵向预应力，梁体合龙段混凝土养护措施到位、不开裂，如图8-6所示。

图8-6　中跨合龙施工

挂篮安全通道及防护设置满足施工要求，按要求设置挂篮上下通道，装修平台挂设安全网，设置临边防护，挂篮下方设置警戒隔离和安全标识，跨路段设置防护棚，施工安全可控，如图8-7～图8-10所示。

图8-7　上下爬梯

图8-8　临边防护设置

图8-9　挂篮施工区域围挡

图8-10　挂篮施工安全防护棚架

2. 易发问题

（1）支座梁底预埋板容易变形。

（2）支座灌浆不连续，养护不到位出现碎裂。

（3）防落梁挡块预留间距不符合要求。

（4）接触网基础预埋件间距不满足要求。

（5）0号块支座处与预应力锚固端振捣不密实。

（6）模板与上块段不密贴，存在错台漏浆。

（7）预应力管道定位不准确，固定不牢固，接头不严密。接地钢筋、预埋件与设计不符。

（8）波纹管管道偏位，锚垫板倾斜。

3. 检查方式

现场核查（目测、量具实测、现场抽检、抽查资料）。

4. 核查资料

施工方案、交底及挂篮有关计算资料、施工记录等。

三、安全检查要点

1. 检查内容

（1）挂篮走行和浇筑混凝土时的抗倾覆稳定系数、锚固系统、限位系统安全系数不得小于2，挂篮现场组拼完毕使用前应全面检查安装质量，并进行走行性能工艺试验和静载试验，预压荷载为最大施工荷载的1.2倍。

（2）桥墩两侧悬臂浇筑梁段应对称、平衡施工，实际不平衡偏差不得大于设计要求数值。悬臂浇筑施工时，应对桥面上的各种临时荷载进行控制。

（3）挂篮必须在梁段预应力张拉完成后对称移动。

（4）混凝土浇筑前，应对挂篮的行走系统、吊挂系统、模板系统等进行全面检查；挂篮每次移动后，应检查验收。

（5）严禁在精轧螺纹钢筋吊杆（最新的淘汰目录上已禁止采用精轧螺纹钢筋作为下篮的受力构件，注意区分）上进行电焊、搭火，所有精轧螺纹钢筋吊杆必须垂直受力使用双螺母锁紧。

（6）跨路跨河等施工区域安全防护及警示标识（当悬臂浇筑施工跨越铁路、公路、航道及其他建筑物时，应采取有效的安全施工防护措施）。

（7）挂篮拆除应按要求顺序对称拆除。

2. 易发问题

（1）挂篮使用前未按要求进行安装、走行性能工艺试验和按设计要求进行载重试验。

（2）挂篮杆件及使用的机具设备（如千斤顶、滑道、手拉葫芦、钢丝绳等），未按要求进行检查确认合格。

（3）挂篮拼装过程中，随意对螺栓孔进行切割扩孔。

（4）精轧螺纹钢筋吊杆未按要求使用双螺母锁紧。

（5）挂篮走行时未按设计要求安装保险装置，走行系统不居中、锚固与走行梁冲突。

（6）桥墩两侧悬臂浇筑梁段实际不平衡偏差大于设计要求数值。

（7）合龙梁段未按规定采用微膨胀混凝土浇筑，混凝土强度未按规定提高一级。

（8）合龙梁段混凝土未按规定在一天中气温最低时快速、连续浇筑。

0号块支架安装及预压如图8-11所示，0号块钢筋绑扎和混凝土浇筑施工如图8-12所示，挂篮拼装如图8-13所示，悬臂施工过程如图8-14所示，直线段支架安装如图8-15所示。

图8-11　0号块支架安装及预压

图8-12　0号块钢筋绑扎和混凝土浇筑施工

图8-13　挂篮拼装

图8-14　悬臂施工过程

图8-15　直线段支架安装

直线段支架预压如图8-16所示，直线段施工如图8-17所示，边跨合龙施工如图8-18所示，挂篮施工临边防护设置如图8-19所示，挂篮施工施工区域围挡设置如图8-20所示，上跨既有公路挂篮底部防护设置如图8-21所示。

图8-16　直线段支架预压

图8-17　直线段施工

图8-18　边跨合龙施工

图8-19　挂篮施工临边防护设置

图8-20　挂篮施工施工区域围挡设置

图8-21　上跨既有公路挂篮底部防护设置

3. 检查方式

现场核查（目测、量具实测、抽查资料）。

4. 核查资料

方案、施工记录、检查签证等。

第二节　悬臂拼装

一、施工流程

悬臂拼装施工流程如图8-22所示。

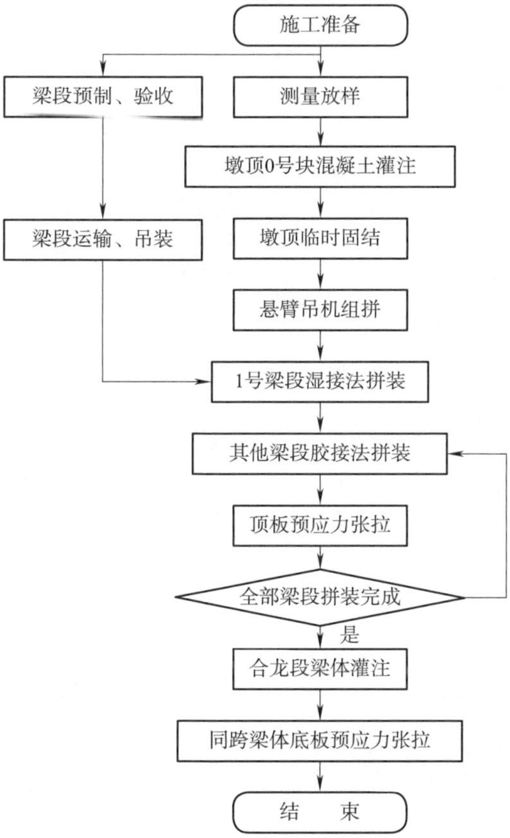

图8-22　悬臂拼装施工流程

二、质量检查要点

1. 检查内容

（1）模板及支架、钢筋、混凝土、预应力和支座的施工是否符合设计要求和现行《铁路混凝土工程施工质量验收标准》（TB 10424）等相关标准的规定。

（2）预制梁段外形尺寸、接缝面平整度及线形是否满足设计要求。

（3）预制梁段预应力管道定位、张拉压浆等施工质量是否满足设计要求。

（4）墩顶梁段与桥墩或临时支柱临时锚固质量是否满足设计要求。

（5）悬拼方法是否符合设计或专项施工方案要求。

（6）现场悬拼梁段预应力张拉方法、时间及顺序是否满足设计要求。

（7）现场悬拼梁段线形是否满足设计要求。

（8）拼装梁段胶接缝处理、胶接材料配合比施工质量是否满足设计要求。

（9）合龙段及体系转换施工质量控制是否满足设计要求。

墩顶0号块施工如图8-23所示。

图8-23　墩顶0号块施工

悬臂段吊装及湿接缝施工如图8-24、图8-25所示。

图8-24　悬臂段吊装施工

图8-25　悬臂段湿接缝施工

预制梁段规范存放，存放不超过3层，并设置垫木，如图8-26所示。预制梁段规范吊装如图8-27所示。体外预应力施工如图8-28所示，合龙段施工如图8-29所示。

图8-26　预制梁段规范存放

图8-27　预制梁段吊装

图8-28 预应力施工

图8-29 合龙段吊装施工

2. 易发问题

(1)预制梁段线形和现场悬拼梁段线形存在明显偏差。

(2)胶接材料配合比不符合设计要求。

(3)合龙段施工时，未均衡对称、均匀解除墩梁临时固结，两端标高高差较大。

3. 检查方式

现场核查（目测、量具实测、现场抽检、抽查资料）。

4. 核查资料

专项方案、交底、原材料检验报告、支架及架桥机有关计算资料、施工记录等。

三、安全检查要点

1. 检查内容

(1)悬臂吊机支撑位置及锚固方式是否满足设计要求。

(2)悬臂吊机起吊能力、拼装走行和悬拼时的抗倾覆稳定性是否满足设计要求。

(3)梁段运输、吊装前是否检查吊具。

(4)吊机走行、就位后是否进行检查，是否进行起吊试验。

(5)起吊梁段吊点位置精确度是否满足设计要求。

(6)两台吊机吊装同一梁段时，走行速度是否同步。

(7)待拼装梁段上是否有未固定物件。

(8)跨路跨河等施工区域是否设置安全防护及警示标识。

(9)吊机走行滑道是否设置限位器。

(10)是否按要求对称拼装。

2. 易发问题

(1)未进行起吊试验。

(2)吊机走行、就位后未进行检查。

(3)起吊前未对吊具进行检查。

(4)梁段上存在零散易滑落物件。

(5)跨路跨河等施工区域高处作业、交叉作业未设置安全防护及警示标识。

3. 检查方式

现场核查（目测、量具实测、抽查资料）。

4. 核查资料

专项方案、检查验收记录、检查签证等。

第三节　支架现浇

一、施工流程

支架现浇施工流程如图8-30所示。

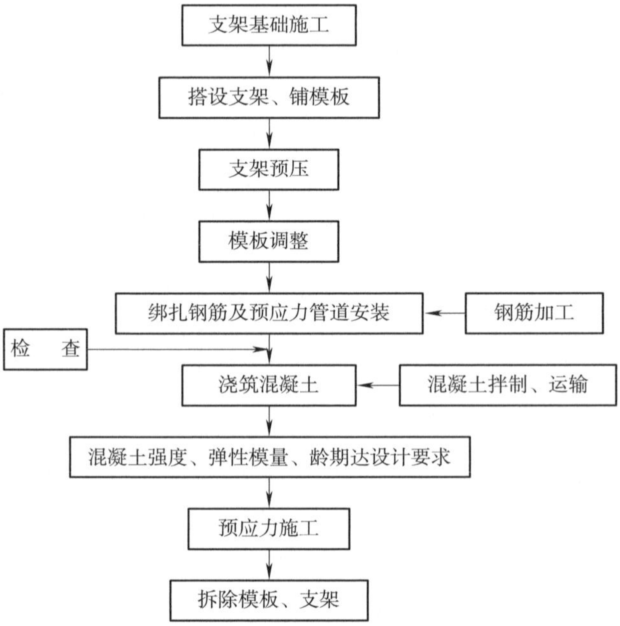

图8-30　支架现浇施工流程

二、质量检查要点

1. 检查内容

（1）模板及支架、钢筋、混凝土、预应力和支座的施工是否符合设计要求和现行《铁路混凝土工程施工质量验收标准》（TB 10424）等相关标准的规定。

（2）管桩、支架、贝雷梁、型钢等临时施工结构原材料是否组织进场验收，材质质量是否符合要求，有无合格证明等相关资料。

（3）地基处理是否满足设计要求，地基和基础承载力是否满足要求，地基排水系统设置是否合格。

（4）现浇支架是否进行施工设计，其强度、刚度及稳定性是否能满足施工各阶段施工荷载要求和施工工艺要求。

（5）支架安装是否进行预压。

（6）预应力筋波纹管定位是否牢固，是否按设计和方案对预应力进行分级张拉和压浆、封锚。

（7）梁底模及支架应按照设计要求的顺序进行卸载、拆除。设计无要求时应从梁体挠度最大处支架节点开始，逐步对称卸落相邻节点。

2. 易发问题

连接系、焊接等不符合要求。

支架现浇梁规范施工如图8-31所示，支架搭设防坠网设置如图8-32所示，支架搭设临边防护设置如图8-33所示，支架搭配临路施工防护设置如图8-34所示，跨线施工防护棚架设置如图8-35所示。

图8-31　支架现浇梁施工

图8-32　支架搭设防坠网设置

图8-33　支架搭设临边防护设置

图8-34　支架搭设临路施工防护设置

图8-35　跨线施工防护棚架设置

3. 检查方式

现场核查（目测、量具实测、现场抽检、抽查资料）。

4. 核查资料

施工单位现场核对方案、交底及支架有关计算资料。

三、安全检查要点

1. 检查内容

（1）支架安拆作业是否编制专项施工方案，方案是否审批、论证，现场是否按照审批后的方案实施。

（2）特种作业人员是否持有效证件上岗。

（3）支架安装作业时，现场是否设置警戒和安全防护标识，有无设置可靠的施工平台及人员上下通道。

（4）支架杆件有无变形，插销是否击紧，底托、顶托有无偏心。

（5）支架安装完成后是否进行联合检查验收，是否按设计要求进行预压。

（6）支架是否按规定设置防撞措施和警示标识，夜间是否设置警示灯带、反光标识等。

（7）支架结构是否设置沉降、位移、变形监控监测措施。

2. 易发问题

施工平台、通道、防护措施等不符合要求。

3. 检查方式

现场核查（目测、量具实测、抽查资料）。

4. 核查资料

专项方案、监控检测记录、检查验收记录。

第四节　转 体 施 工

一、施工流程

转体施工流程如图8-36所示。

二、质量检查要点

1. 检查内容

（1）转体施工是否符合设计或专项施工方案要求，过程计算资料是否符合要求。

（2）检查球铰、滑道等转体预埋构件的施工质量，检查预埋构件位置、结构尺寸、旋转角度、安装误差及成品保护情况是否满足要求。

（3）检查转体完成后封铰钢筋连接是否规范、混凝土是否密实。

（4）检查球铰、滑道产品质量证明文件。

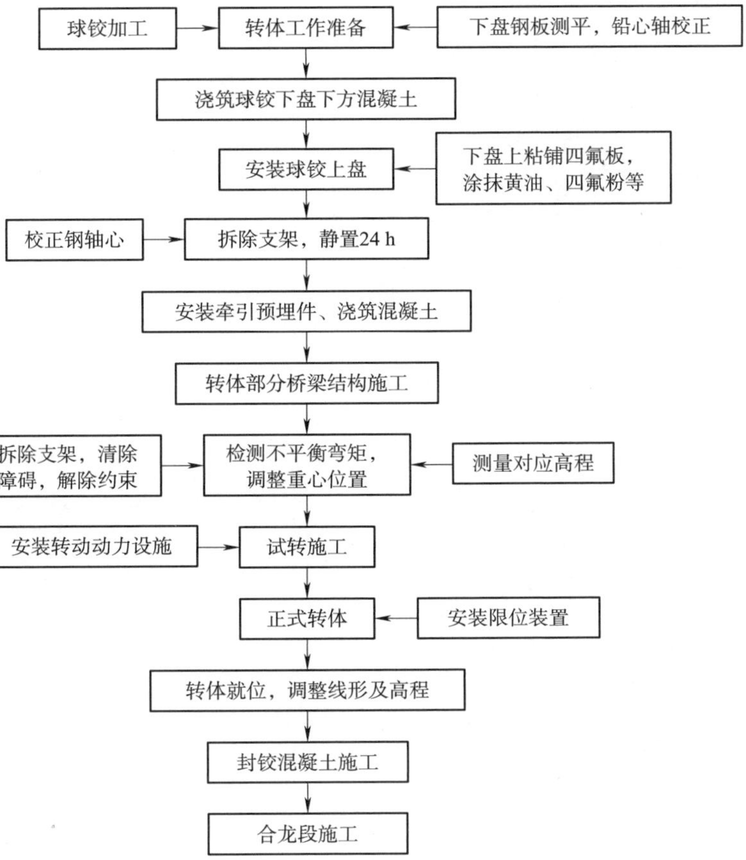

图8-36　转体施工流程

（5）检查牵引张拉顶校顶报告。

球铰滑道安装，滑道安装位置准确，与撑脚高度符合要求，如图8-37所示。转盘钢筋安装，钢筋安装平整、规范，如图8-38所示。

图8-37　球铰滑道安装

图8-38　转盘钢筋安装

上盘安装，安装精度符合要求，如图8-39所示。设备安装、调试，在进行试转前对设备进行调试，确保设备工作状态良好，如图8-40所示。

图8-39 上盘安装

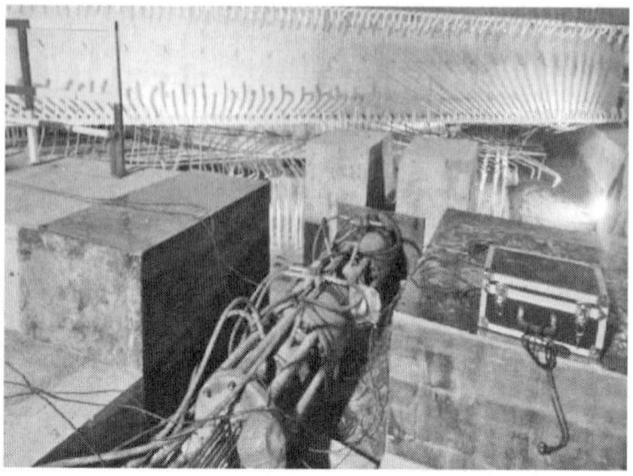

图8-40 设备安装、调试

转体部分桥梁结构施工，转体时梁体上的杂物清理完毕，安全防护措施齐全，如图8-41所示。

图8-41 转体部分桥梁结构施工

配重与称重，在转体前进行转动体称重试验，测试转动体部分的不平衡力矩、偏心距、摩阻力矩及摩擦系数，如图8-42所示。

试转时应对转体进行全面检测，在转盘部分、平衡配重、连续千斤顶等各个环节都确保正常时，对转体进行小范围的试转，如图8-43所示。

图8-42　配重与称重

图8-43　试转与正式转体

转体就位与封铰施工，梁体转体调整就位后，进行上、下转盘封固施工。将上、下转盘预留钢筋焊好，外侧支模浇筑混凝土，并在与上转盘接口处预埋压浆管，待封固混凝土凝固后用灌浆法填补因混凝土收缩留下的空隙，保证上、下盘间混凝土密实，如图8-44所示。

合龙段施工，合龙段的轴线偏差、梁顶高差、相邻块段的高差符合要求，如图8-45所示。

图8-44　转体就位与封铰施工

图8-45　合龙段施工

2. 易发问题

（1）转体施工球铰、滑道等预埋件安装顺序错误和安装精度不达标，球铰、滑道保护不到位。

（2）球铰钢筋、预埋件密集，混凝土振捣不密实，存在空洞、蜂窝麻面等质量缺陷。

（3）连续梁施工线形控制不到位。

（4）转体连续梁、连续刚构施工钢筋制安、预应力张拉压浆质量，未执行智能张拉工艺。

（5）转体前，未对连续梁进行称重，未做好平衡荷载调整。

（6）转体施工未设置防超转措施，转体发生超转。

3. 检查方式

现场核查（目测、量具实测、现场抽检、抽查资料）。

4. 核查资料

方案、交底、球铰质量证书、设计图纸、施工记录等资料。

三、安全检查要点

1. 检查内容

（1）检查转体临时固结装置。

（2）检查转体施工设备工装性。

（3）检查挂篮插销、主桁焊缝等关键构件的质量证明文件。

（4）检查牵引张拉顶校顶报告，检查转体前临时砂筒、对转体产生干扰钢筋等物件的清理。

（5）涉及营业线转体施工项目，检查铁路营业线管理资料。

2. 易发问题

（1）滑道临时支撑撑脚、砂箱数量不足，连续梁不对称浇筑导致梁体发生倾覆。

（2）转体未进行试转，未取得试转监测参数，无试转总结报告。

（3）挂篮拼装、浇筑、走行前后未进行有效检查验收。

（4）牵引设备未使用智能张拉设备，牵引钢绞线未全部绷直，夹具未夹紧，钢绞线受力不均，发生钢绞线崩断或夹片飞溅。

（5）夜间照明不足，人员观测、检查临边坠落。

3. 检查方式

现场核查（目测、量具实测、抽查资料）。

4. 核查资料

方案、交底、施工记录等。

第五节　顶 推 施 工

一、施工流程

顶推施工流程如图8-46所示。

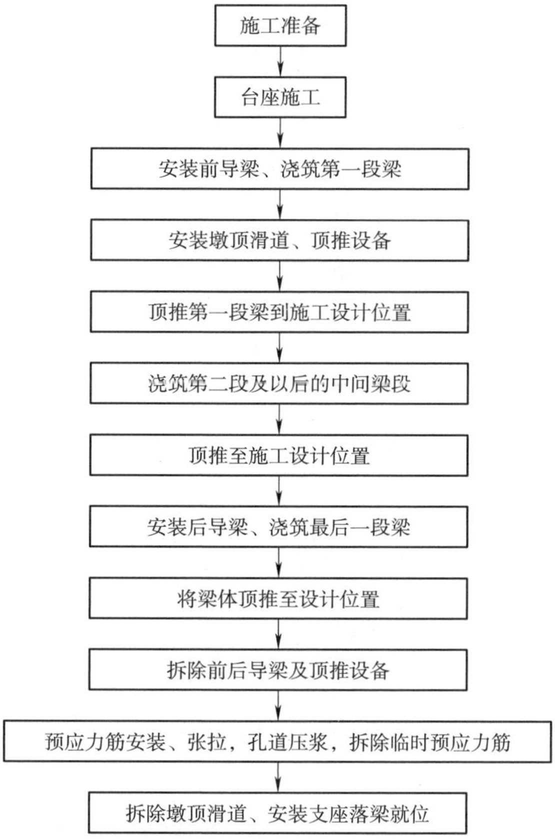

图8-46 顶推施工流程

二、质量检查要点

1. 检查内容

（1）制梁台座线形是否与桥梁设计线形一致，标高偏差是否满足设计要求。

（2）顶推设备总推力是否大于2倍计算顶推力。

（3）导梁与主梁连接方式是否满足设计要求。

（4）顶推材料及摩擦系数是否满足顶推工艺要求。

（5）临时支墩是否编制专项设计方案；临时支墩、导梁等结构强度是否满足施工要求。

（6）顶推过程中，是否对梁体、临时支墩、导梁等结构的变形、应力等指标进行监测监控，指标是否超出预警值。

（7）顶推过程中，滑块间距是否满足设计要求，滑道是否稳固。

（8）顶推至设计位置后，是否按设计要求张拉后期预应力，解除临时预应力。

临时墩及墩旁托架施工，临时支墩及墩旁托架等结构强度满足施工要求，如图8-47所示。顶推设备安装，顶推设备总推力应大于2倍计算顶推力，如图8-48所示。导梁安装，导梁与主梁连接满足设计要求，如图8-49所示。混凝土梁顶推作业，顶推过程中，滑块间距满足设计要求，滑道稳固，如图8-50所示。混凝土梁顶推作业，千斤顶同步逐级施加推力，如图8-51所示 。

图8-47　临时墩及墩旁托架施工

图8-48　顶推设备安装

图8-49　导梁安装

图8-50　混凝土梁顶推作业

图8-51　混凝土梁顶推作业

拆除顶推装置，安装永久支座，如图8-52所示。

图8-52　拆除顶推装置及安装永久支座

2. 易发问题

（1）滑道上滑块受力严重不均匀。

（2）导梁杆件变形，导梁与主梁连接处预埋件变形。

（3）千斤顶未同步逐级施加推力。

（4）未压浆的钢筋锚具松动。

3. 检查方式

现场核查（目测、量具实测、现场抽检、抽查资料）。

4. 核查资料

专项方案、各项原材料检验报告、监控监测记录、施工记录等。

三、安全检查要点

1. 检查内容

（1）制梁台座沉降值是否满足工艺要求。

（2）首片梁顶出时，梁体结构是否稳定。

（3）墩顶空间布置是否满足施工要求，偏压情况下结构安全度是否满足设计要求。

（4）顶推施工前是否进行试顶，以验证设备性能和设计摩擦系数。

（5）是否按要求设置顶落梁保险措施。

（6）下坡区是否设置顶推防溜滑装置。

（7）顶推过程中，各顶推设备是否同步启动、运行。

（8）设置的临时预应力钢筋束保护是否到位。

（9）落梁时，是否按顺序拆除滑动装置。

2. 易发问题

（1）顶推过程中，梁段中线偏离较大。

（2）导梁上翘与临时墩滑道梁不能接触。

（3）顶推平台及临时墩沉降值过大，未设置预拱度。

3. 检查方式

现场核查（目测、量具实测、抽查资料）。

4. 核查资料

专项方案、交底、沉降观测记录、施工记录等。

第六节　预应力混凝土连续梁、连续刚构施工典型质量安全问题案例

案例1：××大桥连续梁悬臂浇筑拆模后，锯齿块存在漏筋、蜂窝等质量缺陷，填补水泥砂浆后，预应力张拉过程中发生崩裂（图8-53）。

图8-53　锯齿块混凝土崩裂

原因分析：①钢筋密集振捣困难，锚垫板防裂钢筋数量不足，未有效传导应力。②预应力张拉顺序错误，张拉未按照要求进行对称张拉，张拉控制应力过大。

处理办法：扩大混凝土凿除范围，重新进行钢筋制安，提高混凝土强度等级重新浇筑。

案例2：××大桥连续梁浇筑过程中，因两侧不平衡发生坍塌，如图8-54所示。

原因分析：①未设置临时支墩锚固筋。②混凝土浇筑不对称。

处理办法：严格按照设计方案设置临时锚固，悬臂两端混凝土对称浇筑，不平衡重应严格控制在设计允许值范围内。

图8-54　连续梁悬臂坍塌

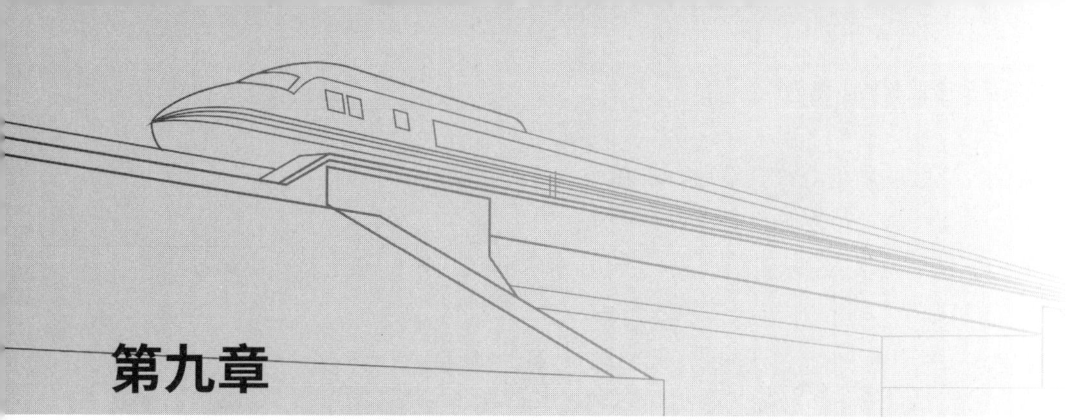

第九章

>> 结合梁

第一节　总体施工流程

结合梁施工流程如图9-1所示。

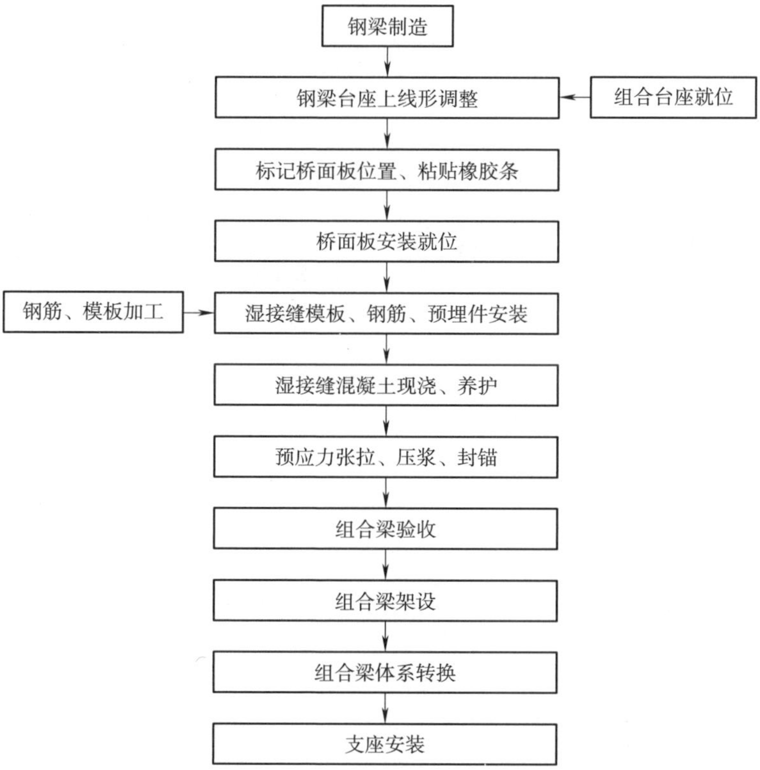

图9-1　结合梁施工流程

第二节　钢梁制造

一、质量检查要点

1. 检查内容

（1）钢梁制造的材料、结构尺寸是否符合设计要求和相关标准的规定。

（2）焊缝质量、涂装质量是否符合设计要求和相关标准的规定。

（3）预埋件（预留孔洞）位置是否符合设计要求。

钢梁在车间的制造、涂装及移运过程符合设计要求和相关标准的规定，如图9-2～图9-4所示。

图9-2 结合梁车间制造

图9-3 标准化钢梁涂装车间

图9-4 结合梁厂内移运

2. 易发问题

钢梁结构尺寸不符合设计要求，焊缝质量差，预留孔洞位置不准确，成品保护不到位。

3. 检查方式

现场核查（目测、量具实测、现场抽检、抽查资料）。

4. 核查资料

原材料质量证明文件（抽样检验报告）、焊接工艺试验报告、焊缝检查记录、钢梁试拼记录、钢梁出厂合格证。

二、安全检查要点

1. 检查内容

（1）钢梁试拼、焊接、涂装专项安全方案落实情况。

（2）钢梁杆件运输、吊装、存放专项安全方案落实情况。

（3）钢梁吊具、吊索、吊点等是否满足方案要求。

（4）钢梁制造车间整体作业环境布局是否符合安全要求，有无安全通道。

（5）涂装材料存贮仓库和施工现场是否配备消防器材，作业人员严禁吸烟或携带易燃易爆品，并设置静电消除设施。

（6）涂装作业是否规范佩戴防护面罩等安全防护用品。

钢梁单元块制造过程中，拼装胎架、焊接及拼装工艺等应符合设计要求和相关标准的规定，如图9-5～图9-7所示。

图9-5　钢梁自动化焊接

图9-6　钢梁拼装胎架

图9-7　钢梁板单元制造

2. 易发问题

（1）方案落实不到位或未按方案施工，发生物体打击、起重伤害、垮塌等安全事故。

（2）厂内机械、设备状况不良，安全装置不全或失效，无漏电保护装置，无接地（零）保护，可能导致机械伤害、触电事故。

（3）2 m以上高处作业无作业平台或作业平台设置不规范，可能导致高处坠落事故。

（4）涂装材料贮存仓库消防设施不到位，可能导致火灾事故。

（5）焊接、涂装作业未佩戴安全防护面罩等，可能发生职业卫生事故。

3. 检查方式

现场核查（目测、量具实测、抽查资料）。

4. 核查资料

设计文件、专项方案，交底等。

第三节　钢梁拼装

一、质量检查要点

1. 检查内容

（1）拼装前测量检查桥梁中线、墩台距离及跨距，支座垫石位置、尺寸、顶面高程及平整度和锚固螺栓预留孔的位置和尺寸，偏差是否符合设计要求。

（2）钢梁在运输和安装过程中应正确使用吊具，严防钢梁发生扭转、翘曲和倾斜。

（3）钢梁拼装前应对临时支架、支承、吊机等临时结构和钢梁结构本身在不同受力状态下的强度、刚度及稳定性进行验算。

（4）钢梁预拱度是否按照设计要求或第三方监控指令调整。

（5）钢梁吊装应正确选择和使用吊具，移动式吊机使用前应经过调试、检测和试吊，在墩台上就位时钢梁两端应同步、平稳、轻放。

（6）钢梁安装过程中，每完成一节应及时测量其位置、标高和预拱度，是否符合设计要求。

钢梁在运输、架设及合龙所需要安装的支架、选择的吊装设备及合龙条件应符合设计要求和相关标准的规定，如图9-8～图9-10所示。

图9-8　结合梁水上运输

图9-9　结合梁水上架设

图9-10　结合梁中跨合龙

2. 易发问题

（1）钢梁就位后中线及高程偏差未校正，导致相邻节段钢梁错台超出允许偏差值。

（2）焊接质量差或接头高强度螺栓欠拧或超拧。

3. 检查方式

现场核查（目测、量具实测、现场抽检、抽查资料）。

4. 核查资料

计算书、安全技术交底材料及记录、测量记录，试验报告，焊缝、高强度螺栓检测报告。

二、安全检查要点

1. 检查内容

（1）钢梁拼装运输专项安全技术方案落实情况。

（2）钢梁拼装节点操作平台是否安全可靠。

（3）作业人员安全防护配置和安全通道设施情况。

（4）钢梁吊装前，应对临时支架进行专项检查验收。

（5）钢梁节段在运输和吊装过程中，应采用专用吊具，钢梁不得扭转、翘曲和侧倾。

（6）钢梁整体吊装就位时，应轻吊轻放，支垫平稳，防止碰撞。

（7）节段采用焊接时，应设置防风设施。

（8）箱型梁内采用CO_2气体保护焊时，应使用通风防护安全设施。

钢梁在组装过程中的安全防护设施，如图9-11所示。

图9-11 钢梁厂内组拼安全通道及防护

2. 易发问题

（1）安全专项方案落实不到位或未按安全专项方案施工，发生物体打击、起重伤害、垮塌等安全事故。

（2）钢梁拼装作业平台设置不规范可能导致高处坠落事故。

（3）吊装作业未遵守“十不吊”和安全操作规程，使用不符合要求的卸扣、钢丝绳等，可能导致起重伤害事故。

（4）钢梁焊接动火作业违反安全操作规程，可能导致触电、火灾事故。

（5）箱形梁内有限空间焊接作业未比照受限空间作业，未设置通风措施或通风措施不到位可能导致窒息事故。

3. 检查方式

现场核查（目测、量具实测、抽查资料）。

4. 核查资料

方案、交底、检查记录等。

第四节　混凝土桥面板预制、安装

一、质量检查要点

1. 检查内容

（1）预制场地、存放区是否符合设计及方案要求。

（2）桥面板模板使用前应组织人员验收，合格后方可使用。

（3）钢筋、混凝土及预埋件原材料检验合格后方可使用。

（4）预制板钢筋严格按设计图纸下料加工，钢筋的弯制、末端弯钩及连接方式应符合设计和规范要求。

（5）浇筑混凝土前详细检查钢筋、垫块的规格、数量、尺寸及预留孔位置、数量是否符合设计要求，模板螺栓是否固定可靠、拼缝是否严实，预埋件应采取可靠措施牢固定位。

（6）桥面板应按设计要求的顺序浇筑混凝土，浇筑时注意检查模板螺栓、预埋件有无松动、偏位，顶面应抹平，以保证顶面平整度符合要求。

（7）桥面板安装前，应详细检查预制板规格、尺寸及外观质量，按设计位置、顺序安装。

（8）桥面板安装时，钢梁与桥面板的结合面及剪力联结器表面应清理干净，剪力联结器应无变形、锈蚀等缺陷，应优先确保预应力孔道的精确对位，确保后续预应力施工质量。

（9）每块预制桥面板安装完成后及时测量复核中线、高程及平面位置。

桥面板场内的预制、预拼及现场的吊运、安装、张拉，如图9-12～图9-16所示。

图9-12　桥面板厂内预制

图9-13　桥面板厂内安装

图9-14 桥面板吊装专用吊具

图9-15 桥面板现场安装

图9-16 预应力钢绞线张拉

2. 易发问题

（1）模板涨模、多次倒用变形导致桥面板尺寸偏差大。

（2）养护措施不到位产生裂纹。

（3）存放、倒运抄垫随意导致桥面板破损。

（4）安装桥面板时，外露钢筋与钢梁剪力钉冲突，切割钢筋或剪力钉。

3. 检查方式

现场核查（目测、量具实测、现场抽检、抽查资料）。

4. 核查资料

钢筋、混凝土原材料质量证明书、试验报告，预制板合格证，安装记录。

二、安全检查要点

1. 检查内容

（1）混凝土桥面板场内制作、运输、安装专项安全技术方案落实情况。

（2）桥面板吊装前必须对吊环、钢丝绳及卸扣进行检查，存在损坏、裂纹等现象应禁止使用。

（3）桥面板吊装必须遵守“起重作业十不吊”要求，吊装过程拉设缆风绳，桥面板下放时禁止手扶桥面板。

2. 易发问题

（1）方案落实不到位，或未按方案施工，发生物体打击、起重伤害、高处坠落等安全事故。

（2）厂内机械、设备状况不良，安全装置不全或失效，无漏电保护装置，无接地（零）保护，可能导致机械伤害、触电事故。

（3）2 m以上高处作业无作业平台或作业平台设置不规范，可能导致高处坠落事故。

（4）吊装作业未遵守“十不吊”和安全操作规程，使用不符合要求的卸扣、钢丝绳等，可能导致起重伤害事故。

3. 检查方式

现场核查（目测、量具实测、抽查资料）。

4. 核查资料

专项方案、交底、检查资料等。

第五节　顶　落　梁

一、质量检查要点

1. 检查内容

（1）顶落梁施工是否按设计及专项施工方案进行。

（2）按设计要求顺序顶梁，同一起顶处千斤顶是否同步，起顶幅度是否满足设计要求，顶梁过程中是否实时监控梁体偏斜及位移情况。

（3）起顶到设计高程后浇筑中间部分混凝土，应在达到设计强度后方可张拉纵向预应力束、压浆封锚。

（4）落顶前是否对支座中线、顶面高程，支座调平，相邻支座高程偏差进行复核。

（5）落顶顺序与幅度是否按设计要求进行，保险垛设置是否合理。

（6）落顶到位后是否及时拧紧支座与钢梁底部连接螺栓，浇筑剩余接缝混凝土。待达设计强度后，是否按设计顺序张拉桥面板横向预应力束，压浆封锚。

2. 易发问题

（1）混凝土未达设计要求强度就张拉预应力筋，导致混凝土劈裂。

（2）顶落梁幅度过大，易造成钢梁失稳。

3. 检查方式

现场核查（目测、量具实测、现场抽检、抽查资料）。

4. 核查资料

方案、交底、千斤顶合格证、同养试块强度报告，设计图纸等。

二、安全检查要点

1. 检查内容

（1）顶落梁施工专项安全技术方案落实情况。

（2）顶、落梁时混凝土强度及龄期是否符合设计要求。

（3）钢梁移动和顶落时是否使用同类型的千斤顶，使用前是否对压力表进行校正，油泵是否保证运行良好无故障发生，油管是否无漏油现象。

（4）体系转换调整支点受力时，油压千斤顶是否支垫平稳。在起卸顶时，是否对称、平衡起落，并加垫、卸垫。

（5）顶落梁时，是否有保险设施，随着活塞起落及时安放或撤除。施顶时，是否缓慢平稳，各道工序是否派专人携带对讲机负责统一指挥。

（6）墩顶四周设施多、施工面窄，是否在墩顶周边按要求设置护栏、布置好走道及上下步梯。墩顶顶梁用千斤顶、油泵、油管接头等是否连接牢固，防止漏油。

（7）顶落梁时是否设置了保险支座。千斤顶安放在墩顶及梁底的位置是否严格按设计规定安放，并不得随意更改。

2. 易发问题

（1）方案落实不到位，或未按方案施工，发生物体打击、高处坠落、垮塌等安全事故。

（2）千斤顶拖拉作业，人员站立在千斤顶和钢绞线正前方，钢绞线崩断伤人。

（3）未设置专用作业平台或作业平台设置不规范，可能导致高处坠落事故。

3. 检查方式

现场核查（目测、量具实测、抽查资料）。

4. 核查资料

专项方案、监控方案、交底、测量与监控数据。

第六节　湿接缝现浇

一、质量检查要点

1. 检查内容

（1）湿接缝混凝土交界面凿毛是否符合设计要求。

（2）湿接缝模板是否有足够的刚度，湿接缝施工吊模如图9-17所示。

（3）接缝处钢筋及预埋件是否按照图纸尺寸、数量、位置安装。

（4）混凝土运送至现场应先做坍落度、扩展度及含气量试验，试验指标符合要求方能浇筑混凝土。

（5）混凝土应连续浇筑不得中断，混凝土振捣均匀，不得扰动预埋件，作业人员不得踩踏钢筋及预埋件，湿接缝混凝土浇筑如图9-18所示。

图9-17　湿接缝施工吊模

图9-18　湿接缝混凝土浇筑

（6）混凝土浇筑完成后及时按要求养护，养护时间应满足规范要求。夏季和冬季严格按照相应专项方案进行混凝土施工。

（7）湿接缝混凝土未达设计强度之前不得踩踏或堆载，应做好成品防护。

2. 易发问题

（1）桥面板四周凿毛不到位。

（2）浇筑混凝土时作业人员踩踏钢筋、预埋件。

3. 检查方式

现场核查（目测、量具实测、现场抽检、抽查资料）。

4. 核查资料

方案、交底、材料检验报告等。

二、安全检查要点

1. 检查内容

（1）湿接缝施工专项安全技术方案落实情况。

（2）湿接缝施工下方投影区域设置安全围挡，桥面临边和孔洞必须设置安全防护措施，并悬挂安全警示标识，施工过程中严禁拆除现场的安全防护栏杆、盖板等安全措施。

（3）湿接缝施工必须设置可靠的工作平台或吊篮。

（4）钢筋焊接等动火作业应清理周围的可燃物和易燃物，并设置接火漏斗等容器，避免火星飞溅。

（5）施工过程中严禁拆除现场的安全防护栏杆等安全措施。

（6）模板安装及混凝土浇筑是否严格按照施工方案要求。

（7）临时用电是否符合“TN - S”系统，电气设备有无接地（零）保护。

2. 易发问题

（1）方案落实不到位，或未按方案施工，发生物体打击、高处坠落、垮塌等安全事故。

（2）湿接缝施工投影下方安全围挡不到位，可能导致物体打击事故。

（3）湿接缝施工必须设置可靠的工作平台或吊篮，现场安全防护不到位，可能导致高处坠落事故。

（4）动火作业防火措施落实不到位，可能导致火灾事故。

（5）模板未按方案要求安装，混凝土浇筑速度过快等，可能导致爆模事故。

（6）临时用电不规范，可能导致触电事故。

3. 检查方式

现场核查（目测、量具实测、抽查资料）。

4. 核查资料

专项方案、交底等。

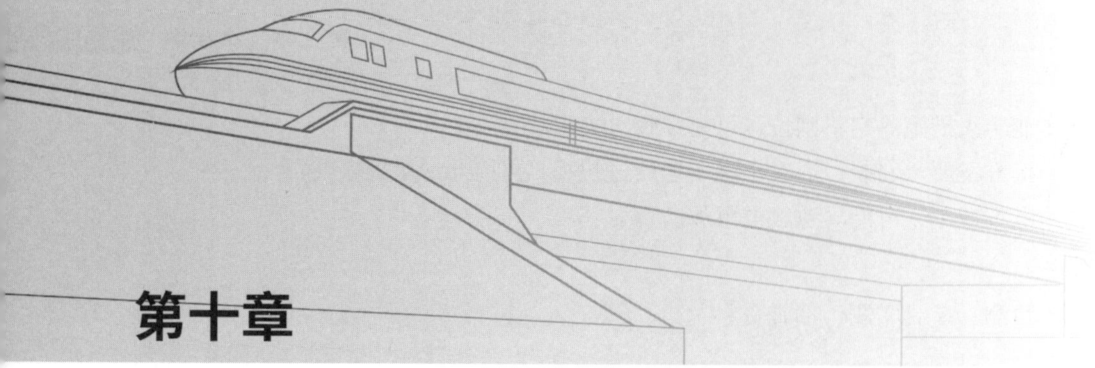

第十章

>> 钢 桁 梁

第一节　总体施工流程

钢桁梁施工流程如图10-1所示。

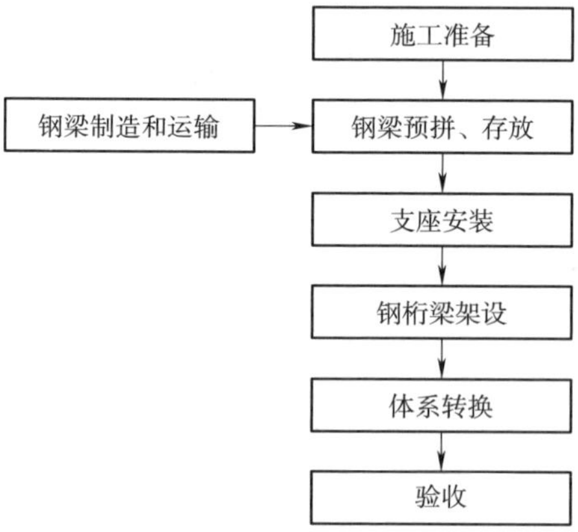

图10-1　钢桁梁施工流程

第二节　钢 梁 制 造

一、质量检查要点

1. 检查内容

（1）工厂制造钢梁的结构尺寸、焊缝质量、底层涂装质量、剪力连接器数量及质量、工地栓接板面、工地焊接接头板端坡口等应符合设计要求和相关标准的规定。

（2）钢桁梁构件拼装前应进行板面抗滑移系数试验，每批试件的抗滑移系数最小值应符合设计要求，设计无要求时不应小于0.45。

（3）高强度螺栓连接副到货后的检验应符合现行《铁路混凝土工程施工质量验收标准》（TB 10424）的规定。

（4）节点板、拼接板与杆件预拼时，穿入的临时螺栓和冲钉数量不应少于安装总数的1/3，冲钉穿入数量不宜多于临时螺栓的30%；对于螺栓孔较少的栓群，临时螺栓数量不应少于2个。

（5）由板厚小于32 mm板组成的板束，其板层缝隙应满足0.3 mm插片深入缝隙深度不大于20 mm的规定。由板厚大于32 mm板组成的板束，其密贴标准应符合设计求。对于箱形插入式杆件，当节点栓孔边距$B \geqslant 60$ mm时，采用0.3 mm插片深入缝隙深度不应大于（$B-40$）mm。

（6）磨光顶紧节点预拼应按照工厂的编号对号组拼，不应调换、调边或翻面拼装，磨光顶紧处缝隙不大于0.2 mm的密贴面积不应小于75%。

（7）采用整节段或桁片式架设时应在工厂内进行连续匹配试拼，合格后方可出厂。

（8）钢梁工地焊接拼装前应进行焊接工艺试验，合格后方可正式焊接。

钢梁焊缝位置采取临时固定措施精确定位后进行预热，如图10-2所示。钢梁杆件在工厂内以卧拼方式进行预拼装，如图10-3所示。钢梁杆件拼装后按规范要求用漆膜仪器检测漆膜厚度，如图10-4所示。

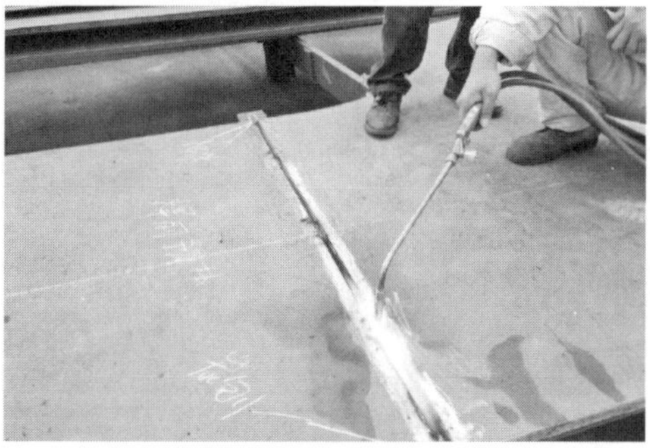

图10-2　焊缝预热

图10-3　钢梁场内杆件预拼装

图10-4　漆膜厚度检测

2. 易发问题

钢梁结构尺寸不符合设计要求，焊缝质量差，抗滑移系数不符合设计要求，高强度螺栓相关参数不满足相关规定。

3. 检查方式

现场核查（目测、量具实测、现场抽检、抽查资料）。

4. 核查资料

钢梁出厂合格证、杆件制造记录、焊接工艺评定试验报告、焊缝检查记录、涂装检查记录、栓接接头抗滑移系数试验记录、剪力联结器弯曲检验合格证、钢梁试拼记录，设计文件、检验批记录等。

二、安全检查要点

1. 检查内容

用电安全、切割焊接作业安全。

2. 易发问题

机械伤害、触电、火灾。

3. 检查方式

现场核查（目测、量具实测、抽查资料）。

4. 核查资料

专项方案、交底、特种作业上岗证等。

第三节　钢桁梁预拼

一、质量检查要点

1. 检查内容

（1）预拼场地平整度、压实度、排水功能，地基承载力、台座等是否满足设计或专项施工方案。

（2）桁梁杆件临时支撑位置是否按照设计布置。

（3）杆件多层堆放时各层垫块是否垂直，杆件堆放层数是否满足设计或相关规范要求。

（4）杆件拼接头关键部位（如箱形弦杆对碰接头的拼接板与被拼接板间隙、整体插入式节点被插入部位的深部间距及杆件两端插入部位高度）是否逐根检查、测量并造册。

（5）杆件预拼前检查杆件是否存在损失或变形。

（6）预拼杆件名称及顺序是否有明显标识。

2. 易发问题

（1）杆件局部变形。

（2）拼接头局部尺寸不满足要求。

（3）预拼资料不齐全。

3. 检查方式

现场核查（目测、量具实测、现场抽检、抽查资料）。

4. 核查资料

钢梁预拼施工方案、钢梁出厂合格证、杆件制造记录、焊接工地评定试验报告、钢梁预拼记录等。

二、安全检查要点

1. 检查内容

（1）吊装方案及大型起重设备检验合格证、作业人员有效上岗证等。

（2）高处作业防护提示标识、安全防护措施等。

（3）预拼场地防风、水、火、电、爆炸等设施及应急预案。

2. 易发问题

（1）吊装安全事故。

（2）高处作业安全事故。

（3）电击、火灾等意外伤害事故。

3. 检查方式

现场核查（目测、量具实测、抽查资料）。

4. 核查资料

专项方案、交底、特种作业人员上岗证等。

第四节 支架法拼装钢桁梁

一、施工流程

钢桁梁支架拼装施工流程如图10-5所示。

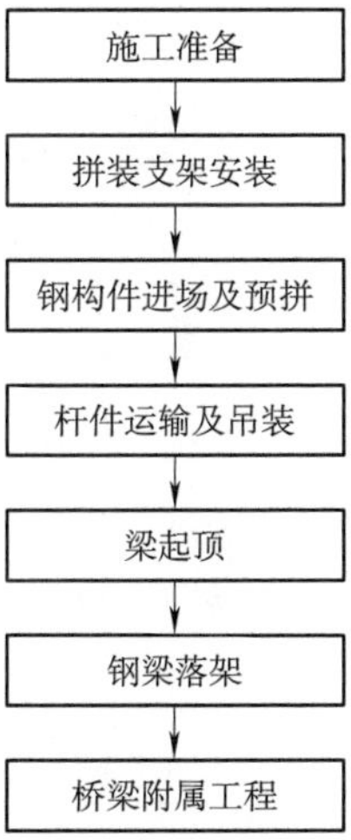

图10-5 钢桁梁支架拼装施工流程

二、质量检查要点

1. 检查内容

（1）拼装支架应按设计图纸进行制作和安装，其所有构件的规格、质量应符合国家相关标准的规定。

（2）支架基础必须具有足够的承载能力，并应做好地面防排水处理。

（3）支架结构受力应具有足够的承载力和整体稳定性，并具有完整的计算文件。

（4）钢桁梁拼装前应按设计图预压，消除支架的非弹性变形、地基沉降，并观测结构弹性变形。

（5）钢桁梁拼装前，应对桥台、墩顶面高程、中线及各孔跨径进行复测，误差应在允许范围内。

（6）钢桁梁拼装时，应考虑钢梁预拱度的影响。

（7）钢桁梁拼装时，连接处的冲钉和高强度螺栓的数量应符合相关要求。

（8）千斤顶顶梁时，千斤顶轴线应与结构起顶中心线重合，同一断面各桁支点应同时起顶和落梁。

杆件运输与吊装时应采用专门的底座运输钢梁，以防止钢梁倾覆，同时做好成品保护，如图10-6所示。

钢梁在支架上采用吊机散拼钢梁杆件，如图10-7所示。

图10-6　杆件运输与吊装施工

图10-7　钢梁拼装施工

钢梁在支架上拼装施工时，拼装支架设置、安全防护设施设置及吊装作业要规范，要安排专人指挥，如图10-8所示。钢梁落梁时，千斤顶下方支垫平整稳固，如图10-9所示。

图10-8　钢梁拼装施工

图10-9　钢梁落梁施工

2. 易发问题

钢梁预拱度不够、冲钉高拴施工不符合要求、拼装支架未按图施工。

3. 检查方式

现场核查（目测、量具实测、现场抽检、抽查资料）。

4. 核查资料

专项方案、技术交底、施工记录、检验批。

三、安全检查要点

1. 检查内容

（1）支架拼装前，应对支架的地基处理方案和基础承载力检测；采用砂袋预压时应采取防雨防水措施；支架范围内地面排水应通畅。

（2）拼装支架纵横梁安装应牢固可靠，焊缝应满足设计要求。

钢桁梁作业平台规范设置安全防护，如图10-10所示。

钢梁安装平台底部要规范挂设安全网，为作业人员提供安全的作业环境，如图10-11所示。连续顶推钢桁梁拼装支架设置，如图10-12所示。

图10-10　作业平台设置

图10-11　安全网设置

图10-12　钢桁梁支架拼装

2. 易发问题

支架失稳、高处坠落、触电。

3. 检查方式

现场核查（目测、量具实测、抽查资料）。

4. 核查资料

方案、交底、施工记录等。

第五节　悬臂法安装钢桁梁

一、施工流程

悬臂法拼装钢桁梁施工流程如图10-13所示。

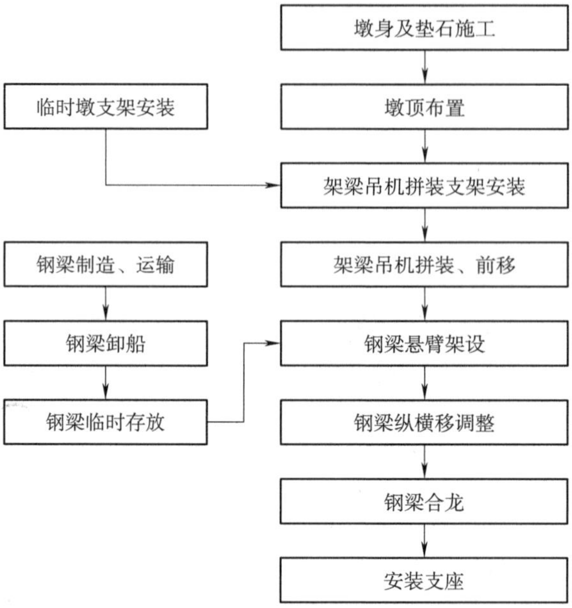

图10-13　悬臂法拼装钢桁梁施工流程

二、质量检查要点

1. 检查内容

（1）杆件焊缝质量。所有焊缝不能有裂纹、未熔合、焊瘤、夹渣、未填满弧坑及漏焊等缺陷。焊缝施焊24 h，经外观检验合格后，再进行无损检验。

（2）杆件螺栓连接质量。螺栓施拧必须采用电动扳手进行施拧，保证施拧质量。

（3）起重设备经过组拼、试吊、验收后方可架梁。

（4）桥梁线形控制。悬臂安装过程中，对钢梁的平面和立面（挠度和拱度）位置，应随时测量并填写测量记录。每安装4～5个钢桁梁节段应对已安装线形进行测试和误差分析；根据已安装钢桁梁的实测结果，进行数据分析，并对计算模型和后续阶段安装坐标及时修正。

（5）重点杆件的拼装、体系转换等关键施工步骤需严格按设计文件执行。

架梁吊机拼装支架安装如图10-14所示。钢梁运输，采用专门运输车，并支垫固定好钢梁，如图10-15所示。

图10-14　架梁吊机拼装支架安装

钢梁悬臂架设，如图10-16所示。

图10-15　钢梁运输与吊装

图10-16　钢梁悬臂架设

采用千斤顶对钢梁进行精确调整，如图10-17所示。钢梁合龙，如图10-18所示。

图10-17　钢梁纵横移调整

图10-18　钢梁合龙

2. 易发问题

构件几何尺寸加工精度不足、焊接质量不稳定、高强度螺栓扭矩不足、桥梁轴线偏移及高程偏差等。

3. 检查方式

现场核查（目测、量具实测、现场抽检、抽查资料）。

4. 核查资料

核查架设方法和工艺的设计文件、检验批记录、所有施工用的仪器和仪表校验记录等。

三、安全检查要点

1. 检查内容

（1）专项方案是否完善，拼装顺序、连接螺栓（焊缝）是否符合设计、专项方案要求。

（2）架梁吊机轨道是否固定牢靠。在移动架梁吊机前，必须检查吊机的制动设备及传感器是否良好，各节点上的螺丝是否拧好，全部确认后方可移动；停机的位置上应安好止轮器；吊机到位后，是否做好锚固措施。架梁吊机在任何情况下均不得超载起吊。

（3）杆件拼装对孔时，用冲钉和拼装撬棍的尖端探孔，严禁用手指伸进孔眼内检查，严禁用大锤猛击单个冲钉过孔，造成孔眼变形。平面拼装孔眼用安全冲钉，防止冲钉坠落伤人。

（4）伸缩纵梁需在组拼时予以固定，待相邻节间的纵梁安装完毕后，才可拆除该处临时杆件。

（5）悬拼施工中，施工临时荷载及其位置应符合设计要求。当悬臂上墩时，钢梁上所有临时荷载应进行复查。

（6）在悬臂孔和通航孔的钢梁下面必须挂安全网。

（7）在通航孔进行悬臂拼装时，事先同海事部门协商，办理封锁航道、设置航标等事宜，并发出公告。

现场防护网设置，钢梁拼装孔口挂设防护网，确保现场安全防护无死角，如图10-19所示。

图10-19 现场防护网设置

2. 易发问题

高处坠落、机械伤害。

3. 检查方式

现场核查（目测、量具实测、抽查资料）。

4. 核查资料

方案、交底、施工记录、特种作业人员资质证件等。

第六节 滑移法安装钢桁梁

一、施工流程

滑移法施工流程如图10-20所示。

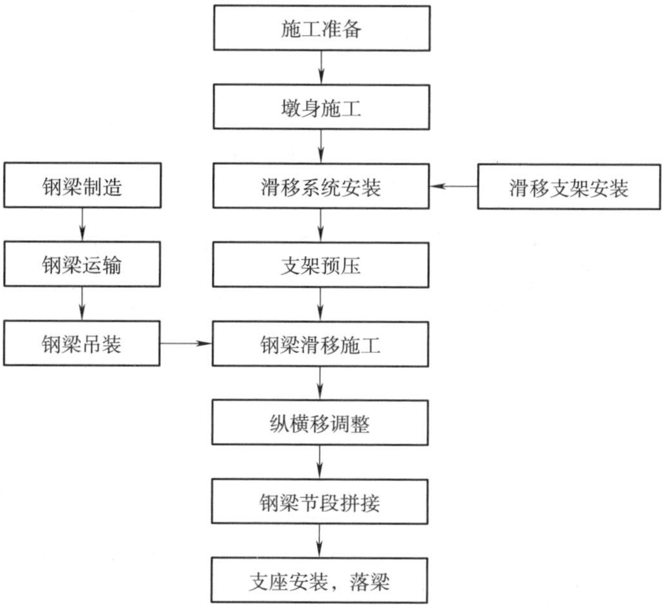

图10-20　滑移法施工流程

二、质量检查要点

1. 检查内容

（1）滑移支架各构件应满足质量要求，是否有严重锈蚀、弯曲等明显缺陷，影响钢桁梁滑移施工安全。

（2）滑移支架构件采用焊接的，焊缝处是否有裂纹、未熔合、焊瘤、夹渣、未填满弧坑及漏焊等缺陷；重要焊缝部位是否进行了无损探伤。

（3）钢桁梁滑移滑道应检查其高程，发现与设计要求不符合时应立即调整。

（4）钢桁梁滑移、顶升、落梁设备（如连续式千斤顶）须经过试顶、验收后方可进场施工。

（5）钢桁梁滑移过程中，是否对钢梁各滑移支点位置及反力情况随时测量并记录。

（6）钢桁梁滑移到位后，应采用顶升调节装置调整钢桁梁节段至设计位置，并进行临时连接，待一跨多节钢桁梁全部滑移安装完毕后，对其线形进行统一监测和调整，待梁段标高和平面位置均满足设计要求后，再进行最终焊接或栓接。

滑移支架及滑移系统安装，滑移支架各构件应满足质量要求，无严重锈蚀、弯曲等明显缺陷，如图10-21所示。

钢梁运输与吊装，钢梁采用大型浮吊设备进行整体起吊拼装，如图10-22所示。

钢梁滑移施工，如图10-23所示。

图10-21　滑移支架及滑移系统安装

图10-22　钢梁运输与吊装

图10-23　钢梁滑移施工

钢梁纵横移调整，如图10-24所示。滑移法安装钢桁梁，如图10-25所示。

图10-24　钢梁纵横移调整

图10-25　滑移法安装钢桁梁

2. 易发问题

滑移时支点易出现差异沉降，连接时出现焊缝质量不稳定、高强度螺栓扭矩不足的问题，连接后出现内应力。

3. 检查方式

现场核查（目测、量具实测、现场抽检、抽查资料）。

4. 核查资料

滑移施工方案、检验批记录、仪器和仪表校验记录等。

三、安全检查要点

1. 检查内容

（1）专项方案是否完善，移梁方式步骤、连接螺栓（焊缝）是否符合设计、专项方案要求。

（2）钢梁正式滑移之前应进行动载滑移预压，监测支架受力、变形及整体稳定性情况。

（3）滑移过程中应仔细检查滑移系统情况，严格控制滑移的速度。

（4）滑移到位后，顶落梁时各支点应同步顶升下落，确保支点受力均匀，顶落梁支点位置应设置在移梁支座附近。

（5）节段间的临时连接件应在节段调整到位后安装，待永久连接施工完成后才可拆除该处临时连接，临时连接件的安装和拆除按设计图纸办理。

（6）滑移支架跨路位置应设置安全防护棚。

（7）钢梁滑移时风速应不大于6级风，当风速超过6级时，须立即停止滑移施工，同时采取有效措施将钢桁梁节段与滑移支架固定。在台风地区，还需采取抗台风措施。

现场人员安全防护用品佩戴齐全，冬季配备棉帽防止冻伤，如图10-26所示。

安全警示标识标牌，在施工现场醒目位置设置，提醒作业人员，如图10-27所示。

图10-26　现场人员安全防护用品佩戴

图10-27　安全警示标识标牌设置

2. 易发问题

临时连接安拆未按方案施工、顶升不同步。

3. 检查方式

现场核查（目测、量具实测、抽查资料）。

4. 核查资料

专项方案、安全交底、施工记录、特种作业人员证书等。

第七节　浮拖法安装钢桁梁

一、施工流程

浮拖法安装钢桁梁施工流程，如图10-28所示。

二、质量检查要点

1. 检查内容

（1）钢梁杆件的运输、储存及拼装，钢桁梁拼装成整体后钢梁各节点位置的线形、连接质量等。

（2）岸上拼装支架及浮拖船舶上支架的结构拼装质量及标高等。

（3）浮拖船舶是否按设计加固，船舶拖拉纵移系统、船舶调平控制系统能否适应浮拖过程中水位变化。

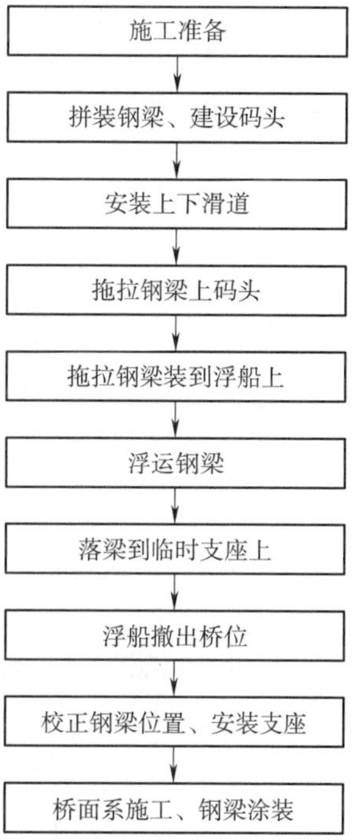

图10-28　浮拖法安装钢桁梁施工流程

（4）浮拖施工过程中的支承体系、滑道体系、动力体系是否符合方案和设计要求。

（5）岸上顶推和浮拖船舶的纵向移动同步性。

（6）浮拖过程中钢梁中线、横向水平、纵向坡度、浮拖船舶与钢梁的相对位置是否符合设计要求，是否有纠偏和调整措施。

在钢梁安装条件受限的内河进行钢梁安装时可采用浮船拖运钢梁，如图10-29所示。

图10-29 浮船拖运钢梁

浮托法安装钢桁梁，如图10-30所示。

钢梁采用马板临时固定后，再进行焊接，保证钢梁线形，如图10-31所示。

图10-30 浮拖法安装钢桁梁

图10-31 马板临时固定后进行钢梁焊接

2. 易发问题

岸上顶推与浮拖船不同步，浮船倾覆、钢梁滑脱。

3. 检查方式

现场核查（目测、量具实测、现场抽检、抽查资料）。

4. 核查资料

专项方案、交底、钢梁焊接记录等。

三、安全检查要点

1. 检查内容

（1）是否编制专项方案并经评审及批复，是否进行技术交底。

（2）核对现场实际施工情况与设计文件、专项施工方案是否相符。

（3）船舶的拖带安全措施、吃水调节措施等。

（4）钢梁浮拖前各时段的水位情况，相关部门是否做好航道协调工作及安全标识等。

（5）水上施工作业人员安全保证措施和相应救援设备及预案。

2. 易发问题

船舶拖带安全措施不完善。

3. 检查方式

现场核查（目测、量具实测、抽查资料）。

4. 核查资料

专项方案、施工记录、交底、特种作业人员证、浮船及支架的检算资料等。

第八节　顶推法安装钢桁梁

一、施工流程

钢桁梁顶推施工流程如图10-32所示。

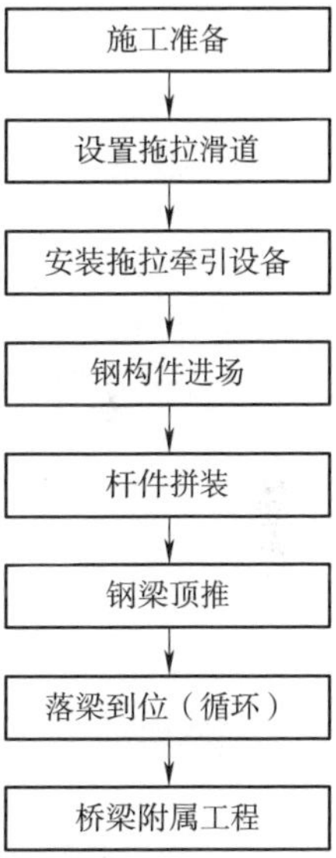

图10-32　钢桁梁顶推施工流程

二、质量检查要点

1. 检查内容

（1）支架、滑道、滑块是否严格按设计图设置。

（2）滑道相对设计中线偏差是否满足设计要求。

（3）多条滑道之间的高差是否满足有关规定。

（4）导梁杆件、导梁与钢桁梁之间连接质量是否符合要求。

（5）钢梁及导梁拼装线形是否满足设计要求。

（6）顶推千斤顶额定顶力和拉杆容许拉力是否有足够的冗余系数。

（7）液压同步控制系统同步性能否符合要求。

钢桁梁顶推场地及滑道布置，支架、滑道、滑块严格按设计图设置，如图10-33所示。

图10-33　钢桁梁顶推场地及滑道布置

钢箱梁千斤顶安装，顶推千斤顶额定顶力和拉杆容许拉力应有足够的冗余系数，如图10-34所示。

图10-34　钢箱梁千斤顶安装

钢构件运输与吊装应做好成品保护，吊装时防止杆件滑落，如图10-35所示。

图10-35　钢构件运输与吊装

钢梁拼装与顶推，滑道相对设计中线偏差满足设计要求，如图10-36所示。

图10-36　钢梁拼装与顶推

桥面附属施工如图10-37所示。钢桁梁顶推施工如图10-38所示。

图10-37　桥面附属施工（UHPC）

图10-38　钢桁梁顶推

2. 易发问题

多点顶推系统的同步精度不够。

3. 检查方式

现场核查（目测、量具实测、现场抽检、抽查资料）。

4. 核查资料

钢桁梁顶推施工专项方案、交底记录、顶推作业指导书。

三、安全检查要点

1. 检查内容

（1）顶推法施工的机具设备使用前是否经检查、试运行，确认合格。

（2）油泵与千斤顶是否配套标定。

（3）顶推施工过程中应保持信息畅通，统一指挥，并安排专人进行设备观测和位置观测。

（4）顶推过程中应随时检测桥墩墩顶变位，其纵、横向位移均不得超过设计规定。

孔洞位置防坠网，作业平台孔洞设置防护栏杆，并挂设安全网，如图10-39所示。上下人梯笼设置，人员从梁面至上弦杆件的通道设置规范，如图10-40所示。

图10-39　孔洞位置防坠网设置

图10-40　上下人梯笼设置

安全警示牌设置，施工现场醒目位置设置安全警示牌，将作业区域安全风险告知作业人员，如图10-41所示。

图10-41　安全警示牌设置

2. 易发问题

支架坍塌、高处坠落、机械伤害。

3. 检查方式

现场核查（目测、量具实测、抽查资料）。

4. 核查资料

钢桁梁顶推施工方案、交底记录、操作人员资质证件。

第九节　高强螺栓施拧

一、质量检查要点

1. 检查内容

（1）施拧前工艺试验、连接摩擦面抗滑移试验。

（2）杆件表面是否干净，粗糙度是否满足有关规定。

（3）扭矩扳手是否进行标定、校正。

（4）当天施拧的螺栓是否当天检查完毕，并作施工记录。

高强度螺栓施拧，按规定打入冲钉和安装高强度螺栓，如图10-42所示。检查高强度螺栓如图10-43所示。

图10-42　高强度螺栓施拧

图10-43　检查高强度螺栓

高强度螺栓施拧作业平台，专门设计制作规范的作业平台，平台连接稳固，并设置安全提示牌，如图10-44所示。

图10-44　高强度螺栓施拧作业平台

2. 易发问题

欠拧或超拧。

3. 检查方式

现场核查（目测、量具实测、现场抽检、抽查资料）。

4. 核查资料

（1）高强度螺栓连接副的复验数据。

（2）栓接摩擦面抗滑移系数试验数据。

（3）检查扭矩的试验数据。

（4）施拧扭矩扳手和检查扭矩扳手的标定、校正记录。

（5）各节点高强度螺栓连接副复拧扭矩、终拧扭矩或终拧转角检查记录。

二、安全检查要点

1. 检查内容

（1）悬空作业是否有牢靠的立足点及相关安全措施。

（2）高处作业下方是否具有必要的防护措施。

2. 易发问题

高处坠落。

3. 检查方式

现场核查（目测、量具实测、抽查资料）。

4. 核查资料

专项方案、技术交底、高强度螺栓进出场检查记录、高强度螺栓扳手检查记录等。

第十节　钢桁梁涂装

一、质量检查要点

1. 检查内容

（1）涂装体系、涂料的品种和质量是否符合设计要求。

（2）涂装前，杆件表面是否干净，粗糙度是否符合有关规定，杆件结合点可能积水的缝隙是否封填。

（3）钢件表面清理与涂料层的作业间隔时间、作业环境、涂装工艺是否符合有关规定。

（4）涂装体系干膜最小总厚度和每一涂层干膜平均厚度不得小于设计要求厚度，且最小厚度不应小于设计厚度的90%，高强度螺栓连接部位涂装应符合设计要求或有关规定。

（5）涂料涂层对底材附着力和涂装体系涂层间附着力，是否符合有关规定。

（6）构件表面不应误涂、漏涂，涂层不应脱皮和返锈等。涂层应均匀、无明显皱皮、流坠、针眼和气泡等。

钢梁拼接板面涂装，涂装前，杆件表面干净，粗糙度符合有关规定，杆件结合点缝隙已封填，如图10-45所示。

钢梁现场涂装质量报检，检查涂装体系、高强度螺栓连接部位涂装、涂料附着力、构件表面外观等，如图10-46所示。

钢梁现场涂装安全作业平台设置牢靠，平台四周全封闭，如图10-47所示。

2. 易发问题

油漆表面质量。

图10-45　钢梁拼接板面涂装

图10-46　钢梁现场涂装质量报检

图10-47　钢梁拼接板面涂装

3. 检查方式

现场核查（目测、量具实测、现场抽检、抽查资料）。

4. 核查资料

设计文件、涂料出厂合格证或试验报告、试验记录、施工记录。

二、安全检查要点

1. 检查内容

（1）油漆作业人员须按规定穿防护服、戴防护面具，高处作业时须佩戴安全帽、安全带。

（2）压力容器须符合有关安全规定。

2. 易发问题

高处坠落。

3. 检查方式

现场核查（目测、量具实测、抽查资料）。

4. 核查资料

专项方案、交底、特种作业人员上岗证。

第十一节　钢桁梁施工典型质量安全问题案例

常见质量安全问题如图10-48～图10-52所示。

图10-48　钢梁临时墩立柱柱脚缺少劲板

图10-49　钢桁梁临时墩钢管立柱未设置检查通道

图10-50　违规系锚于承重桩

图10-51　抄垫不密实

图10-52　滑道的滑动面破损

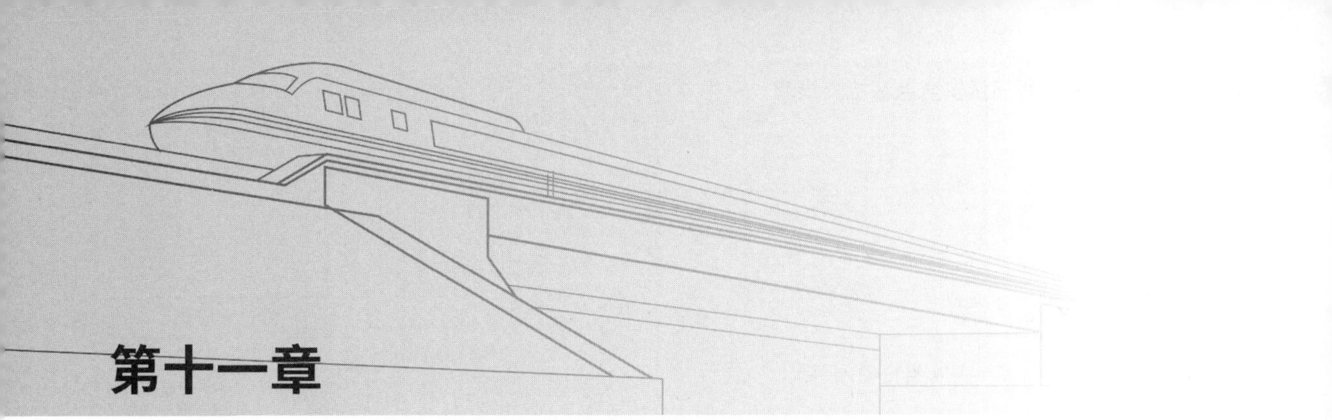

第十一章

>> 拱　桥

第一节　总体施工流程

拱桥施工流程如图11-1所示。

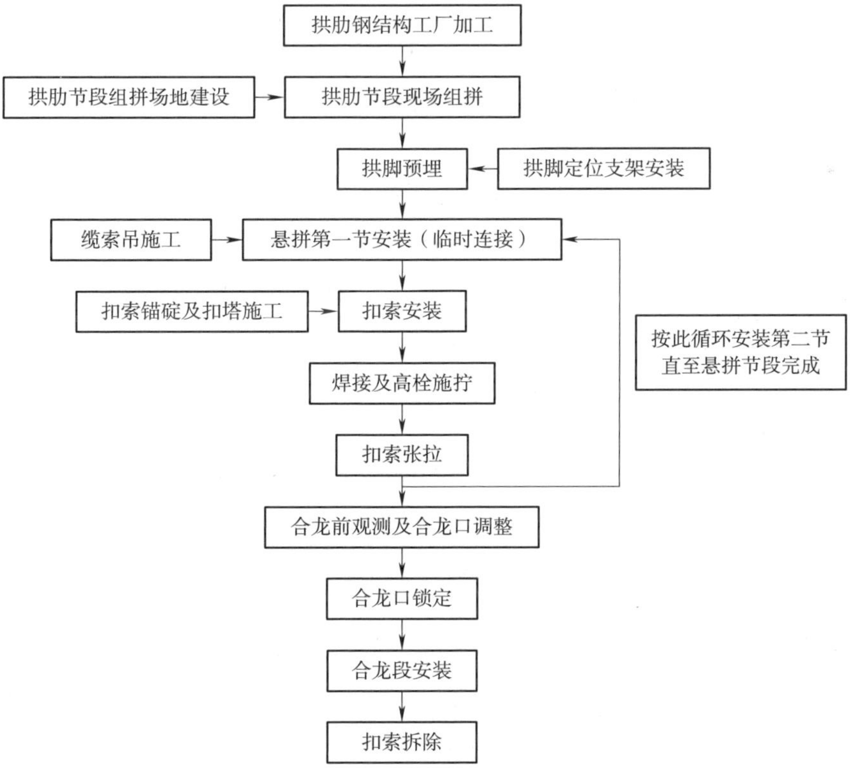

图11-1　拱桥施工流程

第二节　缆　索　吊

一、施工流程

缆索吊施工流程如图11-2所示。

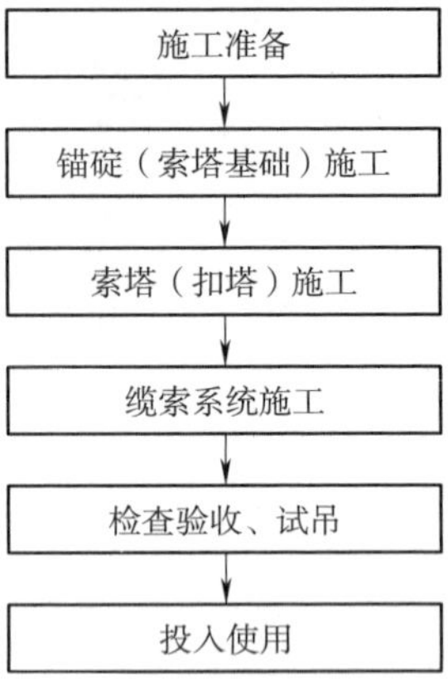

图11-2　缆索吊施工流程

二、锚碇施工

1. 质量检查要点

（1）检查内容

①锚碇结构形式是否与设计相符。

②预应力锚索施工质量。

③锚碇钢筋、混凝土及预埋件施工质量。

（2）易发问题

预应力锚索长度与设计不符、未按设计要求设置自由段、未按要求进行拉拔试验；预埋件下混凝土振捣不密实。

（3）检查方式

现场核查（目测、量具实测、现场抽检、抽查资料）。

（4）核查资料

方案、交底及锚碇有关计算资料；预应力锚索施工质量证明文件、锚索拉拔试验资料。

2. 安全检查要点

（1）检查内容

①运行期间检查预应力锚索是否有松弛现象。

②锚碇钢筋、混凝土及预埋件施工质量。

（2）易发问题

张拉作业未设置挡板、锚碇混凝土模板拉杆间距大或数量不够。

（3）检查方式

现场核查（目测、量具实测、抽查资料）。

三、缆塔施工

1. 质量检查要点

（1）检查内容

①基础处理或地基承载力是否符合要求。

②塔柱钢结构加工质量是否符合设计要求。

③钢结构现场安装质量是否符合设计要求。

④缆塔缆风绳设置是否符合设计要求。

⑤塔架拼装整体偏差控制、塔脚位置安装误差控制、塔架变形控制情况。

缆塔塔脚安装如图11-3所示，其对铰接塔脚进行临时固结，塔脚位置安装误差及变形误差控制在设计允许范围内；安装完成后缆塔结构如图11-4所示，其塔架拼装整体位置偏差、垂直度及变形控制符合设计要求。

图11-3 缆塔塔脚安装

图11-4 缆塔结构

（2）易发问题

地基承载力不够或基础存在岩溶裂隙；缆塔构件焊接质量不符合要求；缆塔塔柱连接法兰不密贴，螺栓未拧紧；铰座销轴不同轴；未按设计的预偏量设置缆风的预拉力。

（3）检查方式

现场核查（目测、量具实测、现场抽检、抽查资料）。

（4）核查资料

施工单位现场核对方案、交底及缆塔有关计算资料；缆塔钢结构及销轴等重要构件质量证明文件，现场焊接焊缝探伤报告。

2. 安全检查要点

（1）检查内容

①连接螺栓是否有松弛、断裂现象。

②钢结构焊缝是否有开裂现象、钢结构是否有塑性变形。

（2）易发问题

连接用高强度螺栓断裂，钢结构运输或安装过程中碰撞变形。

（3）检查方式

现场核查（目测、量具实测、抽查资料）。

（4）核查资料

交底、检查及维保记录、特种作业人员上岗证。

四、缆索系统施工

1. 质量检查要点

（1）检查内容

①钢丝绳直径、强度、破断力是否符合设计要求。

②绳卡安装数量、间距、方向是否符合要求。

③转向轮轮径与钢丝绳直径之比是否满足要求，塑料转向轮局部承压是否满足要求，转向轮销轴受力是否满足要求。

④钢丝绳垂度是否调整至规范偏差范围。

⑤索鞍导向轮是否转动。

⑥起重、牵引卷扬机及转向轮是否固定牢靠。

缆索系统，其主缆、扣索、起重、牵引钢丝绳安装规范，钢丝绳垂度、安装位置等符合设计要求，如图11-5所示。

图11-5　缆索系统

（2）易发问题

起重、牵引钢丝绳与其他构件摩擦；导向轮、转向轮转动不畅，导向轮、转向轮轮径与钢丝绳直径之比小于规范要求；起重、牵引卷扬机及转向轮锚固力不满足要求。

（3）检查方式

现场核查（目测、量具实测、现场抽检、抽查资料）。

（4）核查资料

现场核对方案、交底及缆索系统有关计算资料；钢丝绳质量证明文件，破断力试验报告。

2. 安全检查要点

（1）检查内容

①钢丝绳是否磨损严重，是否断丝，是否涂油维护。

②绳卡是否有滑丝、断裂现象，型号规格是否与钢丝绳配套。

③钢丝绳是否设置滑移检查标识，钢丝绳是否存在滑移。

④钢丝绳与其他构件之间是否存在摩擦现象。

⑤应力监控系统是否正常运行。

⑥过索作业导索受力是否满足规范要求，导索与被牵引钢丝绳之间连接是否牢固。

（2）易发问题

起重、牵引钢丝绳与其他构件摩擦导致磨损严重，钢丝绳使用时间过长导致断丝；导向轮、转向轮转动不畅；绳卡螺栓滑丝、绳卡断裂；钢丝绳滑脱；特种作业人员未持证上岗。

（3）检查方式

现场核查（目测、量具实测、抽查资料）。

（4）核查资料

交底、检查及维保记录、特种作业人员上岗证。

第三节 钢管（箱）拱

一、施工流程

钢管（箱）拱安装施工流程如图11-6所示。

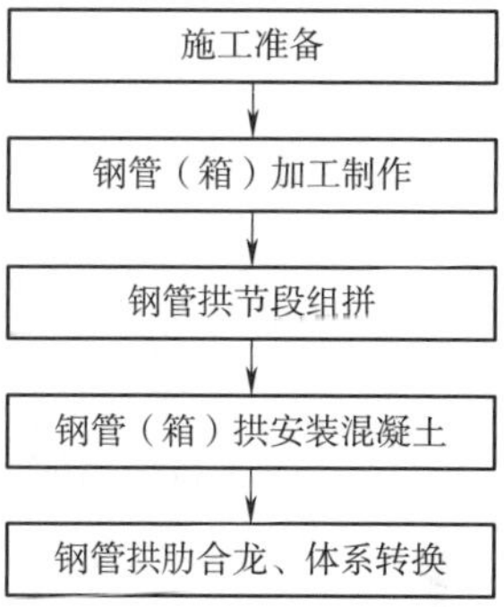

图11-6 钢管（箱）拱安装

二、钢管（箱）拱加工

1. 质量检查要点

（1）检查内容

①钢结构制造验收规则及焊接工艺评定是否通过评审。

②钢材原材质量、焊材及油漆、焊缝质量、构件结构尺寸、涂层厚度及附着力是否符合设计及规范要求。

③栓接构件孔径、孔距、孔边距是否符合设计及规范要求。

④栓接构件摩擦面摩擦系数是否符合设计及规范要求。

钢管（箱）加工，如图11-7所示。

图11-7 钢管（箱）加工

（2）易发问题

焊缝高度不够，存在凹坑、咬边、焊瘤等缺陷，焊缝探伤存在缺陷；涂层厚度不够、涂层附着力不符合规范要求；构件结构尺寸错误。

（3）检查方式

现场核查（目测、量具实测、现场抽检、抽查资料）。

（4）核查资料

施工单位现场核对方案、交底资料；钢材、焊材、油漆质量证明文件，焊缝探伤报告，摩擦试板试验报告。

2. 安全检查要点

（1）检查内容

①吊装重物用钢丝绳、卸扣等受力是否满足要求。

②吊装用特种设备管理是否符合要求。

③氧气、乙炔、油漆等易燃易爆品管理是否符合要求。

（2）易发问题

钢丝绳、卸扣安全系数不够，磨损严重；设备带病作业；氧气、乙炔、油漆等易燃易爆品管理不符合要求。

（3）检查方式

现场核查（目测、量具实测、抽查资料）。

（4）核查资料

交底、特种作业人上岗证、动火作业签证。

三、节段组拼施工

1. 质量检查要点

（1）检查内容

①钢结构构件现场存放是否规范，油漆、摩擦面保护是否得当。

②焊材、高强度螺栓及油漆是否符合设计及规范要求。

③焊缝质量、构件结构尺寸、涂层厚度是否符合设计及规范要求。

④高强度螺栓施拧是否符合要求。

⑤组拼成节段后，平联、横联刚度及稳定性是否足够，整节段吊装时是否变形过大。

（2）易发问题

焊缝高度不够，存在凹坑、咬边、焊瘤等缺陷，焊缝探伤存在缺陷；涂层厚度不够；构件结构尺寸偏差过大；摩擦面污染、损坏；组拼节段支撑刚度不足。

（3）检查方式

现场核查（目测、量具实测、现场抽检、抽查资料）。

（4）核查资料

施工单位现场核对方案、交底及检验批资料；焊材、油漆质量证明文件，焊缝探伤报告。

2. 安全检查要点

（1）检查内容

①吊装重物用钢丝绳、卸扣、吊点等受力是否满足要求。

②节段组拼用支架受力、刚度是否满足要求。

节段组拼施工，节段卧拼后在立拼时设置临时横撑加固，在横平联连接时的节段刚度及稳定性，控制变形在允许范围内，如图11-8所示。

（2）易发问题

钢丝绳、卸扣安全系数不够，磨损严重；临时支撑（支架）设置不牢。

图11-8　节段组拼施工

（3）检查方式

现场核查（目测、量具实测、抽查资料）。

（4）核查资料

交底、特种作业人上岗证。

四、现场安装

1. 质量检查要点

（1）检查内容

①钢管拱安装线形是否进行监控计算。

②焊材、高强度螺栓、油漆、焊缝质量、涂层厚度是否符合设计及规范要求。

③钢管拱节段安装线形是否符合设计及规范要求。

④高强度螺栓施拧是否符合要求。

钢管拱节段现场安装，如图11-9所示。

图11-9　现场安装

（2）易发问题

焊缝高度不够，存在凹坑、咬边、焊瘤等缺陷，焊缝探伤存在缺陷；涂层厚度不够；摩擦面污染、损坏；钢管拱节段安装线形偏差过大。

（3）检查方式

现场核查（目测、量具实测、现场抽检、抽查资料）。

（4）核查资料

施工单位现场核对方案、交底及检验批资料；焊材、高强度螺栓、油漆质量证明文件，焊缝探伤报告。

2. 安全检查要点

（1）检查内容

①扣挂系统受力是否满足要求，长大扣索是否设置临时抗风振措施，扣索是否存在折角，是否与其他结构存在摩擦。

②拱脚支架法安装节段用支架受力、刚度是否满足要求。

（2）易发问题

扣索风振滑脱，扣索与锚箱之间存在折角，扣索与其他结构存在摩擦。

（3）检查方式

现场核查（目测、量具实测、抽查资料）。

（4）核查资料

交底、特种作业人上岗证、动火作业签证。

五、钢管拱肋合龙、体系转换

1. 质量检查要点

（1）检查内容

①是否进行连续温度影响观测，绘制“温度—悬臂端点挠度”关系曲线。

②合龙前是否调整拱肋线形、位置，并根据需要修正温度。

③检查合龙装置安装、合龙口坐标及尺寸测量是否满足要求，进行锁定。

④合龙后是否对拱肋线形及位置实施精测。

钢管拱合龙，合龙装置安装，如图11-10所示。

图11-10 钢管拱合龙

（2）易发问题

①合龙准备工作不充分，未在温度最低且稳定时段合龙。

②合龙口坐标及尺寸测量不准，合龙段配切误差超出范围。

③合龙后体系转化未按设计要求顺序松扣索。

（3）检查方式

现场核查（目测、量具实测、现场抽检、抽查资料）。

（4）核查资料

施工单位现场核对施工方案、施工图纸、测量记录、施工记录、焊缝检测资料。

2. 安全检查要点

（1）检查内容

①合龙段吊点设置起吊平衡性。

②放松扣锚索时对称分级均匀性。

（2）易发问题

①合龙段起吊不平衡，对位不准确。

②放松扣锚索时未严格遵守设计要求，按比例索力对称分级均匀性松索。

（3）检查方式

现场核查（目测、量具实测、抽查资料）。

（4）核查资料

交底、特种工作人上岗证。

第四节 劲性骨架拱

一、施工流程

劲性骨架拱施工流程如图11-11所示。

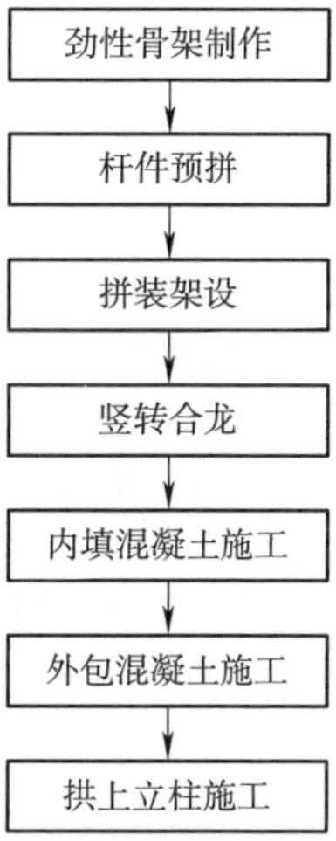

图11-11 劲性骨架拱施工流程

二、劲性骨架制作

1. 质量检查要点

（1）检查内容

①劲性骨架制作所采用原材料的品种、规格、质量是否符合设计要求和相关标准的规定。

②杆件焊接质量是否符合规范要求。

③骨架节段加工偏差是否在允许范围内。

（2）易发问题

杆件焊接质量不符合要求，骨架节段加工偏差超过允许范围。

（3）检查方式

现场核查（目测、量具实测、现场抽检、抽查资料）。

（4）核查资料

检查质量证明文件、探伤报告、原始记录。

2. 安全检查要点

（1）检查内容

①特种作业人员持证上岗。

②施焊场地消防安全是否满足要求。

③临时用电配电及施工机具用电是否符合要求。

（2）易发问题

现场易燃易爆物品存放不符合要求，临时用电不符合要求。

（3）检查方式

现场核查（目测、量具实测、抽查资料）。

（4）核查资料

特种作业人员登记台账，临时用电巡查记录，消防检查记录。

三、杆件预拼

1. 质量检查要点

（1）检查内容

①杆件结构尺寸、焊缝质量、涂装质量是否符合设计要求。

②杆件预拼是否按照杆件预拼图施工。

③高强度螺栓连接副施拧是否符合相关规定和施工工艺要求。

④节点板、拼接板与杆件预拼时，穿入的临时螺栓和冲钉数量是否充足。

杆件预拼，如图11-12所示。

图11-12　杆件预拼

（2）易发问题

杆件焊缝质量不符合要求、杆件涂层损伤、杆件拼装位置错误、高强度螺栓连接副施拧质量不合格、临时螺栓和冲钉数量不足。

（3）检查方式

现场核查（目测、量具实测、现场抽检、抽查资料）。

（4）核查资料

预拼图、杆件制造记录、焊接工艺评定试验报告、焊缝检查记录、涂装检查记录、扭矩检查记录、探伤报告。

2. 安全检查要点

（1）检查内容

预拼平台的设置是否严格按照施工方案施工。

（2）易发问题

预拼平台间距、结构设置不合理。

（3）检查方式

现场核查（目测、量具实测、抽查资料）。

（4）核查资料

预拼施工方案。

四、拼装架设

1. 质量检查要点

（1）检查内容

①劲性骨架拼装架设顺序是否符合设计要求。

②在支架上拼装劲性骨架时，冲钉和高强度螺栓数量和安装位置是否符合要求。

③栓接板面及栓孔是否洁净、干燥、平整。

④杆件及零件数量、连接质量、涂装质量是否符合要求。

⑤工地现场焊接焊缝质量是否符合设计文件和焊接工艺要求。

⑥高强度螺栓连接副施拧质量是否合格。

⑦杆件安装偏差是否在允许范围内。

底转铰安装（图11-13）、中间转铰安装（图11-14），劲性骨架拼装（图11-15），其转铰安装精确定位，劲性骨架拼装架设顺序符合设计，满足转体（竖转）要求。高强度螺栓副施拧（图11-16）、弦管现场焊接（图11-17），螺栓连接副施拧及弦管焊接规范。

图11-13　底转铰吊装

图11-14　中间转铰吊装

图11-15　杆件拼装

图11-16　高强度螺栓连接副施拧

图11-17　弦管现场焊接

（2）易发问题

冲钉和高强度螺栓数量不足、栓接板面不平整、防腐涂层破损、焊接焊缝质量不符合要求、高强度螺栓连接副施拧质量不合格、杆件安装偏差超过允许范围。

（3）检查方式

现场核查（目测、量具实测、现场抽检、抽查资料）。

（4）核查资料

焊接工艺评定试验报告、焊缝检查记录、涂装检查记录、扭矩检查记录、探伤报告、测量监控数据、原始记录。

2. 安全检查要点

（1）检查内容

拼装作业点附近山体是否采取防护措施。

（2）易发问题

拼装作业点附近山体不稳定。

（3）检查方式

现场核查（目测、量具实测、抽查资料）。

（4）核查资料

现场方案、交底、施工记录等。

五、内填混凝土施工

1. 质量检查要点

（1）检查内容

①混凝土的压注工艺及压注顺序是否符合设计要求和施工方案的规定。

②混凝土是否饱满密实。

③内填混凝土浇筑完成后，线形是否符合设计要求。

灌注口设置封板防止压注混凝土回灌，如图11-18所示。排气孔设置如图11-19所示。

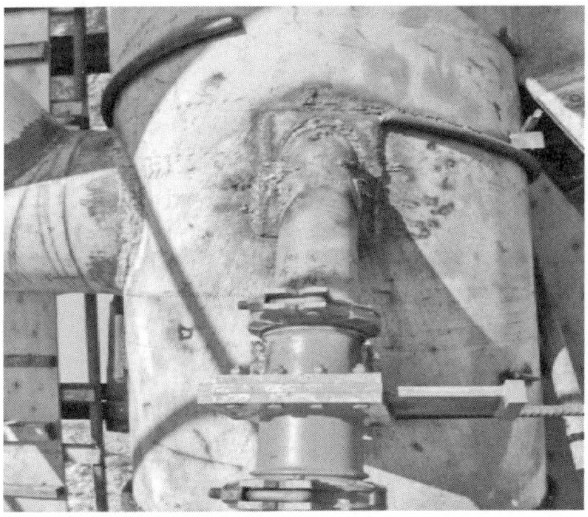

图11-18 灌注口

图11-19 排气孔

排浆孔，排气孔和排浆孔的设置保证了压注混凝土的密实，如图11-20所示。

图11-20 排浆孔排浆

（2）易发问题

混凝土压注不对称、混凝土强度不符合设计要求、内填混凝土不饱满密实、线形不满足设计要求。

（3）检查方式

现场核查（目测、量具实测、现场抽检、抽查资料）。

（4）核查资料

施工记录、测量记录、混凝土试块强度报告、超声波检测报告、设计文件等。

2. 安全检查要点

（1）检查内容

①灌注口、排气孔、增压排浆孔焊接质量是否到位。

②高处焊接、气割时是否有可靠的隔离措施。

（2）易发问题

灌注口、排气孔、增压排浆孔接口脱焊、漏焊、焊接不饱满，高处焊接、气割时未设置可靠的隔离措施。

（3）检查方式

现场核查（目测、量具实测、抽查资料）。

（4）核查资料

现场方案、交底、培训记录。

六、外包混凝土施工

1. 质量检查要点

（1）检查内容

①外包混凝土的浇筑工艺及顺序是否符合设计要求。

②混凝土强度是否符合要求。

③外包混凝土表面质量是否合格。

④钢筋保护层厚度是否符合设计和规范要求。

⑤混凝土养护是否按照施工方案执行。

⑥外包混凝土浇筑完成后，线形是否符合设计要求。

外包混凝土施工，如图11-21所示。

图11-21　外包混凝土施工

（2）易发问题

钢筋接头质量不合格、混凝土分段分环浇筑顺序不符合设计要求、外包混凝土表面存在蜂窝麻面等问题、钢筋保护层厚度不满足设计及规范要求。

（3）检查方式

现场核查（目测、量具实测、现场抽检、抽查资料）。

（4）核查资料

施工记录、测量记录、混凝土试块强度报告、现场检查记录。

2. 安全检查要点

（1）检查内容

①焊接作业是否有可靠的隔离措施。

②模板支架系统的强度、刚度、稳定性是否符合设计要求。

③泵管是否安装固定牢靠。

（2）易发问题

模板支架系统强度、刚度、稳定性不符合要求，泵管安装不牢固。

（3）检查方式

现场核查（目测、量具实测、抽查资料）。

（4）核查资料

施工方案、模板支架设计方案。

七、拱上立柱施工

1. 质量检查要点

（1）检查内容

①混凝土原材料、配合比设计、钢筋原材料是否符合规范规定。

②钢筋接头是否符合规范要求。

③模板安装偏差是否在允许偏差内。

④混凝土强度是否符合要求。

⑤混凝土表面质量是否合格。

⑥钢筋保护层厚度是否符合设计和规范要求。

⑦混凝土养护是否按照施工方案执行。

拱上立柱采用节段法施工，如图11-22所示。

图11-22 拱上立柱施工

（2）易发问题

钢筋接头质量不合格、混凝土表面存在蜂窝麻面等问题、钢筋保护层厚度不满足设计及规范要求。

（3）检查方式

现场核查（目测、量具实测、现场抽检、抽查资料）。

（4）核查资料

施工记录、测量记录、混凝土试块强度报告、现场检查记录。

2. 安全检查要点

（1）检查内容

①模板支架系统的强度、刚度、稳定性是否符合设计要求。

②安全通道设置是否合理，防护措施是否到位。

（2）易发问题

模板支架系统强度、刚度、稳定性不符合要求，施工平台和安全通道结构受力、防护、警示标识等不符合要求。

（3）检查方式

现场核查（目测、量具实测、抽查资料）。

（4）核查资料

施工方案、模板支架设计方案。

第五节　钢　桁　拱

一、施工流程

钢桁拱施工流程如图11-23所示。

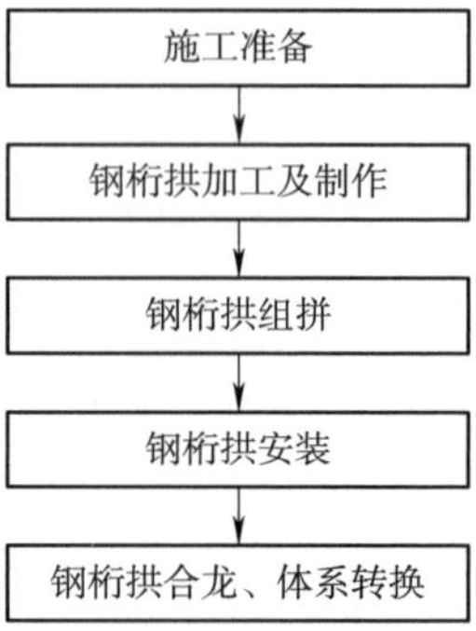

图11-23　钢桁拱施工流程

二、钢桁拱加工

1. 质量检查要点

（1）检查内容

①钢结构制造验收规则及焊接工艺评定是否通过评审。

②钢材原材质量、焊材、油漆、焊缝质量、构件结构尺寸、涂层厚度及附着力是否符合设计及规范要求。

③栓接构件孔径、孔距、孔边距是否符合设计及规范要求。

④栓接构件摩擦面摩擦系数是否符合设计及规范要求。

钢桁拱加工及制作，在工厂内按设计规范要求进行加工制作组拼，满足现场安装精度要求，如图11-24所示。

（2）易发问题

焊缝高度不够，存在凹坑、咬边、焊瘤等缺陷，焊缝探伤存在缺陷；涂层厚度不够、涂层附着力不符合规范要求；构件结构尺寸错误。

（3）检查方式

现场核查（目测、量具实测、现场抽检、抽查资料）。

图11-24 钢桁拱加工及制作

（4）核查资料

方案、交底资料；钢材、焊材、油漆质量证明文件，焊缝探伤报告，摩擦试板试验报告。

2. 安全检查要点

（1）检查内容

①吊装重物用钢丝绳、卸扣等受力是否满足要求。

②特种设备管理是否符合要求。

③氧气、乙炔、油漆等易燃易爆品管理是否符合要求。

（2）易发问题

钢丝绳、卸扣安全系数不够，磨损严重；设备带病作业；氧气、乙炔、油漆等易燃易爆品管理不符合要求。

（3）检查方式

现场核查（目测、量具实测、抽查资料）。

（4）核查资料

交底、特种作业人上岗证、特种设备管理资料、动火作业签证。

三、节段组拼

1. 质量检查要点

（1）检查内容

①构件现场存放是否规范，油漆、摩擦面保护是否得当。

②焊材、高强度螺栓及油漆是否符合设计及规范要求。

③焊缝质量是否符合设计及规范要求。

④组拼后的构件结构尺寸是否符合设计及规范要求。

⑤涂层厚度是否符合设计及规范要求。

⑥高强度螺栓施拧是否符合要求。

⑦组拼成节段后，平联、横联刚度及稳定性是否足够，整节段吊装时是否变形过大。

钢桁拱节段组拼（图11-25），组拼成节段后，平联、横联刚度及稳定性满足整节段吊装时要求，变形控制在设计规范允许范围内。

图11-25　钢桁拱节段组拼

（2）易发问题

焊缝高度不够，存在凹坑、咬边、焊瘤等缺陷，焊缝探伤存在缺陷；涂层厚度不够；构件结构尺寸偏差过大；摩擦面污染、损坏。

（3）检查方式

现场核查（目测、量具实测、现场抽检、抽查资料）。

（4）核查资料

方案、交底及检验批资料；焊材、油漆质量证明文件，焊缝探伤报告。

2. 安全检查要点

（1）检查内容

①吊装重物用钢丝绳、卸扣、吊点等受力是否满足要求。

②氧气、乙炔、油漆等易燃易爆品管理是否符合要求。

③节段组拼用支架受力、刚度是否满足要求。

（2）易发问题

钢丝绳、卸扣安全系数不够，磨损严重；氧气、乙炔、油漆等易燃易爆品管理不符合要求。

（3）检查方式

现场核查（目测、量具实测、抽查资料）。

（4）核查资料

交底、特种作业人上岗证、特种设备管理资料、动火作业签证。

四、现场安装

1. 质量检查要点

（1）检查内容

①钢管拱安装线形是否进行监控计算。

②焊材、高强度螺栓及油漆是否符合设计及规范要求。

③焊缝质量是否符合设计及规范要求。

④钢管拱节段安装线形是否符合设计及规范要求。

⑤涂层厚度是否符合设计及规范要求。

⑥高强度螺栓施拧是否符合要求。

首节段钢桁拱安装（图11-26）、钢桁拱节段首节段钢桁拱安装定位精度、钢桁拱节段安装线形符合设计及监控要求（图11-27）。

图11-26 首节段钢桁拱安装

图11-27 钢桁拱节段安装

（2）易发问题

焊缝高度不够，存在凹坑、咬边、焊瘤等缺陷，焊缝探伤存在缺陷；涂层厚度不够；摩擦面污染、损坏；钢管拱节段安装线形偏差过大。

（3）检查方式

现场核查（目测、量具实测、现场抽检、抽查资料）。

（4）核查资料

方案、交底及检验批资料；焊材、高强度螺栓、油漆质量证明文件，焊缝探伤报告。

2. 安全检查要点

（1）检查内容

①吊装重物用钢丝绳、卸扣、吊点等受力是否满足要求。

②扣挂系统受力是否满足要求，长大扣索是否设置临时抗风振措施，扣索是否存在折角，是否与其他结构存在摩擦。

③拱脚支架法安装节段用支架受力、刚度是否满足要求。

现场施工安全防护，在施工位置设置人行通道、操作拼台和防护栏杆，如图11-28所示。

图11-28　现场施工安全防护

（2）易发问题

钢丝绳、卸扣安全系数不够，磨损严重；扣索风振滑脱，扣索与锚箱之间存在折角，扣索与其他结构存在摩擦。

（3）检查方式

现场核查（目测、量具实测、抽查资料）。

（4）核查资料

交底、特种作业人上岗证、特种设备管理资料、动火作业签证。

五、钢桁拱肋合龙、体系转换

钢桁拱肋合龙段吊装（图11-29），设置了合龙施工操作台和防护栏杆。图中钢桁拱肋合龙安装，合龙临时锁定装置精确锁定钢桁拱肋合龙安装，钢桁拱线型及合龙口位置状态符合设计监控要求（图11-30）。

图11-29　钢桁拱肋合龙段吊装

图11-30　钢桁拱肋合龙安装

第六节　钢筋混凝土拱

一、施工流程

钢筋混凝土拱施工流程如图11-31所示。

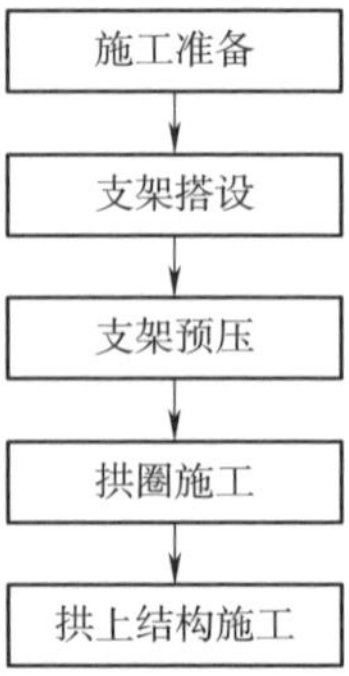

图11-31　钢筋混凝土拱施工流程

二、支架搭设

1. 质量检查要点

（1）检查内容

①支架搭设材料是否合格。

②支架基础强度是否符合设计要求。

③立柱垂直度是否符合设计及规范要求。

④横撑、斜撑数量是否足够，安装质量是否合格。

拱圈支架搭设，如图11-32所示。

（2）易发问题

支架材料弯曲锈蚀严重、立柱垂直度不满足设计要求、加强构件数量不足。

（3）检查方式

现场核查（目测、量具实测、现场抽检、抽查资料）。

图11-32 现场施工安全防护

（4）核查资料

检查记录、测量资料。

2. 安全检查要点

（1）检查内容

从事高处作业人员是否定期体检，是否取得特种作业人员操作证。

（2）易发问题

高处作业人员身体、年龄不符合要求，未取得特种作业人员操作证。

（3）检查方式

现场核查（目测、量具实测、抽查资料）。

（4）核查资料

特种作业人员登记台账、进场作业人员健康台账。

三、支架预压

1. 质量检查要点

（1）检查内容

预压是否按照施工方案进行。

支架预压，支架预压规范、对称、均衡、同步进行，如图11-33所示。

（2）易发问题

压重荷载位置不正确、压重荷载重量不符合设计方案要求。

（3）检查方式

现场核查（目测、量具实测、现场抽检、抽查资料）。

图11-33 支架预压

（4）核查资料

设计文件、检查记录。

2. 安全检查要点

（1）检查内容

①加载时是否对称进行。

②施工区域是否进行严格封闭。

（2）易发问题

支架加载时未对称加载，施工区域正下方未设置警示警戒区域。

（3）检查方式

现场核查（目测、量具实测、抽查资料）。

（4）核查资料

预压方案、交底、检查验收记录等。

四、拱圈施工

1. 质量检查要点

（1）检查内容

①混凝土原材料、配合比设计、钢筋原材料是否符合规范规定。

②模板的强度、刚度、稳定性是否符合设计要求。

③钢筋接头是否符合规范要求。

④混凝土的浇筑工艺及顺序是否符合设计要求。

⑤混凝土强度是否符合要求。

⑥混凝土表面质量是否合格。

⑦钢筋保护层厚度是否符合设计和规范要求。

⑧混凝土养护是否按照施工方案执行。

拱圈模板施工，其模板的强度、刚度、稳定性符合设计要求，如图11-34所示。拱圈钢筋施工，钢筋安装顺直符合设计要求，接头符合规范要求，如图11-35所示。

图11-34　拱圈模板施工

图11-35　拱圈钢筋施工

拱圈浇筑施工，从底至顶部对称平衡浇筑，浇筑工艺及顺序符合设计要求，如图11-36所示。拱圈施工，浇筑完成后线形平顺符合监控设计要求，如图11-37所示。

（2）易发问题

钢筋混凝土原材料不满足规范和设计要求、混凝土强度不达标、混凝土表面质量不满足规范要求、未严格按照施工方案进行施工。

图11-36 拱圈浇筑施工

图11-37 拱圈施工

（3）检查方式

现场核查（目测、量具实测、现场抽检、抽查资料）。

（4）核查资料

原材料进场文件、施工记录、混凝土试块强度报告、现场检查记录。

2. 安全检查要点

（1）检查内容

①模板安装是否牢固。

②模板拆除是否按照施工方案施工。

现场施工安全防护，拱圈施工现场施工安全防护规范，如图11-38所示。

图11-38 现场施工安全防护

（2）易发问题

模板拆除未按照施工方案实施。

（3）检查方式

现场核查（目测、量具实测、抽查资料）。

（4）核查资料

模板安拆方案、交底、检查验收记录等。

第七节 拱桥转体

一、施工流程

转体施工流程如图11-39所示。

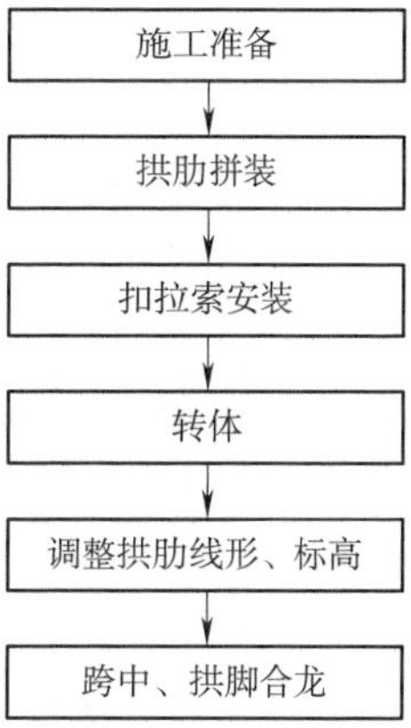

图11-39 转体施工流程

二、扣拉索安装

1. 质量检查要点

（1）检查内容

①钢绞线安装和下放是否按照施工方案施工，钢绞线P锚质量是否合格。

②锚箱与拱肋焊接质量是否合格。

③钢绞线是否打绞、钢绞线穿索是否采取保护措施。

扣拉索P锚，固定端现场采用挤压机进行P锚制作检验，保证制作安装质量，如图11-40所示。扣拉索安装，钢绞线穿索采用隔离器，防止打绞，如图11-41所示。

图11-40　扣拉索P锚

图11-41　扣拉索安装

（2）易发问题

钢绞线P锚质量不合格、钢绞线打绞、钢绞线表面损伤。

（3）检查方式

现场核查（目测、量具实测、现场抽检、抽查资料）。

（4）核查资料

施工记录、超声波检测报告、抗拔力试验报告。

2. 安全检查要点

（1）检查内容

张拉检测时无关人员不得停留在钢绞线张拉两侧。

（2）易发问题

张拉检测时作业人员站在张拉钢绞线正前方。

（3）检查方式

现场核查（目测、量具实测、抽查资料）。

（4）核查资料

施工记录、安全日志。

三、转体

1. 质量检查要点

（1）检查内容

①转体过程中检查点的空间坐标是否符合设计要求。

②竖转铰润滑油脂是否涂抹到位。

③转体时上下游是否同步上扳或下放。

④扣拉索钢绞线是否打绞。

试竖转开始至竖转完成的施工过程，如图11-42～图11-47所示。

图11-42　试竖转

图11-43　竖转过程一

图11-44　竖转过程二

图11-45　竖转过程三

图11-46　竖转过程四

图11-47　竖转到位

（2）易发问题

上下游不同步上扳或下方、钢绞线打绞。

（3）检查方式

现场核查（目测、量具实测、现场抽检、抽查资料）。

（4）核查资料

施工记录、测量资料。

2. 安全检查要点

（1）检查内容

①转体时作业人员远离扣拉索钢绞线。

②转体用机械设备是否正常运转。

（2）易发问题

转体时有作业人员停留在扣拉索钢绞线旁，转体用机械设备未提前进行检查。

（3）检查方式

现场核查（目测、量具实测、抽查资料）。

（4）核查资料

检查签证记录。

四、调整拱肋线形、标高

1. 质量检查要点

（1）检查内容

各检查空间坐标点是否符合设计要求。

（2）易发问题

拱肋横向倾斜、横向偏位、标高及拱轴线等出现偏差。

（3）检查方式

现场核查（目测、量具实测、现场抽检、抽查资料）。

（4）核查资料

检查记录、测量资料。

2. 安全检查要点

（1）检查内容

高处作业人员是否佩戴好安全防护用品。

（2）易发问题

高处作业人员未系好安全带。

（3）检查方式

现场核查（目测、量具实测、抽查资料）。

（4）核查资料

检查记录。

五、跨中、拱脚合龙

1. 质量检查要点

（1）检查内容

①是否在合龙温度下精确丈量合龙段弦管长度。

②合龙精度是否满足设计要求。

③合龙段焊接质量是否满足设计及规范要求。

④合龙顺序是否按照施工方案。

跨中合龙，精确合龙，合龙口的高差、平面位置符合要求，如图11-48所示。拱脚合龙段焊接，进行合龙口锁定，在规定温度时间范围内完成合龙段焊接，如图11-49所示。

图11-48 跨中合龙

图11-49 拱脚合龙段焊接

（2）易发问题

合龙弦管长度、合龙精度不满足要求、焊接质量不合格。

（3）检查方式

现场核查（目测、量具实测、现场抽检、抽查资料）。

（4）核查资料

施工记录、测量资料、超声波检测报告。

2. 安全检查要点

（1）检查内容

①合龙施工平台设置是否合理，安全防护是否到位。

②焊接作业是否有可靠的隔离措施。

③合龙临时固定措施是否牢靠。

（2）易发问题

合龙施工平台设置不合理、安全防护缺失，焊接作业未采取可靠的隔离措施，合龙临时固定措施不牢靠。

（3）检查方式

现场核查（目测、量具实测、抽查资料）。

（4）核查资料

合龙方案、交底。

第八节 拱桥施工典型质量安全问题案例

1. 缆索吊钢丝绳与地面等结构物摩擦

问题说明：由于缆索吊钢丝绳在不同工况下垂度不一，山体开挖深度按照一般工况钢丝绳垂度计算，导致邻近山体处钢丝绳垂度最不利工况时钢丝绳拖地（图11-50）。

处理方法、方式：加大山体开挖深度或者在拖地位置增加托轮。

标准要求：按垂度最不利工况计算开挖山体深度。

2. 扣索与锚箱之间角度过大

问题说明：锚箱预埋件预埋角度与设计偏差过大，导致扣索与锚箱之间角度过大（图11-51）。

图11-50　缆索吊钢丝绳与地面等结构物摩擦

图11-51　扣索与锚箱之间角度过大

处理方法、方式：将锚箱进行局部抄垫，调整锚箱角度使之与扣索角度匹配。

标准要求：锚碇混凝土浇筑之前应对预埋件角度进行严格检查，并固定牢靠，符合要求后方可浇筑混凝土。

3. 扣索风振滑脱

问题说明：扣索为长大绳索结构，受风振影响大，当风速与扣索自振频率吻合时，发生共振，反复振动荷载使扣索从夹具中滑脱（图11-52）。

图11-52　现场扣索风振滑脱

处理方法、方式：根据扣索滑脱数量，对剩余扣索进行受力计算，如受力仍然满足要求，设置防风振措施及防滑措施；当受力不满足要求时，补齐扣索钢绞线数量后，再设置防风振措施及防滑措施。

标准要求：扣索安装时应设置防松锚具和防风振措施。

4. 劲性骨架拱典型质量安全问题案例

问题一：钢管混凝土脱空率或脱空高度不符合设计要求（图11-53）。

问题说明：由于混凝土顶升过程中可能造成钢管内混凝土的不饱满密实或脱空。

处理方法：经过超声波检测后，在不合格处钻孔注入环氧树脂、水泥砂浆后，用同样钢板封堵孔洞。

图11-53　现场检测

问题二：拱肋分割成吊装节段后刚度不够

问题说明：拱肋设计时整体稳定性满足要求，但按照吊装节段分割后，由于单个吊装节段平联、横联不够，导致节段整体刚度或稳定性不够。

处理方法、方式：拱肋间增设临时横联。

标准要求：拱肋节段吊装计算时应对每个吊装节段的稳定性进行计算，当某个节段刚度或稳定性不够时提前设置平联。

5. 高强度螺栓断裂

问题说明：高强度螺栓施拧完成后，不定期存在断裂（图11-54）。

图11-54　现场高强度螺栓断裂

处理方法、方式：对断裂的螺栓进行更换。

标准要求：高强度螺栓施工时严格按照施工工艺施工，保证施工预拉力不超标，保证高强度螺栓穿入顺利不受剪力。

6. 钢筋混凝土拱桥质量安全问题案例

问题：支架剪刀撑数量不足。

问题说明：由于施工管理不善，对支架检查验收不细心，支架剪刀撑数量不足，易导致支架倒塌。

处理方法：落实技术交底制度，加强现场检查。

7. 转体问题案例

问题：转体合龙精度达不到设计要求。

问题说明：由于转体提升和下放设备工作不同步，或测量工作不及时、不准确，易导致转体的偏差超过允许范围。

处理方法：严格控制设备同步工作，测量工作要及时准确，偏差较小可用千斤顶、对拉装置等进行微调。

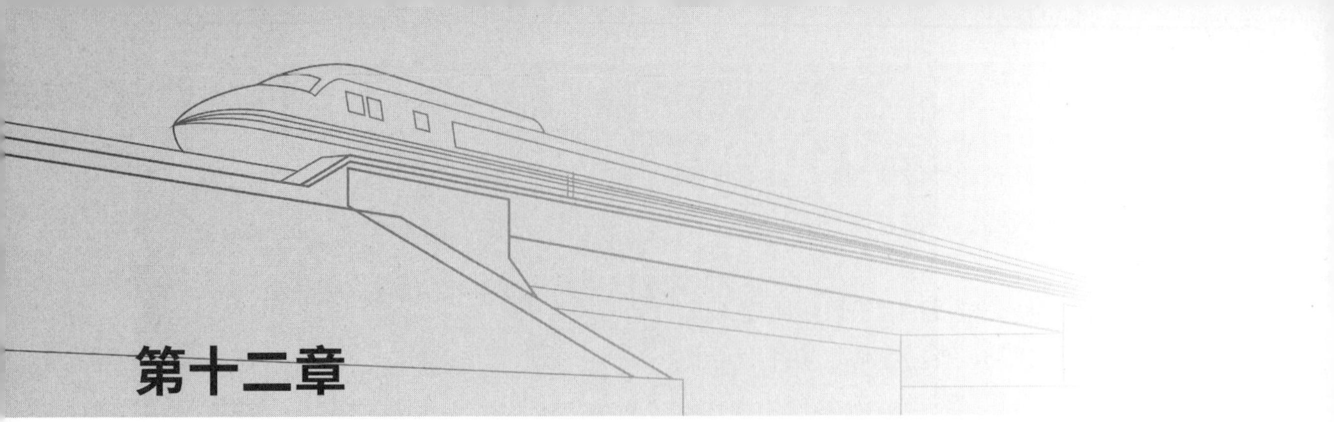

第十二章

>> 斜 拉 桥

第一节　总体施工流程

斜拉桥施工流程如图12-1所示。

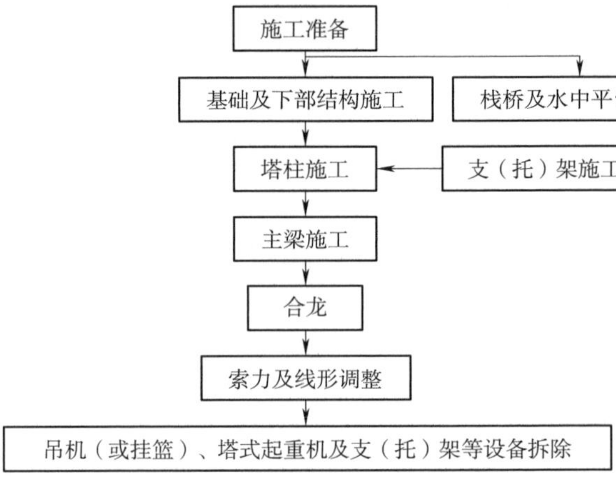

图12-1　斜拉桥施工流程

第二节　混凝土主塔

一、施工流程

混凝土主塔施工流程如图12-2所示。

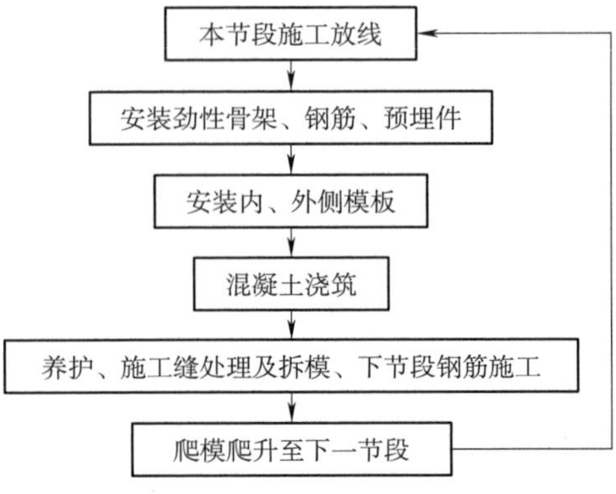

图12-2　混凝土主塔施工流程

二、混凝土塔柱施工

1. 质量检查要点

（1）检查内容

①是否符合设计或专项施工方案要求。

②爬模是否有专项设计和计算书。

③钢筋安装、保护层厚度是否符合要求。

④混凝土是否按照规范要求进行性能检测，

养护方式及时间是否符合要求、试件留置是否符合要求。

劲性骨架安装精度高，稳定性好，采用焊接方式安装，定位时与预埋件焊接，并设置临时杆件对劲性骨架予以固定，保证了安装精度和牢固性，如图12-3所示。钢筋安装时位置、间距、保护层厚度均应符合设计要求，如图12-4所示。

图12-3　劲性骨架安装

图12-4　钢筋安装

混凝土浇筑高效、优质，采用布料机进行浇筑，覆盖范围大、操作灵活方便，大大减轻了工人的劳动强度，对保证混凝土浇筑质量提供了支撑，如图12-5所示。

采用覆盖薄膜、篷布进行保温保湿养护，尽量减少表面混凝土的暴露时间，防止表面水分蒸发，如图12-6所示。

图12-5　混凝土浇筑

图12-6　混凝土养护

严格控制爬锥螺栓孔安装精度，爬升前按照检查表进行例行检查，爬升时统一指挥、步调一致，爬升结束并锚固结束后，再进行例行程序检查，全过程安全可控，如图12-7所示。

（2）易发问题

钢筋直螺纹机械连接、钢筋保护层厚度、混凝土养护等不符合要求。

（3）检查方式

现场核查（目测、量具实测、现场抽检、抽查资料）。

（4）核查资料

施工方案、爬模专项设计等资料。

图12-7　爬模爬升

2. 安全检查要点

（1）检查内容

①专项施工方案是否按程序报批、交底。

②爬模构配件进场后是否进行验收。

③从电梯到爬模平台、各平台之间等部位是否安装安全通道并防护到位。

④爬模每层平台及塔内是否按要求配备消防器材。

⑤爬模平台上堆放的材料、工具等是否超载。

⑥爬模每次爬升前，同条件试块强度是否满足要求。

⑦塔式起重机、电梯等特种设备是否按要求进行检验取证，操作人员是否持证上岗。

主塔爬模全封闭防护，爬模爬架设置防坠落装置，外侧安装全封闭的安全密目网，工作平台安装标准栏杆及踢脚板，爬架底部安装防掉落兜网，如图12-8所示。

图12-8　主塔爬模全封闭防护

主塔下方施工区进口设置带顶棚的钢结构安全通道，如图12-9所示。

图12-9　主塔施工安全通道

（2）易发问题

高坠、火灾、设备倾覆、爬模坠落等。

（3）检查方式

现场核查（目测、量具实测、抽查资料）。

（4）核查资料

方案、混凝土养护记录、特种设备、特种作业人员相关资料。

三、混凝土横梁施工

1. 质量检查要点

（1）检查内容

①预应力管道定位是否准确、线形是否平顺。

②千斤顶、油表是否在校定有效期内。

③张拉完成后是否在规定时间内完成压浆。

下横梁与塔柱同步施工，如图12-10所示。

下横梁与塔柱异步施工，避免同步交叉施工的安全风险，如图12-11所示。

图12-10　下横梁与塔柱同步施工

图12-11　下横梁与塔柱异步施工

上横梁与塔柱同步施工，加快施工进度，缩短工期，如图12-12所示。

（2）易发问题

预应力管道变形破损、定位不准、线形不顺等。

（3）检查方式

现场核查（目测、量具实测、现场抽检、抽查资料）。

（4）核查资料

施工方案、设计图纸、交底等。

2. 安全检查要点

（1）检查内容

①是否按专项施工方案进行交底。

②是否按要求对支（托）架进行验收。

横梁施工防护规范，为水上高处作业人员提供安全文明的作业环境，如图12-13所示。

图12-12　上横梁与塔柱同步施工

图12-13　横梁施工防护

（2）易发问题

火灾、爆模、支架垮塌等。

（3）检查方式

现场核查（目测、量具实测、抽查资料）。

（4）核查资料

交底、特种作业人员上岗证。

四、混凝土主塔施工典型质量安全问题案例

案例一：××桥主塔直径为ϕ32的主筋采用直螺纹机械连接，形式为带锁母型长短丝接头。施工过程中发现某节段接头两侧均为长丝，导致无法通过外露螺纹数量判定钢筋对接是否密贴，且部分套筒丝扣长度明显不足，致使多处钢筋连接返工处理，如图12-14所示。

图12-14　钢筋直螺纹连接不规范

原因分析：作业人员质量意识淡薄；技术人员卡控不严，未及时纠偏。

第三节　钢　　塔

一、钢塔制造

1. 质量检查要点

1）检查内容

（1）原材料检查：钢塔采用的钢材和焊接材料规格、化学成分及力学性能应满足设计要求并符合有关技术规范的规定。

①产品合格证书（含质量验收报告），钢材应成批验收，每批应由同一牌号、同一炉号、同一规格、同一轧制方法及同一热处理方法下生产的钢材组成。

②检查钢材尺寸、外形、重量及允许偏差，外观检查表面不应有气泡、结疤、裂纹、折叠、夹杂和压入氧化铁皮等影响使用的有害缺陷。钢材不应有目视可见的分层，钢材的表面允许有不妨碍检查表面缺陷的薄层氧化铁皮、铁锈及由压入氧化铁皮和轧辊所造成的不明显的粗糙、网纹、划痕及其他局部缺陷，但应保证钢材修磨后的厚度仍不小于钢材允许的最小厚度。

（2）焊接工艺评定：制造厂应在钢塔构件制造开工前，对工厂焊接和工地焊接分别进行焊接工艺评定。评定结果符合相关规范，并制定实施性焊接施工工艺。

（3）工厂制造钢塔的结构尺寸、焊缝质量、底层涂装质量、剪力连接器数量及质量、工地栓接板面、工地焊接接头板端坡口等应符合设计要求和相关标准的规定，分阶段检查验收合格后进行下一道工序。

（4）同一部位的焊缝返修不得超过两次，返修后的焊缝按原质量标准进行复验。

（5）高强度螺栓连接摩擦面的抗滑移系数检验结果满足设计要求。摩擦面应保持干燥、整洁。

（6）钢塔节段预拼装，检查钢塔节段的预拼长度、垂直度、错边量、端面接触率、螺栓孔的位置、轴线偏位等是否满足设计要求。

（7）钢塔构件的移动、存放不能出现不允许的变形、碰撞损伤和漆面损坏。

（8）附属设施等预埋件均应按设计要求安装完成，位置准确且无遗漏。

（9）钢塔涂装质量：

①涂装前钢材表面除锈应符合设计要求和国家现行有关标准的规定。处理后的钢材表面不应有焊渣、焊疤、灰尘、油污、水和毛刺等。

②检查漆膜的外观是否平整、均匀、无气泡、裂纹，无严重流挂、脱落、漏涂等缺陷，面漆颜色与比色卡是否一致。

③检查涂料、涂装遍数、涂层厚度是否符合设计要求。

④防火漆料涂装前钢材表面除锈及防锈底漆涂装应符合设计要求和国家现行有关标准的规定。

⑤钢结构防火漆料的黏结强度、抗压强度复检报告应符合国家现行标准的规定。

⑥薄涂型防火涂料的涂层厚度、表面裂纹宽度应符合有关耐火极限的设计要求。

（10）钢塔制造外观质量：

①构件内外表面不得有凹陷、划痕、焊疤，边缘无毛刺。

②焊缝无裂纹、焊瘤、气孔、夹渣、电弧擦伤、未焊透、未填满弧坑及设计不允许的外观缺陷，构件表面无焊渣和飞溅物。

钢塔在专业工厂内制造，并进行节段整体组拼和预拼装，能有效保障施工质量和加工精度，如图12-15、图12-16所示。

图12-15　钢塔加工

图12-16　钢塔节段整体组拼及预拼装

钢塔节段在工厂内制造完成后，整节段运输至现场进行安装，需在工厂内同步完成现场安装作业平台，如图12-17、图12-18所示。

2）易发问题

钢塔制造结构尺寸不符合设计要求，焊缝质量差，拼接板摩擦面抗滑移系数不符合设计要求，高强度螺栓相关参数不满足相关规定，摩擦面保护不到位，存放、运输、安装过程中破坏及污染。

图12-17　钢塔节段运输

图12-18　钢塔安装平台防护

3）检查方式

现场核查（目测、量具实测、现场抽检、抽查资料）。

4）核查资料

原材料质量证明文件，力学性能试验报告，钢塔出厂合格证、焊缝检测报告，设计文件、检验批记录等。

2. 安全检查要点

1）检查内容

（1）高处作业系统安全防护、施工区域安全防护设施、消防设施及警示标识、起重吊装、施工用电应符合要求，检查班前安全讲话、劳动安全防护用品配备和使用情况。

（2）钢塔工厂焊接时，封闭空间内，作业过程加强有害气体检测，明确现场负责人、监护人员。焊接应设置接火盆，避免火星飞溅，引起火灾。

（3）钢塔涂装材料贮存时保持通风干燥，防止日光直接照射。仓库和施工现场配置消防器材。喷砂除锈的工作场地，安装防护设置并设警示标识，非工作人员禁止入内。作业中严禁吸烟或携带易燃易爆危险品。在车间内进行喷涂作业时，加强通风，并设静电消除设施，防止静电引发火灾或爆炸。

（4）钢塔节段构件的堆放场地应坚实、平整、通风且具有排水设备。钢塔节段运输、存放和预拼装过程中应合理设置支点，其支架的强度、刚度、稳定性和地基承载力满足要求。

（5）加工厂内起重设备及运输设备使用是否执行安全操作规程。

（6）钢塔构件制造施工作业使用的脚手架和施工爬梯的设置符合安全规程相关规定。

2）易发问题

火灾、高处坠落

3）检查方式

现场核查（目测、量具实测、抽查资料）。

4）核查资料

专项方案、人员培训、检测资料。

二、钢塔安装

钢塔安装流程如图12-19所示。

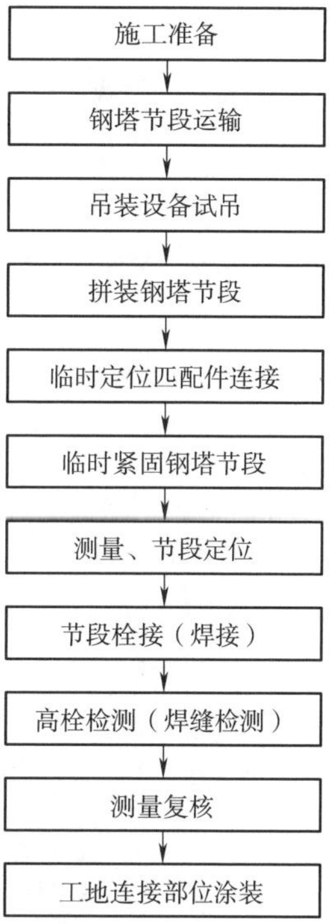

图12-19　钢塔安装流程

1. 质量检查要点

1）检查内容

（1）钢塔出厂文件：产品合格证书（含质量检验报告），钢材、焊材及涂装材料出厂质量证明书及检验报告，发送构件表及包装清单，工厂试拼装记录，焊接工艺评定试验报告及其他主要工艺试验报告，工厂高强度螺栓摩擦面抗滑移系数试验报告，焊缝无损检测报告，焊缝重大修补记录（包括事故处理报告）和焊接接头破坏性检验报告，产品试板的试验报告，涂装试验检测报告。

（2）高强度螺栓接头的抗滑移试验件，随钢塔构件发送，并按螺栓直径分别检验。运输过程中钢塔构件高强度螺栓连接处的摩擦面应加以防护。

（3）工地焊接检查：工地焊接接头力学性能合格标准同工厂焊接。工地焊接产品试板应与工地施焊条件相同，就地由同一施焊人员焊接。

①工地焊缝外观检查，焊缝不得有裂纹、未熔合、焊瘤、夹渣、未填满弧坑等明显缺陷。

②工地焊缝无损伤检验，检验人员要求持证上岗，检查检验部位、频率和结果报告等是否满足设计和相关规定要求。

（4）钢塔运输与吊装过程中构件不能出现不允许的变形、碰撞损伤和漆面损坏。

（5）钢塔安装需检查验收顶面高程、总体垂直度偏差、对接口板错边量、塔柱中心位置、节段轴线相对塔柱轴线的纵横向偏差、两塔柱横梁中心处高程的相对差、断面金属接触率、斜拉索锚点高程偏差满足设计及相关标准规定。

（6）钢索塔与钢混结合段或基础的连接采用螺栓锚固时，承压板与混凝土之间必须保持密贴。采用埋入式锚固时，必须保证底座的安装精度。

（7）工地焊接质量检查：

①所有焊缝不得有裂纹、未熔合、焊瘤、夹渣、未填满和弧坑等缺陷。

②工地纵、横向对接焊缝应全部熔透，需经超声波探伤以及作X射线探伤拍片检查。同一部位的焊缝返修不得超过两次，返修后的焊缝按原质量标准进行复验。

③剪力钉焊缝的宽度、高度等尺寸应满足设计与规范要求。

④矫正后的节段表面不应有凹痕和其他损伤。

⑤矫正后的节段尺寸偏差应满足设计与规范要求。

（8）高强度螺栓连接构件：高强度螺栓连接摩擦面的抗滑移系数检验结果满足设计要求。摩擦面保持干燥、整洁。

①检查高强度螺栓、螺母、垫圈的外形尺寸和技术资料符合国家标准的规定，检查产品质量检验报告，检查高强螺栓连接副进行外形尺寸、形位公差、表面缺陷、螺纹参数、机械

性能、螺纹脱碳、扭矩系数、标记与包装。

②检查高强度螺栓扭矩系数、施拧扭矩、检查扭矩、施拧工具标定方法、板面抗滑移摩擦系数等是否符合设计与规范要求。

③检查扳手校正履历表，检查施拧工具是否标定。

④初拧、终拧完毕后，检查高强螺栓初拧、终拧扭矩值是否符合设计要求。

（9）涂装防护：

①涂装体系应满足设计要求，涂装体系应经现场工艺试验验证后施工。

②涂装前钢塔表面应保持干燥，无灰尘、油污、氧化皮、锈斑及其他污物，出现返锈、灰尘污染要重新处理。

③涂装外观质量：涂层流挂、皱皮、水纹印最大面积不得大于900 mm^2且每平方米不多于2处；无气泡、裂纹、起皮、大熔滴、松散粒子、裂纹、掉块及返锈，无漏涂。

（10）检查钢塔安装完成后所有焊接构件上的临时焊接件在使用后是否割除，并将构件表面打磨光洁。检查安装过程中涂装破坏或缺失，是否修复。

钢塔节段安装标准化、现场安全防护措施完善，如图12-20所示。

图12-20　钢塔节段拼装

钢塔工厂整体制造，现场整体吊装安装，能有效避免现场拼装的技术难题，并加快施工进度，保障项目施工质量，如图12-21所示。

钢塔工地连接部位防腐涂装处理采用标准吊篮等规范化的作业平台施工作业，如图12-22所示。

图12-21　钢塔整体吊装

图12-22　钢塔工地连接部位涂装

2）易发问题

钢塔安装垂直度、高程、轴线、对接口错边量偏差不符合设计和规定要求，断面金属接触率不符合设计要求，现场焊缝质量不合格，安装过程中造成摩擦面损伤，高强度螺栓施拧不满足相关规定。

3）检查方式

现场核查（目测、量具实测、现场抽检、抽查资料）。

4）核查资料

钢塔制造证明文件，力学性能试验报告，钢塔出厂合格证、试验检查报告，焊缝检测报告，设计文件、测量记录、检验批记录等。

2. 安全检查要点

1）检查内容

①高处作业系统安全防护、施工区域安全防护设施、消防设施及警示标识、起重吊装、施工用电应符合要求。

②钢塔安装安全专项施工方案与专家评审记录。现场施工作业安全设施是否按方案落实到位。

③塔式起重机安装拆除专项施工方案与专家评审记录。塔式起重机与钢索塔之间连接附墙强度、刚度与稳定性满足要求且连接牢固可靠，附墙件必须与塔身同步协调安装拆卸，严禁上下一次性拆除。

④塔式起重机安装完成后应取得使用登记证书，塔式起重机安全管理人员、检测人员和作业人员应取得相应资格方可从事相关工作。

⑤塔式起重机的变幅限制器、力矩限制器、起重量限制器、防坠安全器、钢丝绳防脱装置、防脱钩装置以及各种行程限位开关等安全保护装置，应完好齐全、灵敏可靠。

⑥塔式起重机使用的钢丝绳，其结构形式、强度等应满足塔式起重机使用说明书要求。收放钢丝绳时防止钢丝绳损坏、扭结、弯折和乱绳。钢丝绳与卷筒连接牢固，卷筒上应至少保留3圈。

⑦塔式起重机电源进线的保护零线应做重复接地，塔身应做防雷接地。

⑧施工电梯安装拆卸需编制专项施工方案，且有专业厂家实施；顶层导向架悬臂长度符合要求，且安装极限行程开关；施工电梯附墙符合设计要求；施工电梯有封闭的吊笼，不得人货混装，不得超载运行。施工电梯安装完成取得特种设备使用许可方可投入使用；施工电梯操作人员取得相应有效特种作业证件，且通过培训合格方可上岗。施工电梯定期日常检查维护保养，每6个月进行一次全面检查，每3个月进行一次无荷载坠落试验，每6个月还额外进行一次带额定荷载的坠落试验。

⑨钢塔安装操作平台应有足够的强度、刚度和稳定性，并表明容许荷载值，使用过程中不得超过容许荷载值。操作平台四周设置防护栏杆，防护栏杆由横杆、立杆及挡脚板组成，安装牢固，挂设密目式安全立网。作业人员在平台顶面操作时，不得跨越防护栏杆。

⑩高处作业人员应正确佩戴和使用个人劳动防护用品。严禁不适合高处作业的人员进行高处作业。

⑪钢塔节段运输、存放和安装过程中应合理设置支点，其支架的强度、刚度、稳定性和地基承载力满足要求。

⑫钢塔节段起吊安装应充分考虑气候对安装施工的影响，宜选择在6级风以下且天气条件较好时进行。吊装所有吊具应进行专项设计，并对各节段起吊的稳定性进行验算。

⑬钢塔现场内侧焊接时，内部空间有限，作业过程加强有害气体检测，明确现场负责人、监护人员。现场焊接应设置接火盆，避免火星飞溅，引起火灾。

⑭钢塔构件安装施工作业使用的脚手架和施工爬梯的设置符合安全规程相关规定。

钢塔吊装安全防护标准规范，防护措施到位，如图12-23所示。

图12-23　钢塔吊装

2）易发问题

高处坠落、火灾、吊装伤害。

3）检查方式

现场核查（目测、量具实测、抽查资料）。

4）核查资料

专项方案、技术交底、安全教育培训、施工日志。

三、钢塔施工典型质量安全问题案例

存在问题1：钢塔多采用厚板，超厚板下料、焰切坡口容易出现崩坑、锯齿（图12-24、图12-25）。

图12-24　下料坡口崩坑

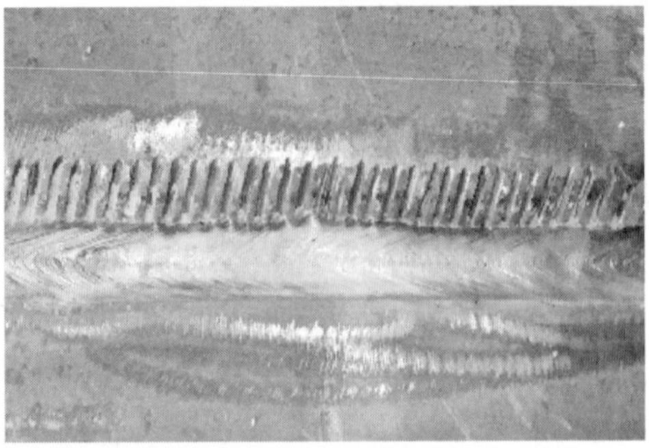

图12-25　下料坡口锯齿

处理措施：补焊、打磨。

存在问题2：厚板焊接可能会出现横向或者纵向裂纹（图12-26、图12-27）。

图12-26　焊缝横向裂纹

图12-27　焊缝纵向裂纹

处理措施：严格控制落实除锈打磨、焊材烘干、焊前预热等。

存在问题3：钢塔箱口端面过大，端隔板距离箱口过远，刚性不足且受焊接填充量大及焊接累加变形影响，导致焊后箱口尺寸容易产生偏差。

处理措施：小块体制作时壁板之间棱角焊缝在端头500 mm范围进行预留，待其余焊缝焊接完成后，经二次精调箱口后（并考虑工艺留量），增设箱口部位码板，临时撑杆以增加刚性。

第四节　钢　锚　梁

一、施工流程

钢锚梁（箱）安装流程如图12-28所示。

二、钢锚梁制造

1. 质量检查要点

（1）检查内容

①钢板、焊材、剪力钉、油漆等是否有质量证明资料及复验报告。

②节段出厂前，合格证、焊缝检查记录、剪力钉检查记录、试拼记录等是否齐全。

③节段拼装前，钢锚梁（箱）外形尺寸、焊接质量、涂装质量等是否符合要求。

（2）易发问题

成品保护不到位。

（3）检查方式

现场核查（目测、量具实测、现场抽检、抽查资料）。

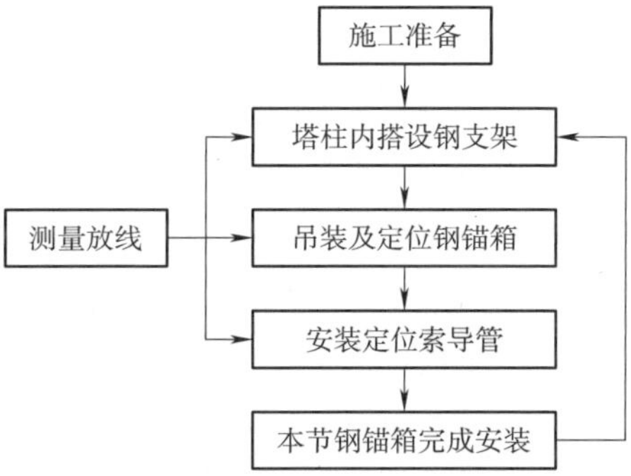

图12-28　钢锚梁（箱）安装流程

（4）核查资料

施工方案、设计图纸、出厂证明及验收记录、交底。

2. 安全检查要点

（1）检查内容

①高处、临边安全防护是否到位。

②钢板切割、焊接时，临时用电、用气是否满足要求。

③吊耳是否进行专项设计。

④车间内门（桥）式起重机是否按要求检验取证、办理使用许可，特种作业人员是否持有效证件。

钢锚箱工厂化制造，钢锚箱在厂内制造、试拼，对焊缝收缩引起的变形采用工艺控制，避免采用其他矫正措施，如图12-29所示。

图12-29　钢锚箱工厂化制造

（2）易发问题

物体打击、坠落等。

（3）检查方式

现场核查（目测、量具实测、抽查资料）。

（4）核查资料

交底、特种作业人员上岗证、特种设备管理资料。

三、钢锚梁（箱）安装

1. 质量检查要点

（1）检查内容

①外观质量是否进行了复验。

②钢锚梁（箱）及索导管对接安装精度是否符合要求。

塔柱内搭设钢支架，保证钢锚箱安装及人员安全，如图12-30所示。

图12-30　塔柱内搭设钢支架

（2）易发问题

安装精度不满足要求。

（3）检查方式

现场核查（目测、量具实测、现场抽检、抽查资料）。

（4）核查资料

施工方案、设计图纸、交底。

2. 安全检查要点

（1）检查内容

①是否按专项施工方案进行交底。

②吊装钢锚梁前是否对吊耳、吊具、钢丝绳、卡环、封钩器、缆风绳等进行检查签证。

③作业区域是否设置操作平台。

④塔式起重机是否按要求检验、办理使用许可，特种作业人员是否持有效证件。

图12-31 钢锚箱规范吊装

钢锚箱规范吊装，吊点根据钢锚箱整体构造、结构重心综合考虑，确保水平起吊，变形小，如图12-31所示。

（2）易发问题

高处坠落等。

（3）检查方式

现场核查（目测、量具实测、抽查资料）。

（4）核查资料

交底、特种作业人员上岗证、特种设备管理资料。

四、钢锚梁（箱）施工典型质量安全问题案例

案例：××桥塔柱××节段钢锚箱制造过程中未严格控制索导管长度，导致爬模无法合模（图12-32）。

图12-32 索导管结构外露超限

原因分析：索导管下料过程中未严格控制精度。

第五节 斜 拉 索

一、施工流程

斜拉索安装流程如图12-33所示。

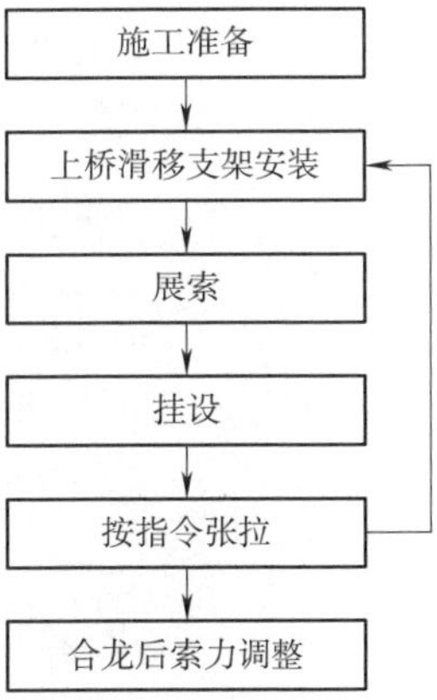

图12-33 斜拉索安装流程

二、斜拉索制造

1. 质量检查要点

（1）检查内容

①钢丝进场后是否按要求进行验收，使用前是否进行抽样检测。

②聚乙烯护套材料有无质量合格证。

③冷铸锚组件各项性能、尺寸规格是否符合图纸及规范要求。

④冷铸填料中的各种材料有无质量合格证。

⑤斜拉索长度是否满足设计要求。

（2）易发问题

成品保护不到位。

（3）检查方式

现场核查（目测、量具实测、现场抽检、抽查资料）。

（4）核查资料

施工方案、设计图纸、出厂证明及验收记录、交底。

2. 安全检查要点

（1）检查内容

①切割、下料、制造过程中防火措施是否到位。

②钢丝切割是否采用专用切割设备。

（2）易发问题

物体打击、机械伤害、火灾等。

（3）检查方式

现场核查（目测、量具实测、抽查资料）。

（4）核查资料

交底、特种作业人员上岗证、动火作业签证。

三、斜拉索安装

1. 质量检查要点

（1）检查内容

①出厂质量证明文件是否齐全。

②安装过程中索体保护措施是否到位。

③斜拉索张拉是否按监控指令执行。

临时减振及梁端内置式减振，在斜拉索安装完成后到整桥调索完成中，为减小风振影响，在斜拉索下端设置临时减振装置，简单高效，如图12-34所示。

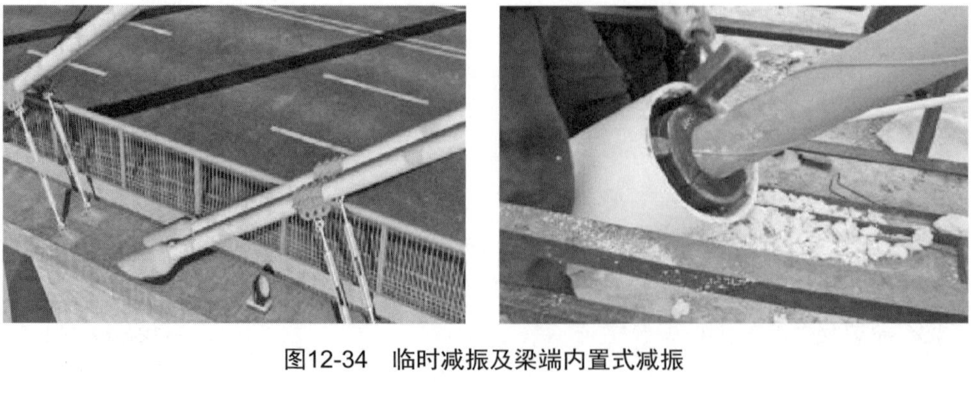

图12-34　临时减振及梁端内置式减振

梁端、塔端安装张拉，斜拉索实际的张拉力应以监控指令为准。张拉之前，可以在空载的情况下活动两个行程，确保千斤顶在张拉时无任何问题，如图12-35所示。

图12-35 梁端、塔端安装张拉

（2）易发问题

索体保护套及锚头损伤。

（3）检查方式

现场核查（目测、量具实测、现场抽检、抽查资料）。

（4）核查资料

施工方案、设计图纸、交底。

2. 安全检查要点

（1）检查内容

①是否按专项施工方案进行交底。

②展索和挂设是否在作业区域设警示带、警示牌。

③斜拉索防火措施是否到位。

斜拉索安装，斜拉索起吊、挂设提升前，清除各种障碍物。指派专人指挥塔吊及相关机械设备，随时观察斜拉索的运动路线，确保过程安全，如图12-36所示。

图12-36 斜拉索安装

（2）易发问题

高处坠落、火灾、物体打击等。

（3）检查方式

现场核查（目测、量具实测、抽查资料）。

（4）核查资料

交底、特种作业人员上岗证、动火作业签证。

第六节　混凝土主梁现浇

一、主梁支架现浇施工

混凝土主梁支架现浇施工流程如图12-37所示。

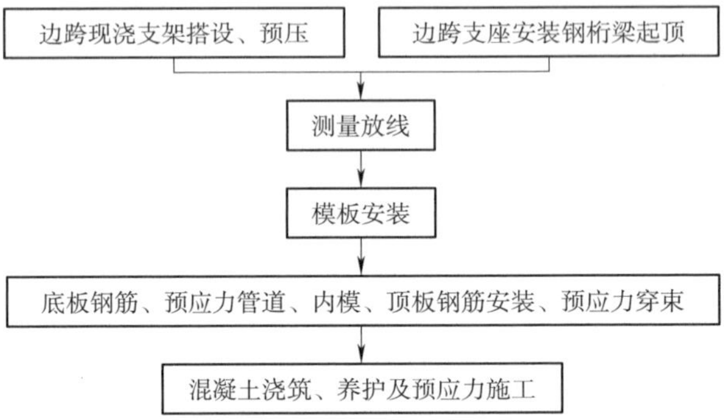

图12-37　混凝土主梁支架现浇施工流程

1. 质量检查要点

（1）检查内容

①是否符合设计或专项施工方案要求。

②支座型号、方向、预偏量、高程是否符合要求。

③钢筋规格型号、数量等是否符合要求。

④钢筋（含接地）安装、保护层厚度是否符合要求。

⑤预应力管道定位是否准确、线形是否平顺。

⑥预埋件型号、数量、位置是否符合设计要求。

⑦混凝土是否按照规范要求进行性能检测，养护方式及时间是否符合要求、试件留置是否符合要求。

⑧千斤顶、油表是否在校定有效期内。

⑨张拉完成后是否在规定时间内完成压浆。

混凝土主梁现浇施工，如图12-38所示。

图12-38　混凝土主梁现浇施工

（2）易发问题

钢筋保护层厚度、混凝土养护不符合要求，预应力管道变形破损、定位不准、线形不顺等。

（3）检查方式

现场核查（目测、量具实测、现场抽检、抽查资料）。

（4）核查资料

施工方案、设计图纸、交底。

2. 安全检查要点

（1）检查内容

①是否按专项施工方案进行交底。

②是否按要求对支架、模板进行验收。

③是否同步设置临边防护设施、安全通道；木模板作业平台是否配置灭火器材。

④塔式起重机、施工电梯等特种设备是否按要求检验、办理使用许可，特种作业人员是否持有效证件。

混凝土主梁施工，现浇支架设计及计算合理，制造和安装时控制严格。浇筑段落划分综合考虑混凝土供应和泵机布置，做到结构本质安全和质量最优，如图12-39所示。

图12-39 混凝土主梁施工

（2）易发问题

高坠、爆模、火灾、支架垮塌等。

（3）检查方式

现场核查（目测、量具实测、抽查资料）。

（4）核查资料

交底、特种作业人员上岗证、特种设备管理资料。

二、挂篮悬浇施工

混凝土主梁挂篮悬浇施工流程如图12-40所示。

1. 质量检查要点

（1）检查内容

①是否符合设计或专项施工方案要求。

②节段连接处混凝土凿毛是否符合规范要求。

③钢筋规格型号、数量等是否符合要求。

④钢筋（含接地）安装、保护层厚度是否符合要求。

⑤预应力管道定位是否准确、线形是否平顺。

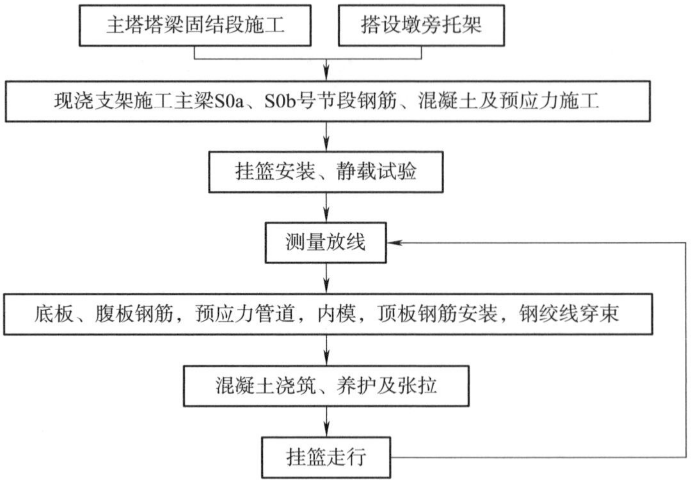

图12-40　混凝土主梁挂篮悬浇施工流程

⑥预埋件型号、数量、位置是否符合设计要求。

⑦混凝土是否按照规范要求进行性能检测，养护方式及时间是否符合要求、试件留置是否符合要求。

⑧千斤顶、油表是否在校定有效期内。

⑨张拉完成后是否在规定时间内完成压浆。

墩顶节段混凝土梁施工，如图12-41所示。牵索挂篮施工对称施工，如图12-42所示。

图12-41　墩顶节段混凝土梁施工

图12-42　牵索挂篮节段施工

（2）易发问题

钢筋保护层厚度、混凝土养护不符合要求，预应力管道变形破损、定位不准、线形不顺等。

（3）检查方式

现场核查（目测、量具实测、现场抽检、抽查资料）。

（4）核查资料

施工方案、设计图纸、交底。

2. 安全检查要点

（1）检查内容

①是否按专项施工方案进行交底。

②挂篮构配件进场是否进行验收，关键部位是否探伤。

③挂篮拼装完成后，是否按要求进行验收。

④挂篮是否设置安全通道，临边、洞口防护是否到位。

（2）易发问题

高坠、火灾、倾覆等。

（3）检查方式

现场核查（目测、量具实测、抽查资料）。

（4）核查资料

交底、特种作业人员上岗证、特种设备管理资料。

第七节 钢 箱 梁

一、钢箱梁制造

1. 质量检查要点

（1）检查内容

①钢板、焊材、剪力钉、油漆等是否有质量证明资料及复验报告。

②节段出厂前，合格证、焊缝检查记录、剪力钉检查记录、试拼记录等是否齐全。

③节段拼装前，外形尺寸、焊接质量、涂装质量等是否符合要求。

（2）易发问题

成品保护不到位。

（3）检查方式

现场核查（目测、量具实测、现场抽检、抽查资料）。

（4）核查资料

施工方案、设计图纸、出厂证明及验收资料、交底。

2. 安全检查要点

（1）检查内容

①钢板切割、焊接时，临时用电、用气是否满足要求。

②吊耳是否进行专项设计。

③车间内门（桥）式起重机是否按要求检验、办理使用许可，特种作业人员是否持有效证件。

钢箱梁厂内制造，制造质量合格，符合设计规范要求，如图12-43所示。

图12-43 钢箱梁厂内制造

（2）易发问题

物体打击、坠落等。

（3）检查方式

现场核查（目测、量具实测、抽查资料）。

（4）核查资料

交底、特种作业人员上岗证、特种设备管理资料。

二、钢箱梁（墩顶节段）安装

钢箱梁（墩顶节段）安装施工流程如图12-44所示。

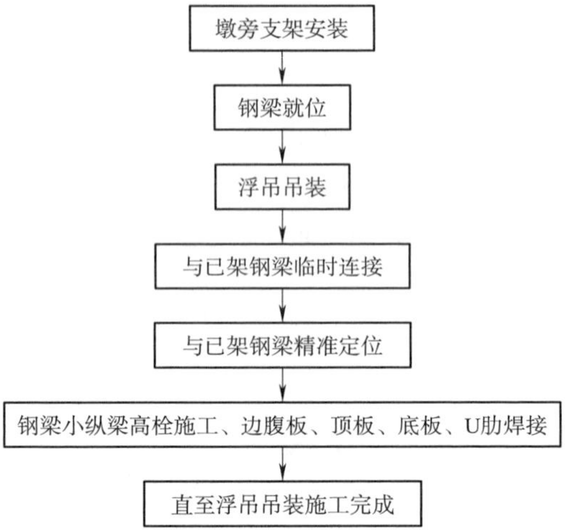

图12-44　钢箱梁（墩顶节段）安装流程

1. 质量检查要点

（1）检查内容

①墩旁托架是否符合设计或专项施工方案要求。

②支座型号、方向、预偏量、高程是否符合要求。

③节段出厂前，合格证、焊缝检查记录、栓接抗滑移系数试验记录、剪力钉检查记录、钢梁试拼记录等质量证明文件是否齐全。

④外观质量是否进行了复验。

⑤现场栓接前是否进行抗滑移系数复验。

⑥现场焊缝尺寸是否满足要求，焊缝无损检测是否合格。

（2）易发问题

安装精度不满足要求、现场焊接质量保证措施不到位。

（3）检查方式

现场核查（目测、量具实测、现场抽检、抽查资料）。

（4）核查资料

施工方案、设计图纸、交底。

2. 安全检查要点

（1）检查内容

①是否按专项施工方案进行交底。

②吊耳是否进行专项设计。

③墩旁支架使用前是否进行检查验收。

④钢梁吊装前是否对吊具、钢丝绳等进行检查。

根据山区的复杂作业环境，选择采用缆索吊机进行墩顶节段钢梁安装，如图12-45所示。

水上架梁吊机架设进行墩顶节段钢梁安装，运输船和浮吊墩位选择合理，停泊锚定牢固，梁体安装精度有保证，如图12-46所示。

图12-45 墩顶节段钢梁安装（缆索吊机）

图12-46 墩顶节段钢梁安装（浮吊）

架梁吊机拼装与吊装，梁上场地规划合理，拼装顺序最优，完成后进行验收和试吊，确保使用安全，如图12-47所示。

图12-47 架梁吊机拼装与吊装

（2）易发问题

高处坠落、托架垮塌等。

（3）检查方式

现场核查（目测、量具实测、抽查资料）。

（4）核查资料

交底、特种作业人员上岗证、特种设备管理资料。

三、钢箱梁（一般节段）安装

墩钢箱梁（一般节段）安装施工流程如图12-48所示。

1. 质量检查要点

（1）检查内容

①安装是否符合设计或专项施工方案要求。

②节段出厂前，合格证、焊缝检查记录、栓接抗滑移系数试验记录、剪力钉检查记录、

钢梁试拼记录等质量证明文件是否齐全。

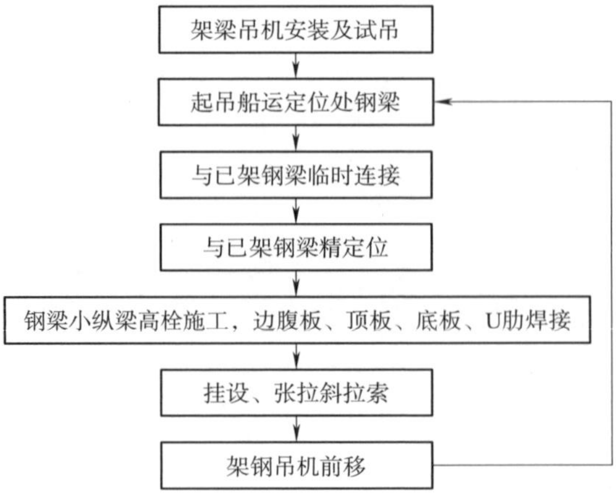

图12-48　墩钢箱梁（一般节段）安装流程

③外观质量是否进行了复验。

④安装是否按监控指令执行。

⑤现场栓接前是否进行抗滑移系数复验。

⑥现场焊缝尺寸是否满足要求，焊缝无损检测是否合格。

钢梁一般节段架梁吊机吊装，采用悬臂对称架设，如图12-49所示。合龙段吊装，如图12-50所示。

图12-49　钢梁一般节段架梁吊机吊装

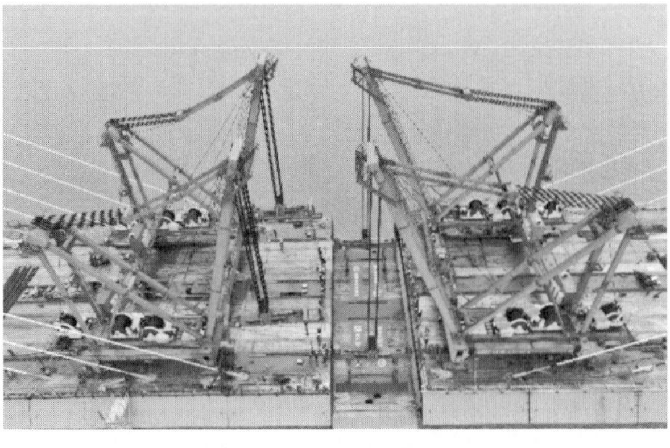

图12-50　合龙段吊装

（2）易发问题

现场焊接质量保证措施不到位。

（3）检查方式

现场核查（目测、量具实测、现场抽检、抽查资料）。

（4）核查资料

施工方案、设计图纸、交底。

2. 安全检查要点

（1）检查内容

①是否按专项施工方案进行交底。

②钢梁架梁吊机是否进行试吊并取得使用许可。

③吊耳是否进行专项设计。

④吊装前是否对架梁吊机、吊具、钢丝绳进行检查签证。

⑤临边、洞口防护是否到位。

现场安全警示标语设置在醒目和作业人员容易看到的位置，如图12-51所示。现场设置标准化上下梯笼，如图12-52所示。

图12-51　现场安全警示标语设置

图12-52　现场上下梯笼设置

（2）易发问题

高处坠落、吊机倾覆等。

（3）检查方式

现场核查（目测、量具实测、抽查资料）。

（4）核查资料

交底、特种作业人员上岗证、特种设备管理资料。

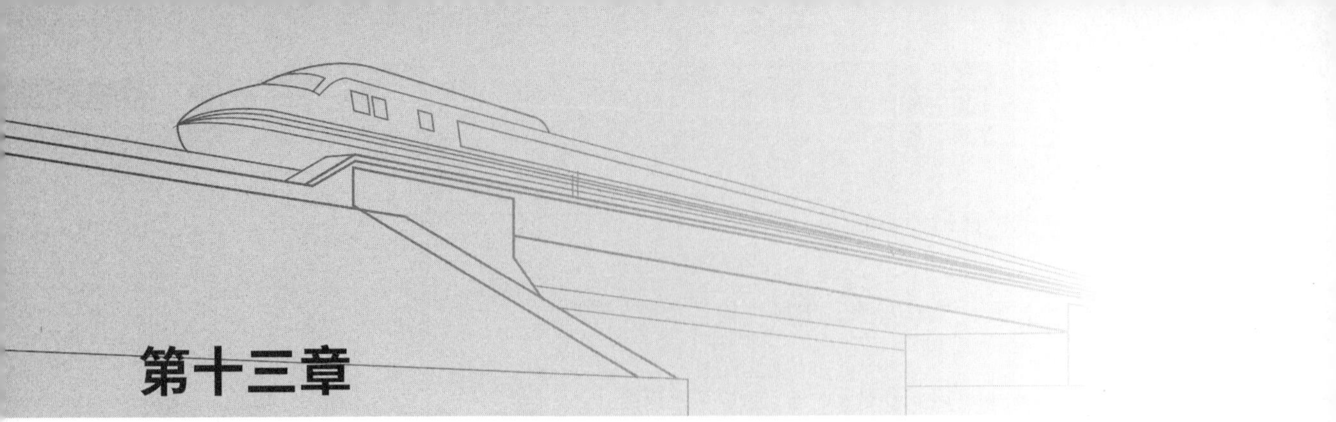

第十三章

>> 悬 索 桥

第一节　总体施工流程

悬索桥是以主缆为主要承重构件的桥梁结构，其主要构造包括主缆、索塔、锚碇、吊索、加劲梁及桥面结构等，其施工主要工艺流程如图13-1、图13-2所示。

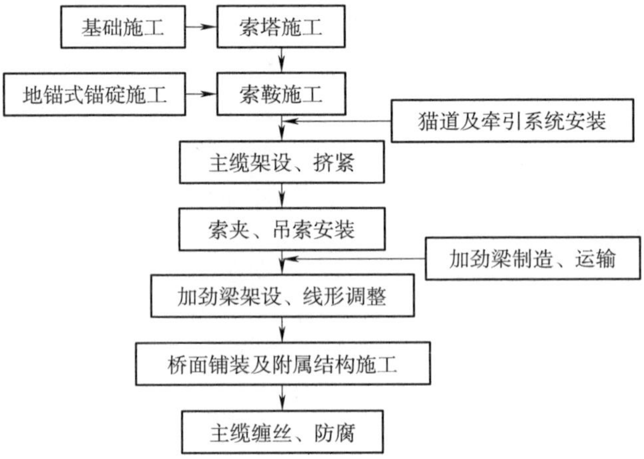

图13-1　地锚式悬索桥施工工艺流程

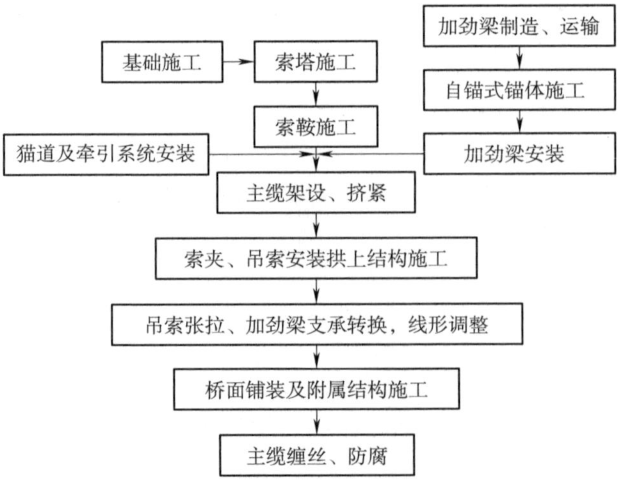

图13-2　自锚式悬索桥施工工艺流程

第二节　重力锚施工

一、施工流程

重力锚施工流程如图13-3所示。

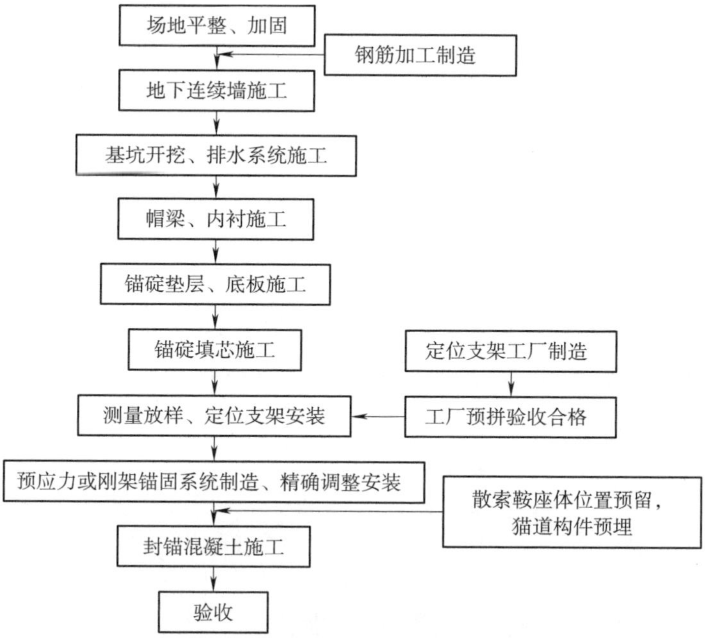

图13-3　重力锚施工流程

二、地连墙施工

1. 质量检查要点

（1）检查内容

导墙偏位及标高控制、槽壁稳定性、槽壁垂直度、地连墙接头质量、钢筋笼质量。

导向墙制作施工，槽壁稳定性、槽壁垂直度、地连墙接头质量、钢筋笼质量符合要求，如图13-4所示。导向墙标高、间距规范，如图13-5所示。

图13-4　地下连续墙导向墙施工

图13-5　地下连续墙开挖施工

（2）易发问题

模板定位偏差或者混凝土浇筑时模板变形导致墙体局部间距偏小、槽壁局部发生变形并坍塌、槽壁垂直度不符合设计及规范要求、接头铣削发生偏位、钢筋笼尺寸偏差，钢筋笼吊点及吊筋焊接不满足要求。声测管漏水，预留（埋）钢筋套筒固定不牢固或位置不准确，接头对接间隙过大、混凝土灌注时导管堵塞，混凝土埋设深度不满足要求，混凝土性能不满足要求，混凝土中混有大石块等易堵塞物，灌注高度过高。地连墙接头处漏水、地连墙墙体钢筋外露处漏水。

（3）检查方式

现场核查（目测、量具实测、现场抽检、抽查资料）。

（4）核查资料

施工方案、技术交底、施工日志、施工检验批等相关资料。

2. 安全检查要点

（1）现场施工人员应按照要求佩戴安全防护等劳保用品，施工现场电气设备等安全防护措施。地连墙槽段开挖现场围护及警示标识齐全，如图13-6所示。

图13-6　现场施工安全防护

（2）地连墙槽段必须采用临边防护措施，包括围护设施、警示标识等。

（3）钢筋笼吊装前及过程中的安全，主要包括吊前一吊一检机械行走安全、下放安全等。

三、开挖、内衬施工

1. 质量检查要点

1）基坑开挖

（1）检查内容

检查内容包括开挖坡度、支护方式、开挖方法。

地连墙基坑开挖及内衬施工符合要求，如图13-7所示。帽梁、内衬施工混凝土质量合格，内衬分层高度按方案执行，内衬施工时需尽早封闭成环，如图13-8所示。

图13-7　基坑开挖及降排水施工

基坑积水及时排除，如图13-9所示。

图13-8　帽梁、内衬施工

图13-9　基坑积水及时排除

（2）易发问题

放坡开挖坡度不足，支护方式不符合方案要求，开挖效率慢，开挖方式不经济，开挖方式不环保。

（3）检查方式

现场核查（目测、量具实测、现场抽检、抽查资料）。

（4）核查资料

方案、交底及有关资料。

2）防排水措施

（1）检查内容

①基坑顶部设置截水沟及挡水措施，避免雨季施工时，地表水进入基坑。

②基坑开挖前，提前降水至开挖面以下2 m，降水点的布置需满足设计及规范要求。

③基坑需配置多台备用水泵，方便雨季施工时，及时抽排基坑积水。

（2）易发问题

开挖土体湿软，基坑土体含水量大，机械行走困难；基坑周边等地表水汇集进入基坑。

（3）检查方式

现场核查（目测、量具实测、现场抽检、抽查资料）。

（4）核查资料

方案、技术交底、施工日志等相关资料。

3）内衬施工

（1）检查内容

①内衬施工时需尽早封闭成环。

②内衬与地连墙预留接头的连接需满足图纸要求，当预留套筒损坏或遗失时，需进行植筋以确保连接质量。

③内衬外露面需及时凿毛。

④后浇段需采用不收缩的混凝土进行浇筑；混凝土浇筑至该层顶部位置，采用辅助工具确保振捣到位。

地连墙凿毛合格，内衬外露面需及时进行凿毛，避免强度上升后凿除困难，如图13-10所示。

图13-10　地连墙凿毛

（2）易发问题

内衬未及时封闭成环，内衬与地连墙的连接不规范，外露面凿毛不彻底，与上层内衬接触面位置的混凝土振捣不充分。

（3）检查方式

现场核查（目测、量具实测、现场抽检、抽查资料）。

（4）核查资料

方案、技术交底、施工日志及检验批等相关资料。

2. 安全检查要点

（1）检查内容

①专项方案是否完善、施工方案是否经专家评审并按照专家评审内容进行完善。开挖顺序、支护措施是否符合设计、专项方案要求。深基坑的监控量测实施情况是否符合要求。

②现场施工人员应按照要求佩戴安全防护等劳保用品，施工现场电气设备、供配电气设施等安全防护措施是否符合要求。

③基坑周围是否设置防护措施，包括围护设施，警示标识等是否符合要求。

④钢筋笼原材及模板等的吊装是否符合要求。

（2）易发问题

基坑支护不及时、开挖顺序不正确。

（3）检查方式

现场核查（目测、量具实测、抽查资料）。

（4）核查资料

专项方案、施工日志、检验批。

四、锚体施工

1. 质量检查要点

（1）检查内容

①混凝土浇筑前，是否按照设计及方案的分层厚度及分块尺寸进行施工。

②是否按照施工方案进行降温管道的布置，确保接头严密，管道不漏浆；施工过程中根据混凝土的凝固情况及时通水降温；施工结束后，坚持通水降温直至混凝土内外温差不超过设计及规范值。

③混凝土表面是否凿毛处理。

④混凝土表面是否覆盖养护，且每层混凝土表面宜设置一定的坡度，确保养护积水及雨季雨水能够及时抽排。

锚碇垫层、底板施工，混凝土浇筑前，按照设计及方案的分层厚度及分块尺寸进行施工，如图13-11所示。

锚碇填芯施工，降温管道布置规范，施工中及时通水降温，如图13-12所示。

图13-11　锚碇垫层、底板施工

图13-12　锚碇填芯施工

锚碇大体积混凝土布料机均匀布料，避免混凝土人工推赶，如图13-13所示。

（2）易发问题

混凝土浇筑分块设计不科学；混凝土浇筑不严谨；混凝土养护不到位；混凝土浇筑面凿毛不彻底。

（3）检查方式

现场核查（目测、量具实测、现场抽检、抽查资料）。

图13-13　锚碇大体积混凝土施工

（4）核查资料

方案、技术交底、施工日志、检验批，大体积混凝土测温记录等相关资料。

2. 安全检查要点

（1）检查内容

①专项方案是否完善，施工过程中的机械设备的吊运及组装、固定设备安装位置等是否符合方案要求。

②现场施工人员是否按照要求佩戴安全防护等劳保用品，施工现场电气设备等安全防护措施是否符合要求。

③基坑周围是否设置防护措施，包括围护设施、警示标识等。

④钢筋笼原材及模板等的吊装是否符合要求。

（2）易发问题

吊装伤害。

（3）检查方式

现场核查（目测、量具实测、抽查资料）。

（4）核查资料

专项方案、安全培训、施工日志。

五、锚固系统施工

1. 质量检查要点

1）预埋件的数量及定位

（1）检查内容

①是否根据图纸及施工方案的要求进行预埋件的安装。

②预埋钢板位置的钢筋骨架是否牢固。支架精准定位，杆件规格、数量及支撑方式符合设计要求，如图13-14所示。预埋件安装精度控制，预埋钢板的平面位置及标高符合要求，如图13-15所示。

图13-14　定位支架施工

图13-15　预埋件安装

（2）易发问题

预埋钢板缺失，预埋钢板的平面位置及标高不准确。

（3）检查方式

现场核查（目测、量具实测、现场抽检、抽查资料）。

（4）核查资料

施工单位现场核对方案、技术交底、施工日志、专项通知单等相关资料。

2）定位支架的定位及焊接质量

（1）检查内容

是否严格按照复核的数据控制支架定位。

定位支架安装规范，定位支架尺寸及位置严格按方案施工，如图13-16所示。

图13-16　定位支架安装

（2）易发问题

定位支架的平面位置及标高不准确，焊缝质量不饱满。

（3）检查方式

现场核查（目测、量具实测、现场抽检、抽查资料）。

（4）核查资料

方案、技术交底、施工日志、专项通知单及测量记录等相关资料。

3）锚固系统的定位

（1）检查内容

是否严格按照复核的数据控制锚固系统的定位。

（2）易发问题

锚固系统杆件的平面位置及标高不准确。

（3）检查方式

现场核查（目测、量具实测、现场抽检、抽查资料）。

（4）核查资料

方案、技术交底、施工日志及测量记录等相关资料。

4）高强度螺栓的施拧

（1）检查内容

①检查初拧和复拧标记是否齐全。

②检查各半层间是否密贴。

③用重约0.3 kg的小锤逐个敲击每一个螺母，同时用手指按住螺母的对边一侧。如手指感觉螺母振动过大或松动，说明该螺栓欠拧或漏拧，需重新补拧。复拧后螺栓丝扣外露应为2～3扣。

④施工前是否检查高强螺栓表面污染、磨损及锈蚀，每天是否按照规定对电动扳手进行标定，严格把控电动扳手的精度和误差范围。

高强螺栓施拧，按照制定的施工工艺严格执行，扭矩符合要求，并做好施拧标记，如图13-17所示。

图13-17　高强螺栓施拧

（2）易发问题

高强度螺栓欠拧或超拧。

（3）检查方式

现场核查（目测、量具实测、现场抽检、抽查资料）。

（4）核查资料

方案、技术交底等相关资料。

5）锚固系统的防腐

（1）检查内容

①表面油污是否处理干净。

②螺栓接头位置在螺栓施拧完成后是否用封孔剂封堵再加相应的配套涂料，统一涂装。

③在锚体混凝土浇筑之前，螺栓接头位置是否采用超低模量高伸长率聚硫防腐密封胶包裹平整。要求连接螺栓凸起部分和拼接板端部处，该密封胶顺锚杆轴线方向的厚度不小于20 mm。

④锚固系统后锚梁和圆柱头焊钉、锚杆露出前锚面以上部分是否按设计施工防腐涂装。

锚固系统防腐涂装合格，锚固系统后锚梁和圆柱头焊钉、锚杆露出前锚面以上部分按设计施工防腐涂装，如图13-18所示。

图13-18　锚固系统防腐涂装

（2）易发问题

清洁度、粗糙度以及防腐涂料厚度不满足要求。

（3）检查方式

现场核查（目测、量具实测、现场抽检、抽查资料）。

（4）核查资料

对方案、技术交底及测量记录等相关资料。

6）预制加工尺寸的精确及进场验收

（1）检查内容

①采用卷尺或全站仪对预制件尺寸进行精确测量。

②进场验收时，目测或触摸焊缝平整度是否满足要求。

③进场时检查构件表面，防止运输时损伤防腐面层。

（2）易发问题

锚杆、锚梁加工长度不符合要求，焊缝打磨不平整。

（3）检查方式

现场核查（目测、量具实测、现场抽检、抽查资料）。

（4）核查资料

方案、技术交底及测量记录等相关资料。

2. 安全检查要点

（1）检查内容

①定位支架及锚固系统吊装前及过程中的安全，主要包括吊前一吊一检，机械行走安全，定位固定并初步验收后方可松动挂钩等。

②锚固系统的防腐层属于易燃层，焊接施工时，需进行针对性的保护。

（2）易发问题

吊装伤害。

（3）检查方式

现场核查（目测、量具实测、抽查资料）。

（4）核查资料

交底、特种作业人员上岗证、特种设备管理资料。

六、重力锚施工典型质量安全问题案例

（1）导墙破坏或变形

产生原因：导墙的强度和刚度不足，地基发生坍塌或受到冲刷，导墙内侧没有设支撑，作用在导墙上的施工荷载过大。

预防和处理措施：适当加大导墙深度，加固地基；导墙周围设排水沟；导墙内侧加支撑；施加荷载分散设施，使受力均匀；已破坏或变形的导墙应拆除，并用优质土（或掺入适量水泥、石灰）回填夯实，重新修建导墙。

（2）槽壁坍塌

产生原因：护壁泥浆选择不当，泥浆比重不够，不能形成坚实可靠的护壁；钻机回旋速度过快，空转时间过长，将槽壁扰动。

成槽后搁置时间过长，未及时吊放钢筋笼浇筑混凝土，泥浆沉淀失去护壁作用。下钢筋笼、浇筑混凝土间隔时间过长，地下水位过高，槽壁受冲刷。

预防和处理措施：适当加大泥浆密度，应控制开挖进尺，不要过快；槽段成槽后，紧接着放钢筋笼并浇筑混凝土，尽量不使其搁置时间过长，根据成槽情况，加快施工进度，缩短挖槽时间和浇筑混凝土间隔时间，降低地下水位，减少冲击和高压水流冲刷。

（3）槽段接头渗漏水

产生原因：挖槽机成槽时，粘附在上段混凝土接头面上的泥皮、泥渣未清除掉，就下钢筋笼浇筑混凝土。

预防和处理措施：在清槽的同时，对上段接缝混凝土面用钢丝刷或刮泥器将泥皮、泥渣清理干净；如渗漏水量不大，可采用防水砂浆修补；渗涌水量较大时，可根据水量大小，用短钢管或胶管引流，周围用砂浆封住，然后在背面进行化学灌浆，最后堵引流管；漏水孔很大时，用土袋堆堵，然后用化学灌浆封闭，阻水后，再拆除土袋。

第三节　隧道锚施工

一、施工流程

隧道锚施工流程如图13-19所示。

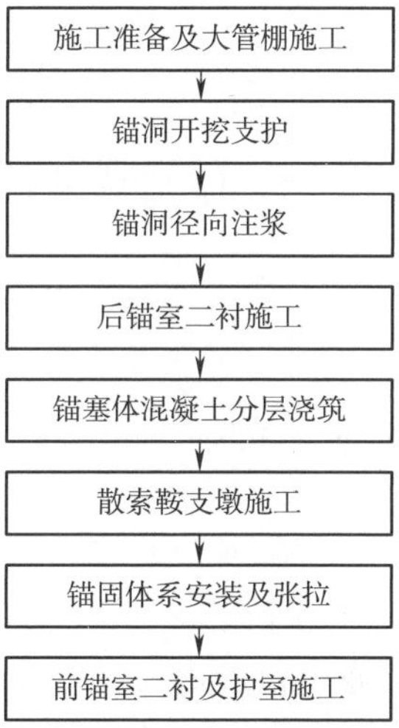

图13-19　隧道锚施工流程

二、隧道锚超前管棚施工

1. 质量检查要点

（1）检查内容

①超前管棚施工不按设计或专项施工方案进行。

②管棚连接是否牢固，注浆是否饱满。

超前管棚施工，按设计布孔钻孔，安设管棚和钢筋骨架，如图13-20所示。

已施做完成的隧道锚导向墙，如图13-21所示。

（2）易发问题

超前管棚钻孔施工角度不符合要求，钻孔深度不足，管棚注浆不饱满。

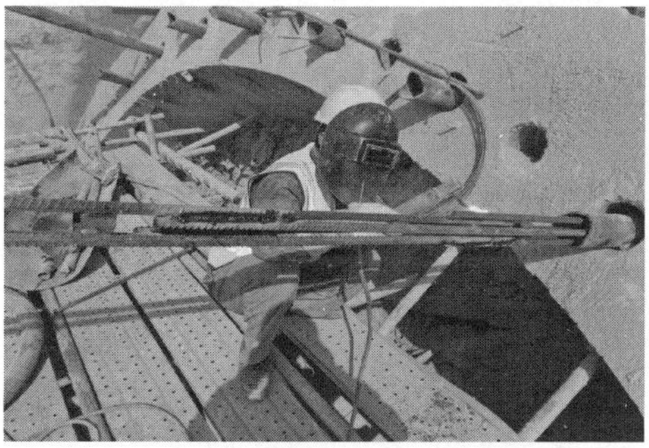

图13-20　超前管棚施工

图13-21　隧道锚导向墙

（3）检查方式

现场核查（目测、量具实测、现场抽检、抽查资料）。

（4）核查资料

施工记录、设计文件和交底资料。

2. 安全检查要点

（1）检查内容

①作业人员安全培训、交底情况。

②脚手架搭设是否符合要求，临边防护是否施做，人员上下通道是否符合要求等。

③是否采用防尘措施，保障作业人员职业健康。

（2）易发问题

钢筋吊装伤人、用电伤人。

（3）检查方式

现场核查（目测、量具实测、抽查资料）。

（4）核查资料

技术交底、特种作业人员上岗证。

三、隧道锚开挖支护

1. 质量检查要点

（1）检查内容

①围岩开挖不按设计要求进行超前地质预报和有毒有害气体监测。

②开挖是否按设计要求或专项方案开挖工法进行，每循环开挖是否按设计要求进行。

③初期支护锚杆长度不足，注浆不饱满。

④初期支护混凝土厚度及强度不足。

⑤出渣系统是否进行专项设计，现场施工是否按专项设计施工。出渣系统是否进行试运行和验收。

⑥沉降观测是否及时施作和测量。

专项设计的出渣系统，满足现场出渣进度和运输安全的需要，如图13-22所示。

掌子面开挖后按设计要求及时支护，保证围岩的稳定，如图13-23所示。

图13-22　出渣系统

图13-23　掌子面开挖支护

（2）易发问题

开挖前未进行超前地质预报，每循环开挖进尺过大，未进行爆破专项设计导致超欠挖明显。初期支护施工系统锚杆及锁脚锚管长度不足，注浆不饱满，拱架连接螺栓缺失或未拧紧，钢筋网片搭接长度不足，初期支护混凝土厚度及强度不足。

（3）检查方式

现场核查（目测、量具实测、现场抽检、抽查资料）。

（4）核查资料

设计文件、施工方案、记录及技术交底、检验批记录、影像资料、产品合格证、原材料进场质量验收记录、混凝土拌和物出场记录、混凝土试块强度报告。

2. 安全检查要点

（1）检查内容

①超前地质预报和有毒有害气体检测情况。

②开挖步距是否满足规范和方案要求。

③是否组织人员定期检查出渣系统，机械设备是否定期维修保养。

④爆破作业安全防护措施是否落实到位。

⑤出渣时人员是否撤离掌子面，防溜措施是否到位。

（2）易发问题

安全保障措施不完善。未对作业人员进行安全教育培训及交底。现场人员作业时个人安全防护措施不到位，安全通道未按要求设置或设置不符合要求。未按要求开展超前地质预报，未进行有毒有害气体检测，作业时空气质量较差未进行通风。出渣系统未按要求检查，机械设备未定期维修保养。

（3）检查方式

现场核查（目测、量具实测、抽查资料）。

（4）核查资料

安全教育培训及交底、超前地质预报、有毒有害气体检测资料及机械设备维修保养记录。

四、隧道锚径向注浆

1. 质量检查要点

（1）检查内容

①径向注浆孔数量、深度和角度是否符合设计要求。

②径向注浆浆液质量和注浆是否饱满；注浆压力不足等。

（2）易发问题

径向注浆深度和角度不足，局部注浆不饱满。

（3）检查方式

现场核查（目测、量具实测、现场抽检、抽查资料）。

（4）核查资料

设计文件、施工记录。

2. 安全检查要点

（1）检查内容

①径向注浆操作平台或支架搭设是否规范。

②注浆设备是否满足要求，压力表是否校核，设备是否经常检查维修。

（2）易发现问题

①压浆管爆裂。

②浆液污染环境。

（3）检查方式

现场核查（目测、量具实测、抽查资料）。

（4）核查资料

交底、特种作业人员上岗证、特种设备管理资料。

五、隧道锚二次衬砌施工

1. 质量检查要点

（1）检查内容

①二次衬砌净空是否满足设计要求。

②二次衬砌施工使用的防水材料是否符合要求。

③衬砌混凝土厚度及强度是否满足设计要求。

后锚室钢筋施工，钢筋间距、保护层满足设计要求，如图13-24所示。

后锚室模板施工，混凝土厚度、二次衬砌净空满足设计要求，如图13-25所示。

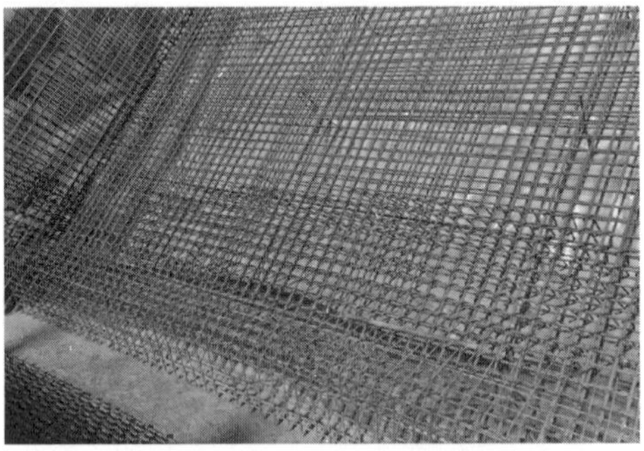

图13-24　后锚室钢筋施工

图13-25　后锚室模板施工

防水板焊接，防水板接头位置焊接无未熔透情况，如图13-26所示。

前锚室防水板施工，防水板铺设平整、松紧度适中，无空鼓，如图13-27所示。

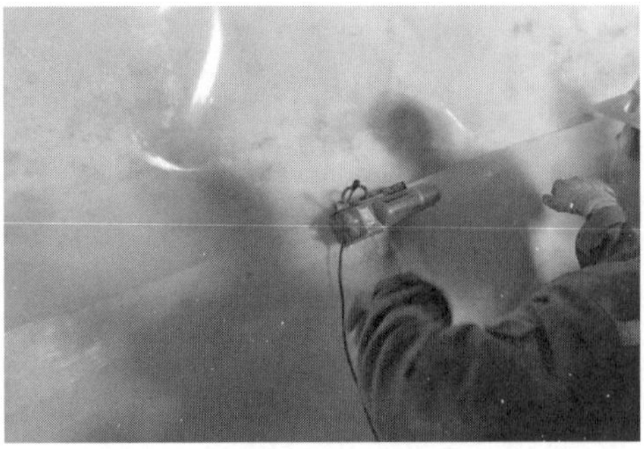

图13-26　防水板焊接

图13-27　前锚室防水板施工

（2）易发问题

二次衬砌使用的防水板质量不合格、施工不规范，衬砌保护层厚度不足，混凝土厚度及强度不足，外观质量差。

（3）检查方式

现场核查（目测、量具实测、现场抽检、抽查资料）。

（4）核查资料

设计文件、施工方案、技术交底、材料检测报告和混凝土浇筑记录报告等。

2. 安全检查要点

（1）检查内容

①模板支撑体系是否进行受力计算，搭设是否规范。

②混凝土浇筑前是否对支撑体系和模板进行检查签证。

③混凝土浇筑过程控制，作业人员安全防护措施是否到位，作业平台防护是否到位。

（2）易发问题

①模板支撑杆销轴保险销漏装。

②台车两侧混凝土浇筑不同步。

③台车临边防护不到位。

④台车端模封堵不到位。

（3）检查方式

现场核查（目测、量具实测、抽查资料）。

（4）核查资料

交底、特种作业人员上岗证。

六、锚塞体施工

1. 质量检查要点

（1）检查内容

①锚塞体大体积混凝土浇筑时温控措施是否落实到位，混凝土振捣是否满足要求，混凝土养护是否满足要求。

②预埋索导管两端锚垫板预埋角度、索导管定位精度是否满足要求，索导管连接处是否牢固及密封。

锚塞体钢筋施工钢筋间距、保护层满足设计要求，如图13-28所示。

锚塞体支架及预埋管施工，锚塞体支架搭设牢固，索导管平面位置、定位精度准确，如图13-29所示。

图13-28　锚塞体钢筋施工

图13-29　锚塞体支架及预埋管施工

（2）易发问题

锚塞体大体积混凝土浇筑时温控措施不到、混凝土振捣不密实，养护不满足要求。预埋索导管两端锚垫板预埋角度偏差、索导管定位精度不满足要求和固定不牢固、索导管连接处密封不严。

（3）检查方式

现场核查（目测、量具实测、现场抽检、抽查资料）。

（4）核查资料

施工记录、温控记录、测量放样记录、设计文件等资料。

2. 安全检查要点

（1）检查内容

①作业环境监测，是否及时通风。

②定位支架安装是否符合设计和规范要求，连接质量是否合格。

③混凝土管道或滑槽支架是否牢固。

④操作平台和人员通道设置是否合理，防护措施是否到位。

（2）易发问题

①定位支架安装未设置剪刀撑或数量不足。

②通风换气不畅，环境较差。

③操作平台临边防护不到位。

④混凝土不稳定，发生爆管。

（3）检查方式

现场核查（目测、量具实测、抽查资料）。

（4）核查资料

交底、特种作业人员上岗证。

七、锚固系统施工

1. 质量检查要点

（1）检查内容

锚固索半成品、成品进场验收情况，锚固索安装、张拉是否符合设计要求，索导管注浆或防腐是否满足设计要求。

锚固索安装符合设计要求，如图13-30所示。

图13-30　锚固索安装

（2）易发问题

半成品、成品过程保护不到位，张拉未按设计要求进行，注浆不饱满或防腐不到位。

（3）检查方式

现场核查（目测、量具实测、现场抽检、抽查资料）。

（4）核查资料

核查设计资料、锚固索质量证明文件、张拉记录。

2. 安全检查要点

（1）检查内容

①锚固索运输设备是否检查到位。

②做好后锚室空气质量监测，必要时及时通风。

③现场人员作业时是否做好个人安全防护措施。

④锚固索吊装装置是否满足要求，张拉操作平台和张拉时防护措施是否满足要求。

散索鞍现场防护，散索鞍临边设置防护拉杆、密目网，如图13-31所示。散索鞍现场设置上下通道和栏杆扶手，如图13-32所示。

图13-31　散索鞍现场防护

图13-32　上下通道设置

（2）易发问题

①张拉作业未设置防护挡板。

②锚固索吊装作业不规范，无专人指挥。

③后锚室通风换气不及时，空气质量较差。

（3）检查方式

现场核查（目测、量具实测、抽查资料）。

八、散索鞍支墩施工

散索鞍支墩涉及的桩基、墩台施工要求同前述桩基、承台施工要求。

九、隧道锚施工典型质量安全问题案例

1. 隧道锚初期支护悬空

问题说明：隧道锚开挖因采用短台阶，容易导致掌子面附近的初期支护钢架悬空，未及时接长（图13-33）。

图13-33　初期支护悬空

处理方法、方式：加工一部分短钢架作为调节段，将靠近掌子面钢架及时接长，使钢架落地更好受力。

标准要求：初期支护钢架不应悬空，考虑到隧道锚倾斜角度较大，悬空钢架应不超过3榀。

2. 通风带破碎或接长不及时

问题说明：隧道锚在爆破作业过程中容易导致风带破损，如不及时更换或者接长风带将减弱通风效果（图3-34、图3-35）。

图13-34　风带破损

图13-35　更换破损风带

处理方法、方式：及时检查通道设备和风带，如出现破损应及时更换，风带距掌子面不应大于15 m。

标准要求：根据隧道锚断面大小和倾斜角度，选择合适的通风设备和风带大小，满足掌子面空气质量要求。

3. 预应力预埋管道连接不到位

问题说明：锚塞体预应力预埋管道连接处局部区域漏焊，锚塞体混凝土浇筑时可能导致漏浆至预埋管道内，导致后期锚固索无法穿索，存在质量隐患（图13-36）。

处理方法、方式：预埋管采用连续焊接，在浇筑混凝土前应全面排查预埋管道连接处焊接质量，对管道连接处漏焊部位进行加焊，加焊完成后经技术负责人验收合格后方可进入下道施工工序。

标准要求：满足设计图纸、规范要求。锚塞体预应力预埋管道接头应焊接牢固，无漏焊，焊接完成后现场技术人员全部检查，确保锚塞体混凝土浇筑过程中不会漏浆。

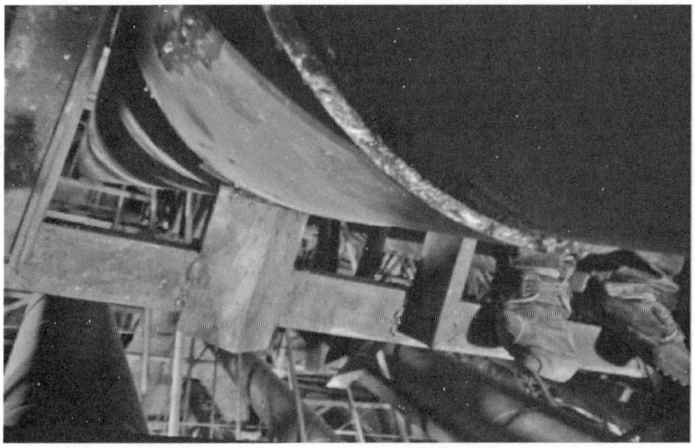

图13-36 预应力预埋管道连接不到位

4. 钢筋接头未错开问题

问题说明：在二次衬砌、锚塞体钢筋下料及安装过程中未将钢筋接头错开，导致部分位置同一截面内钢筋接头数量大于50%（图13-37）。

图13-37 钢筋接头未错开问题

处理方法、方式：对该部位接头未错开的钢筋拆除，计算好钢筋长度重新下料，重新安装时要注意错开钢筋接头，确保重新安装的钢筋在同一截面内钢筋接头数量不大于50%，且接头错开长度要满足规范要求。

标准要求：满足设计图纸、规范要求。钢筋接头在同一截面内数量不能大于接头数量的50%，且错开长度应满足规范要求。

第四节　索鞍安装施工

一、施工流程

索鞍安装工艺流程如图13-38所示。

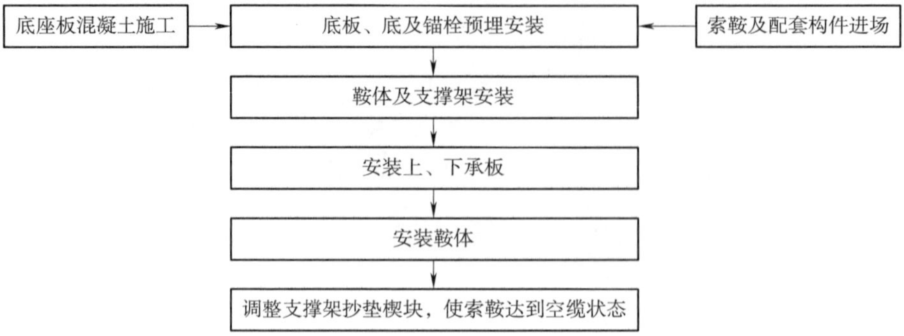

图13-38　索鞍安装工艺流程

二、质量检查要点

1. 索鞍制作

（1）检查内容

①索鞍制作工艺评定相关参数是否满足设计及规范要求。

②索鞍各构配件加工制作质量、精度。

③采用铸造或焊接制作的索鞍是否经过整体退火处理、以消除内应力。

④各配套零件材质、规格是否满足设计要求。

⑤表面处理及涂装是否按照设计规定进行。

⑥无损探伤检测频率、检测结果是否满足设计及规范要求。

（2）易发问题

①索鞍制作精度偏差过大。

②索鞍未经过热处理，耐久性不足。

③零件缺失或材质、规格错误。

（3）检查方式

现场核查（目测、量具实测、现场抽检、抽查资料）。

制造过程核查，主要措施包括：

①进行工艺试验来检验、评定及修订完善各项加工制作工艺，以保证制造质量和制造工期。

②对各索鞍组件进行工厂预组装。

③进行索鞍出厂验收，对制作精度、漆膜厚度、外观质量检查合格后出厂。

（4）核查资料

现场核对索鞍制作工艺评定、施工记录、材质报告及试验报告等资料。

2. 索鞍进场验收

（1）检查内容

①索鞍运输过程是否存在损伤。

②各构配件是否齐全。

③出厂合格证、质量证明资料完整性。

④索鞍存储是否架离地面，抄垫高度应确保不被雨水浸泡。

（2）易发问题

①索鞍运输过程中出现损伤。

②索鞍现场存放不当，造成表面防护受损。

③质量证明资料不全。

（3）检查方式

现场核查（目测、量具实测、现场抽检、抽查资料）。

（4）核查资料

索鞍外观质量、质量证明资料、出厂合格证及安装说明书。

3. 索鞍底座板安装

（1）检查内容

①底座板安装预偏量是否符合设计规定。

②底座板临时锁定设施是否符合施工方案要求。

③底座板下混凝土施工质量。

④底座板槽口及螺栓孔在混凝土浇筑前是否防护到位，不受污染。

（2）易发问题

①底座板未按设计规定设置预偏量。

②底座板下混凝土不密实。

③混凝土浇筑污染底座板槽口及螺栓孔。

（3）检查方式

现场核查（目测、量具实测、现场抽检、抽查资料），主要措施包括：

①底座板安装完成后进行专项检查，重点检查预偏量设置情况、临时锁定固定情况及底座板顶面防护包裹情况。

②底座板下混凝土浇筑时应严格按要求进行振捣，确保混凝土密实；混凝土浇筑时应注意不得碰撞支撑架和底板预埋件。

（4）核查资料

施工单位现场核对方案、交底。

4. 索鞍吊装

（1）检查内容

①散索鞍临时支撑架强度、刚度及安装精度是否符合专项设计及受力验算要求。

②索鞍安装完成后成品保护措施是否落实。

主索鞍吊架安装如图13-39所示，鞍体及支撑架安装如图13-40所示，主索鞍平台如

图13-41所示，主索鞍处导向轮如图13-42所示，散索鞍临时支撑架现场安装如图13-43所示。

图13-39　主索鞍吊架安装

图13-40　鞍体及支撑架安装

图13-41　主索鞍平台

图13-42　主索鞍处导向轮

图13-43　散索鞍临时支撑架现场安装

（2）易发问题

①散索鞍临时支撑架变形。

②主缆架设或其他邻近索鞍施工对索鞍造成损伤。

（3）检查方式

现场核查（目测、量具实测、现场抽检、抽查资料）。

（4）核查资料

方案、交底及临时设施有关计算资料。

三、安全检查要点

1. 检查内容

（1）主（散）索鞍起吊设备是否经过检查验收并备案。

（2）专项施工方案是否经过专家论证，相关问题是否整改完成。

（3）索鞍吊装施工区域地基承载力是否满足专项设计要求。

（4）索鞍吊装施工是否严格执行专项施工方案要求。

2. 易发问题

（1）起重设备侧翻。

（2）起重设备故障。

3. 检查方式

现场核查（目测、量具实测、抽查资料）。

4. 核查资料

交底、特种作业人员上岗证、特种设备管理资料。

第五节　缆索系统施工

一、施工流程

缆索系统安装工艺流程如图13-44所示。

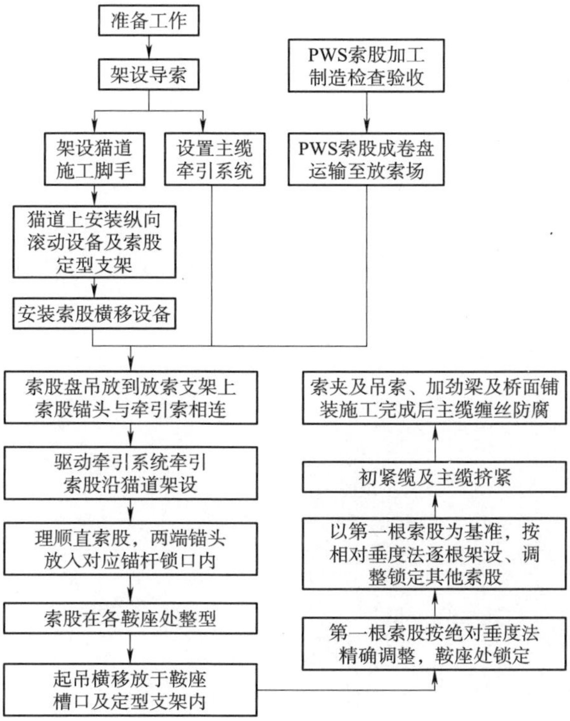

图13-44　缆索系统安装工艺流程

二、猫道

1. 质量检查要点

1）猫道设计及制作

（1）检查内容

①猫道抗风设计与环境风力是否相符。

②猫道与主缆空缆线形是否相匹配，预留高度是否为1.3 ~ 1.5 m。

③猫道索安全系数是否不小于3.0。

④猫道索是否经过预拉消除非弹性变形。

⑤猫道索锚头静载试验结果。

（2）易发问题

①猫道与主缆空缆线形不一致，主缆架设施工安全风险增大。

②猫道索锚头断丝。

（3）检查方式

现场核查（目测、量具实测、现场抽检、抽查资料）。

现场核查，主要措施包括：

①检查猫道设计文件、审查批复结果，审查问题整改情况。

②复核主缆空缆线形。

③猫道索试验结果。

（4）核查资料

猫道设计文件及计算书、架设施工方案及专家评审记录、猫道索预拉试验报告、锚头静载试验报告等。

2）猫道架设

（1）检查内容

①导索过江方案选择与环境工况是否相符。

②猫道索及各构配件规格、材质是否符合专项设计文件及规范要求。

③猫道门架、横向通道、转向装置等构配件焊接质量是否满足设计及规范要求。

架设导索施工如图13-45所示，猫道承重索牵引如图13-46所示，猫道面网铺设如图13-47所示，猫道效果如图13-48所示。

图13-45　架设导索施工

图13-46　猫道承重索牵引

图13-47　猫道面网铺设

图13-48　猫道效果

（2）易发问题

①猫道各构配件规格与设计要求不一致。

②焊接构件焊缝质量不合格。

（3）检查方式

现场核查（目测、量具实测、现场抽检、抽查资料）。

（4）资料核查

猫道设计文件及计算书、施工方案、技术交底、进场验收记录等。

2. 安全检查要点

1）水面过渡法导索过江

（1）检查内容

①导索过江时是否已封航完成。

②导索过江拖轮航行区域河床、水深是否满足通航需求。

③拖轮功率是否考虑江面流速、导索打水等因素。

（2）易发问题

①导索过江未在封航时间内完成，船只通行安全风险高。

②拖轮故障或其他因素。

（3）检查方式

现场核查（目测、量具实测、抽查资料）。

（4）核查资料

交底、特种作业人员上岗证。

2）猫道架设

（1）检查内容

①高处作业施工人员是否满足作业规定。

②猫道面网孔眼、焊点质量是否满足设计及荷载计算要求。

③猫道索在施工过程是否出现损伤。

④猫道索锚头锁定是否牢固。

⑤猫道索转向处是否平顺无死弯。

（2）易发问题

①高处坠物。

②猫道索断丝或锚头锁定松动。

③猫道面网破损。

（3）检查方式

现场核查（目测、量具实测、抽查资料）。

（4）核查资料

交底、特种作业人员上岗证。

三、主缆架设

1. 质量检查要点

1）主缆索股制作

（1）检查内容

①制作工艺评定相关参数是否满足设计及规范要求。

②索股锚头铸造质量。

③表面处理是否按照设计规定进行。

④索股钢丝材质、强度、长度是否满足设计及规范要求。

⑤索股定位丝、标准丝精度是否满足设计要求，标记是否清晰，位置是否准确。

（2）易发问题

①主缆钢丝直径偏小。

②单束索股钢丝长度不一致。

③钢丝锈蚀。

（3）检查方式

现场核查（目测、量具实测、现场抽检、抽查资料）。

（4）核查资料

索股制造施工工艺、设计图纸及规范等。

2）主缆牵引

（1）检查内容

①索股牵引速度与放索速度。

②索股牵引系统。

③索股长度、编号。

④索股扭转、散丝、变形情况。

主缆牵引系统施工如图13-49所示，PWS索股加工与存放施工如图13-50所示，主缆牵引架设施工如图13-51所示，主缆牵引到位如图13-52所示。

图13-49　主缆牵引系统施工

图13-50　PWS索股加工与存放施工

图13-51　主缆牵引架设施工

图13-52　主缆牵引到位

（2）易发问题

①主缆散丝、断带、挂丝、弯折。

②索股扭转、缠交。

（3）检查方式

现场核查（目测、量具实测、现场抽检、抽查资料）。

（4）核查资料

施工方案、作业指导书、技术交底、施工日志等。

3）索股整形、入鞍

（1）检查内容

①索股钢丝排列顺序。

②索股扭转。

③索股编号与鞍槽是否对应。

④索股入鞍位置与防滑移措施。

主缆整形如图13-53所示，索股在各鞍座处整形施工如图13-54所示，主缆上提如图13-55所示。

图13-53　主缆整形

图13-54　索股在各鞍座处整形施工

图13-55　主缆上提

（2）易发问题

①索股扭转与交缠。

②索股滑动。

③索股鼓丝。

（3）检查方式

现场核查（目测、量具实测、现场抽检、抽查资料）。

（4）核查资料

设计图纸、施工方案、技术交底、施工日志等。

4）索股线形调整

（1）检查内容

①调索时索股温度是否稳定，不同长度范围内温差是否符合设计要求（长度方向索股的温差$\Delta T \leqslant 2$ ℃，断面方向索股的温差$\Delta T \leqslant 1$ ℃）。

②基准索股上下游垂度偏差（相对垂度差不大于10 mm）单根主缆上下游同一高度索股垂度高差。

③上下层索股理论高差与实际高差对比（一般索股相对于基准索股高差（0 ~ 5 mm）。

④索股线形调整后索股整体外观质量。

⑤索股实测索力与理论索力偏差值是否符合设计规定要求（锚跨张力与设计值误差控制在 ± 10 kN范围内）。

⑥塔柱偏移、环境风速（风速不大于7.9 m/s）是否在规定范围内。

⑦索力调整千斤顶、油表是否标定，精度是否符合设计要求。

⑧索股形状保持器设置数量、位置、强度是否满足要求。

张力调整如图13-56所示。

图13-56 张力调整

（2）易发问题

①索股垂度与设计偏差过大，上下游索股垂度偏差超过设计规定偏差。

②索股鼓丝。

③上下、左右层索股错位、索股纠缠。

④单个鞍槽内已调整完下层索股发生滑移，索力偏差过大。

（3）检查方式

现场核查（目测、量具实测、现场抽检、抽查资料）。

（4）核查资料

监控指令、调索记录、测量记录等。

2. 安全检查要点

1）主缆牵引、入鞍、入锚

（1）检查内容

①牵引系统卷扬机底座焊接质量、刹车是否灵敏、钢丝绳锚固、破损情况。

②索股拽拉器与索股连接牢固情况。

③信号指挥是否通畅。

（2）易发问题

①牵引钢丝绳断裂。

②卷扬机刹车失灵。

③对讲机信号不稳定。

④索股从导向轮跳槽至猫道面网。

⑤拽拉握索器打滑。

（3）检查方式

现场核查（目测、量具实测、抽查资料）。

（4）核查资料

交底、特种作业人员上岗证。

2）索股张力调整

（1）检查内容

①张拉千斤顶油管强度是否满足张拉控制力要求。

②张拉螺杆强度满足受力要求。

猫道临边防护如图13-57所示，现场施工安全防护如图13-58所示。

图13-57　猫道临边防护

图13-58　现场施工安全防护

（2）易发问题

①张拉油管爆裂。

②张拉螺杆屈服断裂。

（3）检查方式

现场核查（目测、量具实测、抽查资料）。

（4）核查资料

交底、检修保养记录。

四、紧缆、缠丝

1. 质量检查要点

1）材料进场检验

（1）检查内容

每批钢丝是否有质量合格证和出厂检验报告。各类涂装材料的出厂检验标准是否按国家相应的标准执行。每批次材料是否按国家相应规定的频率进行抽检。

（2）易发问题

进场材料质量不合格、尺寸有偏差、资料缺失。

（3）检查方式

现场核查（目测、量具实测、现场抽检、抽查资料）。

（4）核查资料

设计图纸、施工方案、施工规范等。

2）预紧缆施工

（1）检查内容

①主缆线形是否稳定并符合设计要求。

②施工环境温度是否稳定。

③外围主缆索股缠包带是否清理干净。

④预紧缆空隙率施工满足规范要求（主缆空隙率目标控制值28%~30%）。

⑤索股钢丝的排列是否平顺。

⑥捆绑钢带间距强度是否满足受力要求。

预紧缆施工如图13-59所示。

图13-59 预紧缆施工

（2）易发问题

①索股绞丝、串丝、鼓丝现象。

②主缆空隙率过大。

③捆绑钢带断裂。

④外层钢丝损伤、掉漆。

（3）检查方式

现场核查（目测、量具实测、现场抽检、抽查资料）。

（4）核查资料

设计图纸、施工方案、作业指导书、技术交底等。

3）正式紧缆施工

（1）检查内容

①紧缆顺序是否符合规范要求（先主跨后两边跨，主跨跨中开始向主塔方向紧缆，边跨由锚碇向主塔方向紧缆）。

②预紧缆空隙率施工满足规范要求（索夹内主缆空隙率达到18% ± 3%，索夹外空隙率达到20% ± 3%）。

③索股钢丝的排列是否平顺。

④捆绑钢带间距强度是否满足受力要求（挤紧时相距约1 m挤紧一次，挤紧时应及时打上两道镀锌钢带，两道捆紧钢带间距10 cm）。

紧缆施工如图13-60所示。

图13-60　紧缆施工

（2）易发问题

①主缆空隙率、横竖径差超过设计允许范围。

②钢丝破损、弯折、断裂。

③捆绑钢带断裂。

（3）检查方式

现场核查（目测、量具实测、现场抽检、抽查资料）。

（4）核查资料

设计图纸、施工方案、作业指导书、技术交底、施工日志等。

4）缠丝施工

（1）检查内容

①缠丝间距（不重叠交叉，间距不得超过1 mm）。

②缠丝张力偏差检验（允许偏差 ± 0.3 kN）。

③缠丝端部与索夹连接是否牢固（缠绕钢丝应嵌进索夹端部留出的凹槽内不少于3圈，绕丝端部必须牢固地嵌入索夹端部槽内并焊接固定，不得松动）。

④施工环境是否满足要求（温度应为5 ~ 40 ℃之间，空气相对湿度低于80%，构件表面温度高于空气露点3 ℃以上）。

⑤索股表面洁净，无肉眼可见的油污、灰尘、附着物等。

⑥底漆、密封膏涂装是否均匀，厚度是否满足设计要求，无脱落剥离。

缠丝施工如图13-61所示。

图13-61　缠丝施工

（2）易发问题

①缠丝间距过大不符合要求。

②张力偏差过大、固定不牢靠产生松动。

③钢丝连接处断开。

④密封膏密封不严实，脱落。

（3）检查方式

现场核查（目测、量具实测、现场抽检、抽查资料）。

（4）核查资料

设计图纸、施工方案、作业指导书、技术交底、施工日志等。

2. 安全检查要点

（1）检查内容

①缆索天车系统锚固、牵引系统受力是否符合要求。

②紧缆、缠丝机牵引卷扬机锚固、钢丝绳受力是否满足受力要求，悬挂与缆索天车倒链受力是否满足要求。

紧缆机走行悬吊系统如图13-62所示。

图13-62　紧缆机走行悬吊系统

（2）易发问题

①牵引钢丝绳断裂。

②卷扬机刹车失灵。

③紧缆机、缠丝机发生倾斜、侧翻。

（3）检查方式

现场核查（目测、量具实测、抽查资料）。

（4）核查资料

交底、检测记录。

五、索夹、吊索安装

1. 质量检查要点

1）索夹安装

（1）检查内容

①索夹的位置编号是否与主缆上的位置次序编号一致。

②索夹与吊索连接耳板方向是否一致，耳板间距、销孔直径是否满足吊索安装，耳板垂直度是否满足吊索安装要求。

③索夹螺杆张拉力是否满足设计偏差要求（设计张拉力 ± 3%）。

④索夹安装位置是否符合满足设计规范要求（横向允许偏差 ± 3 mm，纵向绝对允许偏差 ± 10 mm，相邻索夹纵向相对误差 ± 2 mm）。

⑤张拉千斤顶、油表精度是否满足螺杆张拉力要求，是否进行了标定，千斤顶数量是否满足对称张拉需要。

⑥索夹螺杆张拉时索夹企口是否夹丝，索夹位置是否发生移动，导致位置发生变化。

（2）易发问题

①索夹安装方向、位置错误。

②索夹位置发生移动偏差过大。

③索夹企口夹丝，上下（左右）企口间距过大，索夹内索股空隙率过大，造成后期钢梁架设完后索夹下口与主缆存在空隙，索夹纵向发生滑动。

④索夹与吊索连接耳板间隙过小，吊索耳板无法安装。

⑤索夹与吊索连接耳板销轴耳孔错位，销轴无法穿入。

⑥索夹张拉完成后部分螺杆发生松动、部分螺杆受力过大断裂。

索夹安装如图13-63所示，液压螺栓拉伸器安装如图13-64所示。

（3）检查方式

现场核查（目测、量具实测、现场抽检、抽查资料）。

（4）核查资料

测量观测记录表、参数表、监控指令等。

图13-63　索夹安装

图13-64　液压螺栓拉伸器安装

2）吊索安装

（1）检查内容

①吊索长度是否与设计图纸、监控指令一致。

②吊索安装位置、耳板方向与设计图纸一致。

③吊索外保护套是否发生破损，划伤。

④吊索是否设置有观测扭转的标线，吊索与钢梁连接后是否发生扭转。

⑤吊索减震架是否按设计图纸要求安装。

吊索安装如图13-65所示。

图13-65　吊索安装

（2）易发问题

①吊索安装位置、方向错误。

②吊索运输、安装时保护套损坏（钢丝绳断丝）。

③吊索发生扭转。

（3）检查方式

现场核查（目测、量具实测、现场抽检、抽查资料）。

（4）核查资料

出厂质量合格证、参数表、监控指令等。

2. 安全检查要点

（1）检查内容

①缆索天车系统锚固、牵引系统受力是否符合要求。

②吊索提升卷扬机锚固、钢丝绳受力是否满足受力要求。

③索夹螺杆张拉千斤顶液压油管强度是否满足要求。

④吊索区域猫道面网洞口是否防护到位。

吊索安装完毕，猫道空洞封闭如图13-66所示。

图13-66　吊索安装完毕，猫道空洞封闭

（2）易发问题

①牵引钢丝绳断裂。

②卷扬机刹车失灵。

③索夹螺杆张拉千斤顶油管爆裂，液压油喷射伤人。

④销轴、螺母等从猫道面网洞口掉落。

（3）检查方式

现场核查（目测、量具实测、抽查资料）。

（4）核查资料

交底、检查记录。

六、缆索系统施工典型质量安全问题案例

1. 主缆污染

主缆架设完成后，后续索夹施工、猫道拆除施工过程未严格执行主缆成品保护要求，导致主缆被污染（图13-67）。

2. 主缆锈蚀

主缆防腐施工质量不符合设计和规范要求，或抽湿系统密封性不满足要求，导致主缆出现锈蚀。

3. 索夹锈蚀

索夹防腐涂装质量控制不达标，或施工过程造成防腐层损坏未修补（图13-68）。

图13-67 主缆污染

图13-68 索夹锈蚀

第六节 加劲梁施工

一、缆载吊机

1. 质量检查要点

（1）检查内容

①制造单位应具有“特种设备制造许可证”资质。

②应按照设计交底、工艺编制、原材料检验、加工制造、厂内安装调试、厂内验收的流程制造。

③缆载吊机应在厂内进行安装调试及荷载试验。

④出厂时制造单位应提供齐全、完备的技术资料（使用维护说明书、安全使用手册、安全操作规程等）、质量保证资料等。

缆载吊机架梁施工如图13-69所示。

图13-69 缆载吊机架梁施工

（2）易发问题

既有设备进场或改造时未对原设备进行综合评估及验收。

（3）检查方式

现场核查（目测、量具实测、现场抽检、抽查资料）。

（4）核查资料

设计文件、施工方案、出厂证明及验收材料。

2. 安全检查要点

1）检查内容

（1）安装、拆除

①安装、拆除单位是否具有“特种设备安装改造维修许可证”资质。

②安装、拆除专项施工方案是否编制，并进行专家论证。

③安装、拆除前应逐级进行安全技术交底。

④安全监控管理系统应同步安装并验证。

⑤缆索吊系统、缆载吊机应制定详细操作规程，现场组拼完成后应组织验收，并进行荷载试验验证后方可投入使用。

⑥使用完毕，应按照拆除方案进行拆除，拆除后应做好维护保养工作。

（2）使用

①操作、指挥人员应通过专业培训并取得相关证书。

②使用前应逐级进行安全技术交底。

③使用中应严格按照安全操作规程实施。

④缆上行走、吊装等关键作业应做好安全防范和监控。

⑤吊机应安排专人管理，管理人员应做好日常检查及维修保养工作，并做好相应记录。

2）易发问题

中央控制系统故障（吊点不同步）、起吊钢绞线滑丝和断丝等、钢丝绳损坏、缆载吊机在主缆上锚固力不足造成下滑。

3）检查方式

现场核查（目测、量具实测、抽查资料）。

4）核查资料

施工方案、试吊方案、特种作业人员上岗证、交底。

二、加劲梁安装

加劲梁施工流程如图13-70所示。

1. 质量检查要点

（1）检查内容

①钢加劲梁的制造是否选择具备资质的专业化厂家负责，钢加劲梁应根据设计提供的无应力线形匹配制造，并严格控制线形精度。工地焊接是否进行工地焊接工艺评定。

②加劲梁安装施工前是否编制专项施工方案，并进行专家论证。

③高强螺栓扭矩扳手是否按要求进行标定、校验，并配备稳压装置。

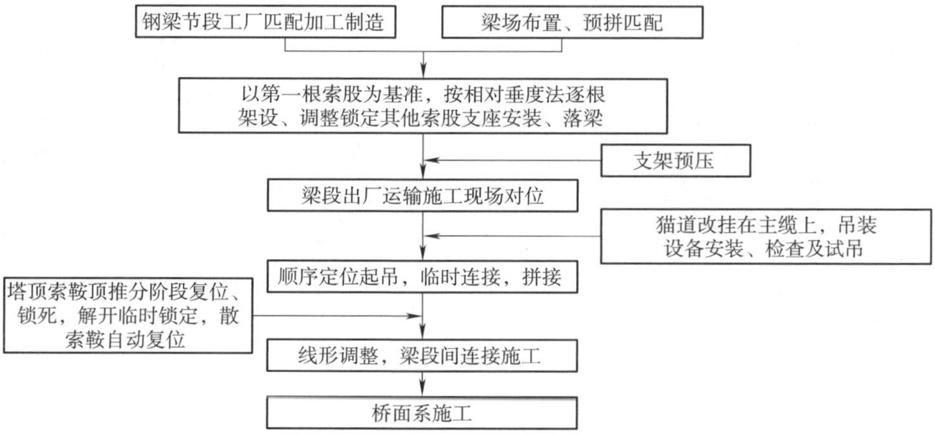

图13-70　加劲梁施工流程

④钢箱梁安装过程中，加强索塔偏位观测，并根据监控指令要求及时完成主索鞍顶推。

⑤焊接前是否全面检查相邻梁段接口的吻合程度、焊缝间隙及接头坡口尺寸。是否先对焊缝位置进行清理，并在24 h之内进行焊接。焊接时是否有防风、防雨措施；在相对湿度>80%、温度<5 ℃时，需按规定预热或加温除湿后方可进行焊接。

节段单元预制如图13-71所示，梁场临时存放如图13-72所示，边跨加劲梁支架上预拼如图13-73所示，加劲梁架设如图13-74所示，加劲梁节段连接如图13-75所示，桥面系施工（加劲梁桥面板安装）如图13-76所示，桥面系施工如图13-77所示。

图13-71　节段单元预制

图13-72　梁场临时存放

图13-73　边跨加劲梁支架上预拼

图13-74　加劲梁架设

图13-75　加劲梁节段连接

图13-76　桥面系施工（加劲梁桥面板安装）

图13-77　桥面系施工

（2）易发问题

不按设计或专项施工方案施工，钢箱梁外观损坏有缺陷，焊缝存在质量通病。

（3）检查方式

现场核查（目测、量具实测、现场抽检、抽查资料）。

（4）核查资料

方案、交底、工艺评定报告、施工记录等。

2. 安全检查要点

（1）检查内容

①吊装过程必须严格遵守高处作业及水上作业的安全规定。高处作业人员须体检合格后方可从事高处作业，加劲梁箱室内焊接及涂装作业时，应采取通风措施，涂装作业人员应正确佩戴个人防护用品。

②应设置风速仪，做好桥位区气象观测及预报，在限定风速状况下进行吊装作业。

③加劲梁吊装前应完善临边防护、防坠网挂设及安全通道设置工作，并应做好吊装过程交通维护及安全警戒工作。

④应做好加劲梁运输船舶、吊装设备的检查维护，避免漏油污染。

⑤加劲梁吊装过程中，在各工作面上，吊装第二节段起须与相邻节段间预偏一定空隙（0.5 ~ 0.8 m），至标高后牵拉连接，避免吊装过程与相邻节段发生碰伤，而影响吊装工作顺利进行。

⑥每安装一段梁后，吊装设备要更换位置架设下一个节段；在架设另一个节段前吊装设备必须经检查并签认后，才能投入使用。

⑦吊装箱梁节段需要占用水域时，在吊装前应与当地航道及海事部门联系。设置通航标识做好航道安全的各项工作，并在吊装过程中得到配合。

加劲梁四周临时防护如图13-78所示，节段间桥面板安装前空挡处防坠网如图13-79所示，节间连接脚手平台如图13-80所示。

图13-78 加劲梁四周临时防护

图13-79 节段间桥面板安装前空挡处防坠网

图13-80 节间连接脚手平台

（2）易发问题

水上、高处施工安全设施不到位；吊装设备未执行一吊一检制度、检查签证内容未全覆盖。

（3）检查方式

现场核查（目测、量具实测、抽查资料）。

（4）核查资料

交底、特种作业人员上岗证、检查签证记录。

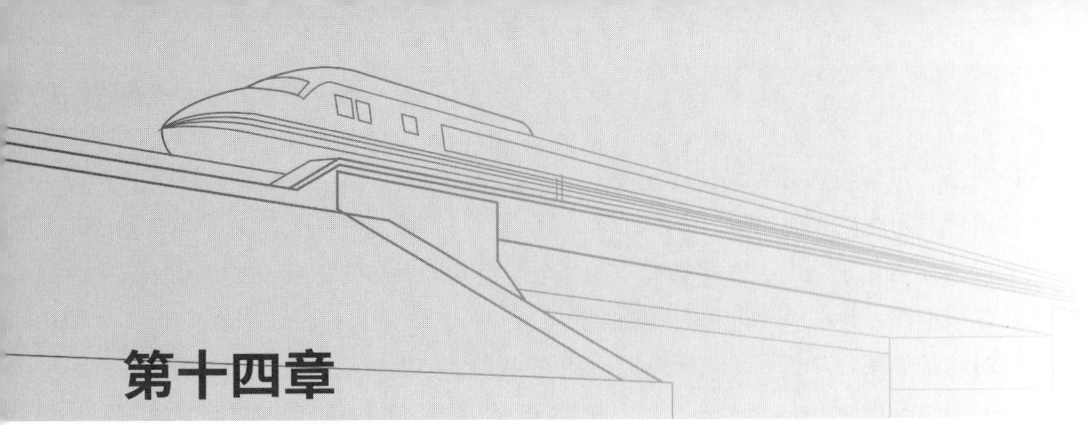

第十四章

>> 框架桥（涵）

第一节　总体施工流程

框架桥涵施工流程如图14-1所示。

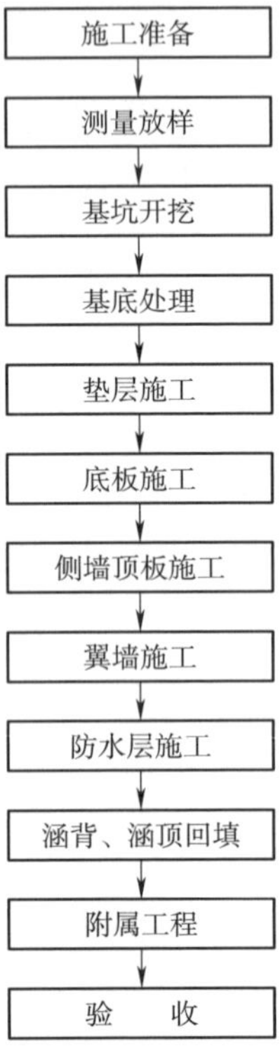

图14-1　框架桥涵施工流程

第二节　地基及基础

1. 检查内容

基底处理质量、基底高程、垫层浇筑高程，基底排水情况。

采取了集水井降水措施，基底保持干作业，临边防护措施齐全，安全标识齐全如图14-2、图14-3所示。

2. 易发问题

基底处理、基底高程、垫层浇筑高程不符合设计要求。

3. 核查方式

现场核查（目测、量具实测、现场抽检、抽查资料）。

4. 核查资料

核查设计文件，查看施工验收资料、试验记录、检测报告。

图14-2　垫层浇筑

图14-3　临边防护设置

第三节 涵身及端翼墙

一、主体结构施工

1. 质量检查要点

（1）检查内容

①现场施工是否符合设计及施工方案要求。

②钢筋及预应力锚、夹具等规格、型号、外观质量等是否符合规范要求，有无出厂检验报告、进场复验报告和抽检试验报告。钢筋运输、存放是否符合规范要求，钢筋制作与加工是否符合规范和设计要求，钢筋绑扎、安装是否符合设计和规范要求。预埋件的规格、数量、位置等是否符合设计要求，预应力张拉设备是否经检定或校准，有无检定或校准证书；张拉力、张拉顺序及张拉工艺是否符合设计及施工方案的要求；预应力筋张拉记录是否完备。

③混凝土原材料质量是否满足规范要求，原材料进场后，是否按照种类、批次分开规范贮存与堆放，标识是否清晰，是否采取防雨、防潮、防晒、防尘措施。进场原材料是否按规范要求进行抽样检查，运输至施工现场的混凝土工作性能（坍落度、维勃稠度等）是否符合施工和规范要求。

④模板、支架及配件的材质、规格、尺寸及力学性能等是否满足设计、施工方案要求和国家现行有关标准的规定。模板表面是否平整，有无严重变形、锈蚀、损伤，组装模板外观、尺寸是否符合设计要求；模板、支架材料有无产品合格证、材料试验报告等。模板、支架安装是否符合专项施工方案，各项技术指标是否满足设计和规范要求，预留孔洞位置、尺寸、数量等是否满足设计要求。

⑤混凝土浇筑顺序、方式等是否按照施工方案进行，布料是否均匀，混凝土输送高度、距离是否满足施工要求，混凝土自由下落高度、分层浇筑厚度、振捣设备及数量、振捣方式和方法、特殊部位的振捣等是否满足施工和规范要求。混凝土浇筑标高、施工缝位置等是否按设计和规范要求进行控制，大体积混凝土施工是否具备专项施工方案并按此执行，混凝土浇筑完成后是否规范养护，养护记录是否完备。

标准化物资超市，原材分类合理、标识清晰、堆码整齐，如图14-4所示。

图14-4 标准化物资超市

钢筋直螺纹规范连接，不同规格的钢筋连接规范，并出具检验报告，如图14-5所示。

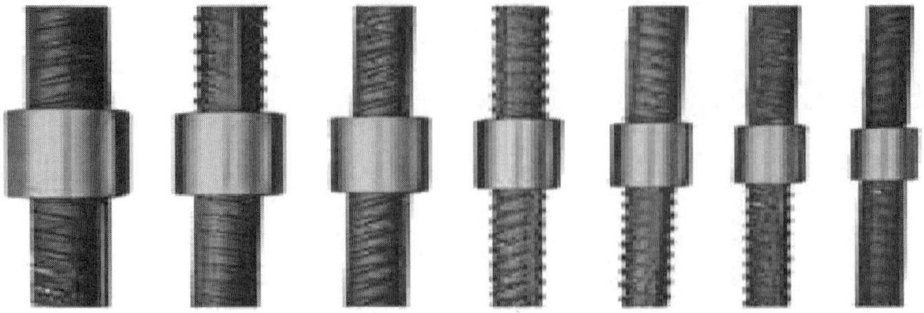

图14-5　钢筋直螺纹规范连接

支架、模板规范搭设，地基处理符合要求，支架搭设规范，杆件质量合格，支架刚度、稳定性符合要求，如图14-6所示。

图14-6　支架、模板规范搭设

混凝土浇筑采用泵车输送，模板支架设置规范，作业平台防护措施齐全，混凝土振捣人员充足，分工明确，如图14-7所示。

图14-7　混凝土规范浇筑

（2）易发问题

原材料存放、钢筋直螺纹机械连接、焊接质量、预应力张拉、钢筋保护层厚度、模板线形、垂直度与标高、模板拼缝、支架杆件连接、混凝土质量、混凝土养护等不符合设计和规范要求。

（3）检查方式

现场核查（目测、量具实测、现场抽检、抽查资料）。

（4）核查资料

原材料产品合格证、出厂检验报告和进场复验报告、抽样检测报告、施工方案、技术交底资料、设计文件、检验批记录、分部分项验收记录等。

2. 安全检查要点

（1）检查内容

①模板支架专项施工方案是否按规定编制评审。

②模板、支架搭设和拆除顺序、杆件位置、数量、外观质量、连接方式、连墙件设置等是否符合施工方案、设计和规范要求。

③起重设备是否进行进场检验、定期检查和维修保养，是否制订安全技术操作规程，操作人员是否经培训、考核、持证上岗，钢丝绳、卡环等配件是否定期检查更换等。

支架搭设安全防护，采用了优势明显的盘扣支架设计，支架底部人员通行设置安全通道，支架剪刀撑、防护栏杆、防护网等设置规范，如图14-8所示。

图14-8　支架搭设安全防护

模板安装安全防护，模板拉杆、斜撑等连接支撑体系按方案规范设置，如图14-9所示。

图14-9　模板安装安全防护

（2）易发问题

模板、支架搭设与拆除不符合施工方案、设计和规范要求；临边防护、上下通道、作业平台等搭设不符合规范要求；施工机械未定期检查与维保，现场操作人员未严格按照操作规程进行作业；现场用电不规范、消防设备配备不满足规范要求等。

（3）检查方式

现场核查（目测、量具实测、抽查资料）。

（4）核查资料

施工方案、设计文件、安全交底记录、分部分项验收记录、安全施工日志等。

二、翼墙施工

1. 质量检查要点

（1）检查内容

①现场作业是否符合施工方案要求，作业人员是否已经过技术培训和交底，并熟悉施工工艺要求；施工图纸是否经签字、盖章确认。

②施工定位测量放线是否准确；翼墙分层、分段施工及施工缝的留置、线形、垂直度及其偏差是否满足设计和规范要求；原材料是否符合设计和规范要求，是否按照设计和规范要求进行原材料抽样检测并出具检测合格报告，翼墙砌筑方式、钢筋加工、连接与安装、模板安装及混凝土浇筑与养护等是否满足施工方案、设计和规范要求。

③翼墙施工过程各检验批、分项验收资料是否完备齐全，隐蔽工程验收是否符合程序要求。

（2）易发问题

翼墙砌筑、养护不符合设计和规范要求，出现开裂现象。

（3）检查方式

现场核查（目测、量具实测、现场抽检、抽查资料）。

（4）核查资料

施工方案、施工记录、技术交底、过程检查验收资料。

2. 安全检查要点

（1）模板、支架搭设是否按施工方案和规范要求进行。

现浇翼墙施工，支架设置规范，支架稳定性符合要求，如图14-10所示；砌筑翼墙施工，翼墙分层、分段施工及施工缝的留置、线形、垂直度满足设计和规范要求，如图14-11所示。

图14-10　现浇翼墙施工

图14-11　砌筑翼墙施工

（2）易发问题

模板支架不符合设计和规范要求。

（3）检查方式

现场核查（目测、量具实测、抽查资料）。

（4）核查资料

施工方案、施工记录、技术交底、过程检查验收资料。

三、防水层施工

1. 检查内容

（1）防水卷材、防水砂浆、橡胶止水带等防水材料的型号、规格、尺寸、数量等是否满足设计和规范要求，有无产品合格证和出厂检验报告和进场复验报告；是否按国家现行有关标准的规定抽样检验防水性能，并具备规范合格的检验报告。

（2）是否编制防水工程专项施工方案，防水施工前作业人员是否已进行培训和交底，并熟知防水施工工艺与标准；防水层施工前，前面施工隐蔽工程是否验收合格，且经监理单位确认；防水施工前，基面是否按规范要求对基面进行打磨、清扫。

（3）防水施工作业人员是否按照施工方案进行施工；防水卷材铺设、连接是否满足设计和规范要求；防水砂浆性能是否满足规范要求，砂浆浇筑厚度、养护质量等是否满足规范要求；砂浆养护记录。

框架涵防水施工，防水施工前，基面按规范要求打磨、清扫，如图14-12所示，防水卷材规范铺贴，各层卷材间的搭设长度符合要求，卷材铺设平整，如图14-13所示。

图14-12　框架涵防水施工

图14-13　防水卷材规范铺贴

2. 易发问题

基面未打磨平整致使尖凸物刺穿防水卷材、基面未清扫干净、防水砂浆未按规范要求进行养护。

3. 检查方式

现场核查（目测、量具实测、现场抽检、抽查资料）。

4. 核查资料

隐蔽工程验收资料、交底资料、施工方案、试验记录等。

四、涵背、涵顶回填

1. 检查内容

回填填料、填筑质量情况。

涵背回填作业，采用合格填料分层压实，确保过渡段施工质量符合要求，如图14-14所示。

图14-14　涵背回填作业

2. 易发问题

填料不合格、无压实标准。

3. 检查方式

现场核查（目测、量具实测、现场抽检、抽查资料）。

4. 核查资料

设计文件、施工记录、试验记录、交底资料。

五、顶进法施工

顶进法施工工艺流程如图14-15所示。

1. 质量检查要点

（1）检查内容

①现场调查资料是否完善，各项施工手续是否完备。

②现场作业人员是否按照施工方案进行施工。

③顶进施工千斤顶、油表是否处在检定有效期内，有无产品合格证、出厂检验报告、设备检定报告等，施工测量记录、监控量测记录、试验检验记录是否完备。

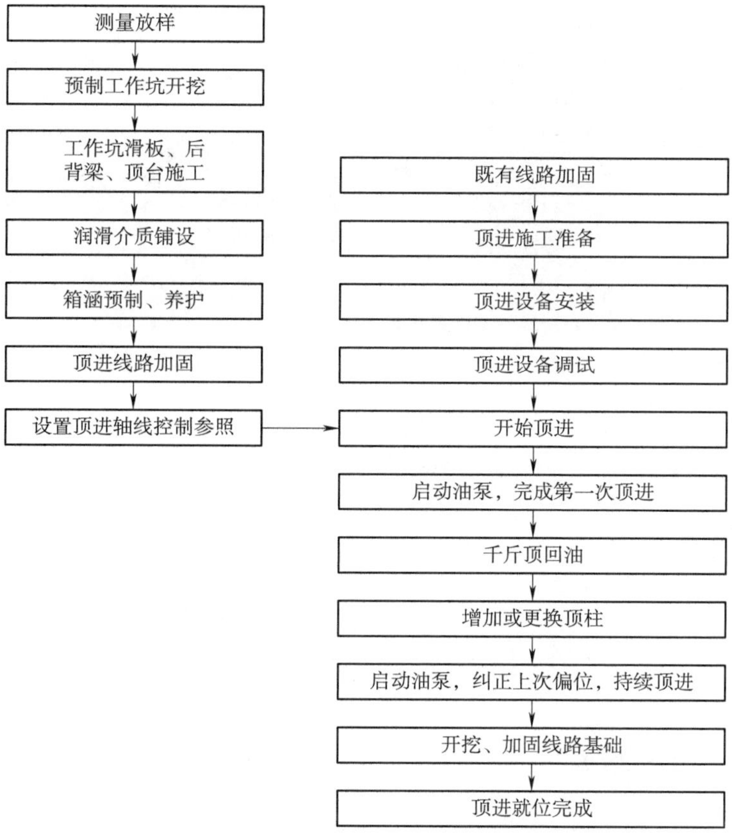

图14-15　顶进法施工工艺流程

④薄弱部位有无加固方案。

（2）易发问题

顶进时推力过大或不足。

（3）检查方式

现场核查（目测、量具实测、现场抽检、抽查资料）。

（4）核查资料

施工方案、安全技术交底资料、设计资料、过程检查验收资料等。

2. 安全检查要点

（1）检查内容

①施工现场危险源、地下管线有无充分调查，并进行详细公示，是否制定危险源应对措施和安全应急预案，定期组织应急预案演练。

润滑层施工，按工艺要求涂刷润滑层，但现场施工人员未佩戴安全帽，且涂刷润滑层前未将基面完全清理干净；基坑边过于陡峭，存在垮塌风险，如图14-16所示。箱涵顶进施工，顶进撑管线形良好，如图14-17所示。

（2）易发问题

损坏地下管线，高处坠落、触电、物体打击等。

图14-16 润滑层施工

图14-17 箱涵顶进施工

（3）检查方式

现场核查（目测、量具实测、抽查资料）。

（4）核查资料

施工方案、安全技术交底资料、设计资料、过程检查验收资料等。

第四节 渡 槽

一、渡槽支架现浇施工

1. 质量检查要点

（1）检查内容

①是否符合设计或专项施工方案要求。

②钢筋的规格型号、数量及止水填充材料等结构材料，是否有厂家或有关方面提供的出厂证明和试验报告。

③钢筋的现场绑扎焊接是否按设计图纸及测量放样点安装，保护层厚度是否符合要求。

④模板的尺寸、表面平整度、表面光洁度是否符合安装要求。

⑤预留的止水缝或预埋止水缝螺栓等预埋件型号、数量、位置是否符合设计要求。

⑥混凝土是否按照规范要求进行性能检测，养护方式及时间是否符合要求、试件留置是否符合要求。

⑦槽台尾端与进、出口过渡段连接处的沉降缝是否按设计填缝深度和填缝材料施工。

⑧渡槽浇筑完成后槽身是否出现温度裂缝。

混凝土渡槽现浇施工，预应力管道定位顺直，线形良好；钢筋绑扎规范，如图14-18所示；渡槽预制施工，模板强度、刚度、稳定性符合要求，如图14-19所示；渡槽运输，采用专门运输台车进行运输，防止渡槽失稳倾覆，如图14-20所示；渡槽架设施工，采用特制吊架及吊具进行架设，施工质量及安全得到有效保障，如图14-21所示。

（2）易发问题

①不按设计要求预留止水缝及沉降缝并填塞设计要求的止水材料及沉降缝填塞材料。

图14-18　混凝土渡槽现浇施工

图14-19　渡槽预制施工

图14-20　渡槽运输

图14-21　渡槽架设施工

②浇筑混凝土时，未采取混凝土内部降温和外部保温保湿的温度裂缝的预防与控制措施。

③未按照设计要求或施工方案浇筑渡槽，渡槽的结构尺寸不符合验收标准。

④钢筋及混凝土等原材料不符合相关验收标准。

（3）检查方式

现场核查（目测、量具实测、现场抽检、抽查资料）。

（4）核查资料

方案、交底及渡槽架设有关检算资料，检查原材料进场质量验收记录，检查混凝土拌和物出场质量验收记录。

2. 安全检查要点

（1）检查内容

①就地浇筑渡槽时，支架、模板、施工平台是否安装牢固，是否按要求对支架、模板进行验收，并且是否对受力杆件进行检算检查，通道及平台周围是否设置防护。

②下方有人车通行时，是否采取防护措施。

③既有线上就地浇筑渡槽梁时，所有立模、绑扎钢筋、浇筑混凝土及拆模等工序是否均在要点封锁的条件下进行。

④灌注前是否搭设灌注平台、上下扶梯及运料通道等设施。

⑤支墩及脚手架是否侵入铁路建筑限界。

混凝土渡槽现浇，质量合格、线形顺畅，如图14-22所示。

图14-22　混凝土渡槽现浇

（2）易发问题

①进行现浇渡槽时，不按照设计要求或专项施工方案进行模板、支架及施工平台等安装。

②既有线上浇筑渡槽施工时，未向列车调度所上报计划或营业线施工方案。

③高坠、爆模、火灾、支架垮塌等。

（3）检查方式

现场核查（目测、量具实测、抽查资料）。

（4）核查资料

渡槽施工方案、安全技术交底、受力杆件的检算资料、营业线施工方案及营业线施工计划。

二、渡槽预制施工

1. 质量检查要点

（1）检查内容

①钢筋绑扎台座、混凝土浇筑台座、存槽台座是否符合设计或专项施工方案要求。

②钢模拼装时注意拼接缝隙是否满足要求，尺寸是否达到设计标准。

③台座地基处理是否达到设计要求，确保地基稳固。

④对应型号的钢筋布置位置、间距、规格型号及垫块放置等是否符合规范要求。

⑤钢筋搭接长度、绑扎方法是否符合规范要求。

⑥预制渡槽的槽身允许偏差是否满足设计要求。

⑦预应力管道（波纹管）位置、布设是否符合规范要求。

渡槽预应力钢绞线穿束，预应力施工平台无防护栏杆，高处作业人员未系挂安全带，如图14-23所示。

预制渡槽存放与运输，预制件分类有序摆放，设置专用吊具进行起吊运输，如图14-24所示。

（2）易发问题

制槽区及存槽区等场地不按设计或专项施工方案进行地基处理；钢筋间距、规格型号、箍筋等是否符合规范要求。

图14-23　渡槽预应力钢绞线穿束

图14-24　预制渡槽存放与运输

（3）检查方式

现场核查（目测、量具实测、现场抽检、抽查资料）。

（4）核查资料

方案、交底及预应力张拉等有关计算资料。

2. 安全检查要点

（1）检查内容

①台座固定模板安全支撑、液压系统等构件是否符合规范要求。

②拼装模板时采用门式起重机吊装时，检查其安全防护、警示、保护装置是否齐全、完好，检查其关键零部件是否完好，轨道是否有杂物和专人看管。

③张拉时千斤顶后方不得站人，不得在有压力的情况下旋转张拉工具的螺栓或油管接头。

④吊装作业前是否封闭施工现场，严禁无关人员和吊装作业范围内有人员通过。

混凝土渡槽预制施工如图14-25所示。

图14-25　混凝土渡槽预制施工

（2）易发问题

吊装模板时未警戒，吊物下方有其他无关人员通过；预应力筋断裂或滑脱；台座倾覆或滑移。

（3）检查方式

现场核查（目测、量具实测、抽查资料）。

（4）核查资料

交底、特种设备管理资料、特种作业人员上岗证、过程检查资料。

三、渡槽吊装施工

1. 质量检查要点

（1）检查内容

①起吊预制渡槽时，是否按照专项施工方案进行吊装。

②利用已架渡槽梁架设邻孔渡槽梁前，排架顶高程等相关数据是否进行测量检算。

③槽梁架设就位后是否按设计要求安装止水缝和填塞止水材料。

④起吊渡槽，地基处理是否达到设计要求，确保地基稳固。

⑤渡槽混凝土龄期是否到位。

⑥起重机支腿支撑位置是否进行平整压实、硬化。

（2）易发问题

起重机支腿支撑位置未进行硬化；架设未按专项施工方案进行施工；安装精度不满足设计要求。

（3）检查方式

现场核查（目测、量具实测、现场抽检、抽查资料）。

（4）核查资料

专项施工方案及交底等有关资料。

2. 安全检查要点

（1）检查内容

①架设渡槽作业时，施工现场应设防护，严禁非作业人员进入作业区。

②吊装渡槽前是否对吊耳、吊具、钢丝绳、卡环、封钩器、缆风绳等进行检查签证。

③对接作业区域是否设置操作平台。

④在既有线上架设预制渡槽梁完成后，开通线路之前，是否确认结构稳定，以及所有料具是否均已撤出限界。

⑤预制的渡槽梁在起吊、架设时，是否采取措施防止与墩台及已架设的渡槽梁发生碰撞。

混凝土渡槽吊装，起吊预制渡槽跨越既有线施工时，是否按照专项施工方案进行吊装，如图14-26所示。

检查渠道坡面逆止阀，槽梁架设就位后需检查是否按设计要求安装止水缝和填塞止水材料、止水装置，如图14-27所示。

（2）易发问题

吊装渡槽时未警戒，吊物下方有其他无关人员通过；高处坠落。

（3）检查方式

现场核查（目测、量具实测、抽查资料）。

（4）核查资料

交底、特种设备管理资料、特种作业人员上岗证、过程检查资料。

图14-26 混凝土渡槽吊装施工

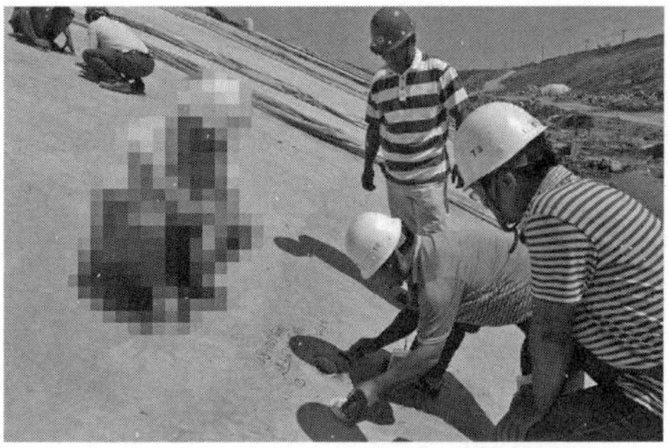

图14-27 检查渠道坡面逆止阀

第五节 附属工程

一、质量检查要点

1. 检查内容

（1）砌体原材料和砌筑的检验是否符合现行《铁路混凝土工程施工质量验收标准》（TB 10424）。

（2）砌体的结构形式、位置、基底高程及基础埋深是否符合设计要求。

（3）桥台锥体护坡及边坡防护是否完整并符合设计要求，护坡与边坡是否密贴、无空洞。

（4）砌体反滤层所用材料质量和规格是否符合设计要求。

（5）基底是否密实、平整，且无草皮、树根等杂物，无积水，压实质量是否符合设计要求。

（6）涵洞出入口排水设施是否完整且排水通畅。

（7）钢栏杆的质量是否符合设计要求。

（8）栏杆安装线形是否顺直，杆件是否有污染痕迹。

2. 易发问题

（1）锥坡砌体不按设计要求进行施工，结构形式、排水等不符合设计要求。

（2）锥体护坡与坡面不密贴。

（3）栏杆杆件有弯曲现象，安装线形不顺直。

（4）栏杆基础上的预埋钢板有锈蚀和水泥浆等污物。

3. 检查方式

现场核查（目测、量具实测、现场抽检、抽查资料）。

4. 核查资料

施工方案、技术交底及钢栏杆等材料质量证明文件。

二、安全检查要点

1. 检查内容

（1）砌筑片石锥体护坡时，现场施工人员是否将片石从上面往下翻滚。

（2）砌筑采用人工抬石就位时，施工人员是否做到捆绑牢固，动作一致，缓慢下放。

（3）采用小型起重设备吊送石料至砌筑面时，小型起重设备机座是否固定牢靠。

2. 易发问题

（1）砌筑锥体护坡时，施工人员由上往下滚落混凝土块砸伤下方施工人员。

（2）采用小型机械吊运石料时，小吊机发生倾覆。

（3）高处坠落。

3. 检查方式

现场核查（目测、量具实测、抽查资料）。

4. 核查资料

施工方案及技术交底等资料。

第六节　框架桥（涵）施工典型质量安全问题案例

案例一：××车站框架涵底板工地“4•30”较大事故

2020年4月30日，位于××车站站北路框架桥涵第九段底板钢筋施工工地发生一起3死3伤的较大事故，直接经济损失约480.6万元（图14-28）。

图14-28　现场

发生原因：事故发生点底板钢筋整体骨架本身处于不稳固状态。一名工人割开加固钢筋后，钢筋整体骨架立即失稳，加上其跌倒的同时，另一名工人往钢筋倾覆反方向逃生，再次增加钢筋倾覆的水平推力，导致整个钢筋骨架瞬间倾覆，造成人员伤亡。

案例二：××铁路××段“4·17”机械伤害事故

2015年4月17日13时30分左右，××铁路××段××框架涵地段，拆除打桩机过程中，桩机架发生断裂，致一人死亡，直接经济损失40余万元。

事故原因：

①施工队未在打桩机桩架下做支撑防护。施工队在拆卸、放平桩架后，未按安全操作规程在悬空桩架处增加钢管支撑，致使出现了悬空桩架与桩基的杠杆状态，在重力作用下，螺母折断，径直落下砸在此时正在其下拆卸链条的陈工身上，这是导致事故发生的直接原因。

②打桩机未经检测检验。施工队所用水泥搅拌桩机是其购置的二手设备，不能提供有效检测证明，施工前桩机未检查打桩机连接桩架螺母是否存在松动、脱扣现象。

③陈工冒险作业。陈工安全意识淡薄，冒险在未做支撑防护的桩架下拆卸链条。

案例三：××铁路框架桥处路肩坍塌事故

2007年9月16日21时01分，××铁路工程1处框架桥施工导致营业线××处路基坍塌，造成列车脱轨，使胶济线断道4 h，构成铁路交通较大事故。

事故原因：

①直接原因：未按施组施工，偷工减料，擅自缩短桩长，减少桩配筋，施工护壁由钢筋混凝土改成砖砌。违反施工规范，12日浇筑柱混凝土，13日开挖基坑。

②间接原因：施工单位在未向建设单位办理开工报告、未与工务等设备管理单位签订安全协议的情况下，擅自施工。

案例四：××铁路框架涵施工质量事故

2008年6月7日1时06分，乌鲁木齐开往阿拉山口的××次旅客列车运行至××局××线段处，司机感觉晃车严重而停车，2时21分开车，区间停车1小时15分。经检查发现××线段一孔1.5 m框架涵处路基下沉20 mm，造成线路几何尺寸严重超限，列车停车后尾部越过下沉地点218 m。2时33分封锁区间，经工务部门抢修后于6时10分限速25 km/h开通区间，影响正线行车5小时4分，构成铁路交通一般D类事故。

事故原因：

一是施工单位违章蛮干。××局××标段桥涵附属工程未完工、桥涵基础等不能正常封闭的情况下，擅自拆除钢便梁，造成桥涵地基受到灌溉水浸泡，湿陷后发生整体下沉。二是施工质量严重失控。××局××标段施工中违反设计要求，采用苯板和编织袋填充涵节接缝和沉降缝，造成防水性能下降。三是××监理咨询有限公司对施工过程中的质量监督失控，未能及时发现工程存在的质量问题。四是××勘察设计院在设计中没有充分考虑与地方灌溉系统相结合，造成该涵基标高与涵洞进口标高落差较大，涵洞积水无法外排。五是建设项目验交工资滞后。该处框架涵施工地段于5月29日已恢复线路常速，××建设指挥部没有及时组织有关单位验收。六是设备管理单位××工务段监护不到位，该段在明知工程没有验交，灌溉季节的排水对线路设备影响较大的情况下，没有把该处线路作为重点进行检查监护，盲目与施工单位共同申请恢复常速。

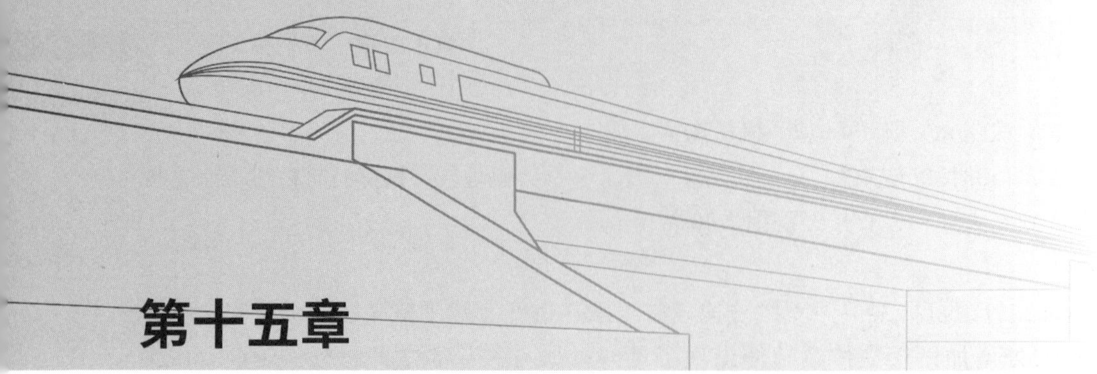

第十五章

>> 支座和伸缩缝

第一节 支座安装

一、施工流程

现浇梁支座安装、预制梁支座安装施工流程如图15-1、图15-2所示。

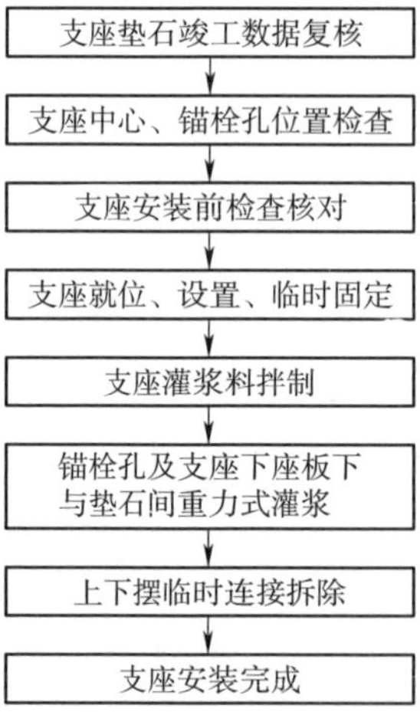

图15-1 现浇梁支座安装流程

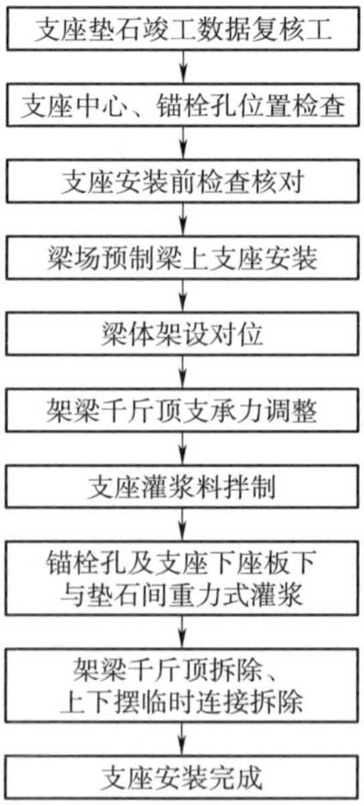

图15-2 预制梁支座安装流程

二、质量检查要点

1. 检查内容

（1）支座砂浆是否做了配合比设计，施工完毕是否进行有效养护，强度等级是否符合设计及规范要求，外观质量是否符合规范要求。

（2）支座品种、规格、位置和方向等是否符合设计及规范要求。

（3）支座锚栓是否拧紧，其埋置深度和外露长度是否符合设计要求，支座与梁底及垫石之间应密贴无空隙，螺栓、防尘罩等部件是否安装齐全。

对垫石的孔位、孔深、架梁线、标高进行测量复测，需满足设计要求，如图15-3所示。

图15-3　垫石复测

梁体就位前，必须对垫石进行凿毛处理，凿毛范围和深度需满足专项方案要求，如图15-4所示。

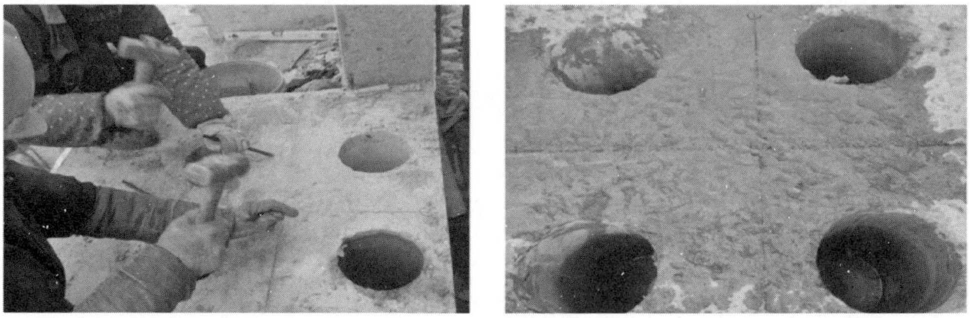

图15-4　垫石凿毛

在垫石预留孔中心摊铺干硬性砂浆，压实并用水平尺找平，如图15-5所示。

支座落实后，用尺子测量支座四个角上下座板底的垂直距离需满足规范要求，确保支座平整度符合要求，如图15-6所示。

图15-5　垫石顶面找平

图15-6　支座平整度复测

2. 易发问题

支座中线与主梁中线不重合、支座安装位置偏差超标、弯桥支座与梁脱开、防尘罩未及时安装或安装不合格等。

3. 检查方式

现场核查（目测、量具实测、现场抽检、抽查资料）。

4. 核查资料

核查试验配合比资料、砂浆养护记录、测量检查资料、设计文件、检验批记录、锚栓埋置深度的影像资料等。

三、安全检查要点

1. 检查内容

（1）墩台顶是否设置护栏、施工爬梯等安全防护设施；支座在墩顶存放时是否正确固定。

（2）高处作业人员是否正确使用劳动防护用品。

（3）支座安装施工中的起重吊装、施工用电、现场防火、高处作业等应符合现行《铁路工程基本作业施工安全技术规程》（TB 10301）规定。

2. 易发问题

吊装伤害。

3. 检查方式

现场核查（目测、量具实测、抽查资料）。

4. 核查资料

施工方案及技术交底等资料。

第二节　伸缩缝安装

一、施工流程

伸缩缝支座安装流程如图15-7所示。

二、质量检查要点

1. 检查内容

（1）伸缩缝钢筋安装，其数量、间距、坡度、标高、焊接质量等是否符合设计及规范要求。

（2）伸缩缝长度、缝宽、与桥面高差、纵坡、横向平整度等是否符合设计及规范要求。

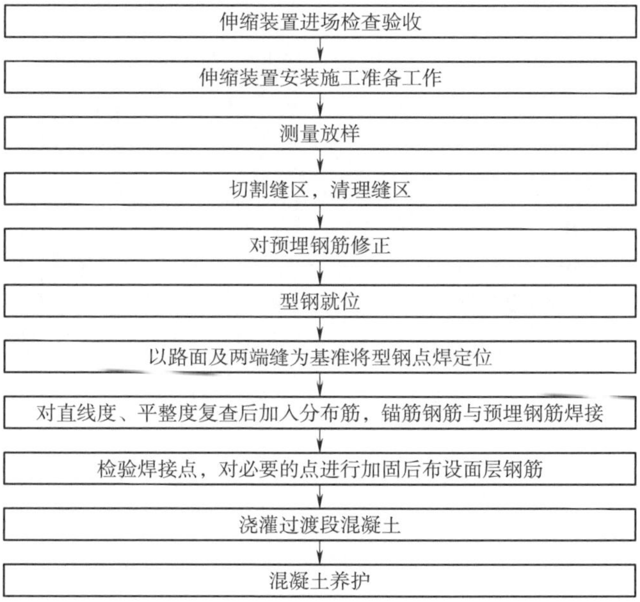

图15-7　伸缩缝支座安装流程

伸缩缝锚固筋绑扎，其数量、间距、坡度、标高、焊接质量等符合设计及规范要求，如图15-8所示。

伸缩缝连接件安装，伸缩缝长度、缝宽、与桥面高差、纵坡、横向平整度等符合设计及规范要求，如图15-9所示。

图15-8　伸缩缝锚固筋绑扎

图15-9　伸缩缝连接件安装

伸缩缝拐角连接安装牢固如图15-10所示。

图15-10　伸缩缝拐角连接安装

防水橡胶带安装，顺直密贴，符合要求，如图15-11所示。

图15-11　防水橡胶带安装

2. 易发问题

（1）伸缩缝钢筋安装，焊缝高度不够，存在裂纹、夹渣等缺陷或存在型钢变形。

（2）槽内预埋筋数量不足，未对漏埋或折断的预埋筋进行修复。

（3）伸缩缝安装尺寸误差超标。

3. 检查方式

现场核查（目测、量具实测、现场抽检、抽查资料）。

4. 核查资料

伸缩装置资料、伸缩缝材料抽样检验报告、测量检查资料、设计文件、施工记录、混凝土养护记录等。

三、安全检查要点

1. 检查内容

（1）高处作业人员是否正确使用劳动防护用品。

（2）伸缩缝安装施工中的起重吊装、施工用电、现场防火、高处作业等应符合现行《铁路工程基本作业施工安全技术规程》（TB 10301）的规定。

2. 易发问题

吊装伤害。

3. 检查方式

现场核查（目测、量具实测、抽查资料）。

4. 核查资料

施工方案及技术交底等资料。

第三节　支座和伸缩缝安装典型质量安全问题案例

一、橡胶支座安装偏差

原因分析：制作误差、未严格按程序验收。

预防及纠正措施：认真做好摩擦面的洁净工作，并按设计要求涂抹润滑油脂；固定螺栓露出长度按设计规定留存；按规定方位安装滑动导向装置，并做好记录备查；截除固定螺栓露出阻碍滑动的多余部分。

二、支座中心线与梁端支座中心线不重合

原因分析：中线测量有误；支座安装位置不正确；支座固定不当，尤其是板式支座，在构件安装时，受到移动产生偏位。

预防及纠正措施：加强测量复核工作；熟悉设计文件，明确支座各部件作用，正确安装；当发现预制梁安装位置不准确时，应将构件提起，切忌撬动构件纠位；重新安装前，仍须再次检查支座位置的正确性。

三、钢支座安装不平，积水

原因分析：施工时墩台顶面未进行认真抹平，使支座垫板三个螺栓受力。

预防及纠正措施：支座安装前，仔细核对设计图标注的支座位置与方向，然后经过精确平面和水准测量，在墩台面上标注支座中心；施工支座下的垫板和锚固螺栓的预留孔，要考虑与下部构造钢筋的关系，便于调整安装位置。往孔内填充砂浆施工来决定预留孔尺寸；安装钢支座，多使用衬垫调整支座位置、高度以及倾斜等，该衬垫必须设在即使填充砂浆后也能撤掉的位置上，待砂浆硬化后迅速撤掉并设预留孔，暂时安好支座后，再从预留孔将砂浆灌注到支座垫板内；支座垫石应高出墩台顶面3～5 cm，并将支座平台外的墩台顶面做成双向横坡，以便于及时排除积水。

四、伸缩缝混凝土破碎，造成伸缩缝脱锚

原因分析：焊接不牢或是混凝土质量不合格，造成伸缩缝过渡段混凝土破碎，致使伸缩装置过早损坏。

预防及纠正措施：焊件表面彻底除锈，点焊间距不大于50 cm，控制施焊温度5～30 ℃之间，加固焊接要双面焊、跳焊，最后塞孔焊，确保焊接变形小，焊接强度高；混凝土保护带要用膨胀混凝土浇筑，振捣要密实，浇筑完成要按要求养护。

第十六章

>> 邻近既有线施工

第一节　跨线桥施工

一、质量检查要点

要点一：方案与设计文件

1. 检查内容

（1）专项施工方案是否满足国铁集团及所属铁路（局）公司关于营业线施工分级管理要求。

（2）编制内容是否齐全，是否依法合规，措施是否完善，是否经专项设计。

（3）是否经过专家评审并落实评审意见并上报铁路主管部门审批。

（4）设计文件及变更文件是否依法合规。

邻近既有线方案满足国铁集团及所属铁路（局）公司关于营业线施工分级管理要求，经过专家评审落实评审意见并上报铁路主管部门审批，如图16-1所示。

图16-1　邻近既有线方案专家评审

2. 易发问题

施工方案未经审批或审批手续不完善，不符合邻近既有线施工管理要求，设计文件及变更文件等无效或不合规等致使施工现场质量管理体系混乱，质量标准不统一。

3. 检查方式

现场核查（目测、量具实测、现场抽检、抽查资料）。

4. 核查资料

设计文件，施工方案及相关报批手续，报审资料等。

要点二：工艺标准执行

1. 检查内容

工艺执行过程检查，工艺流程，质量指标是否满足规范与设计要求。

2. 易发问题

支架使用前、拆除前未验收，贝雷梁横联不足，支点未在节点，存在垮塌风险；顶推时临时墩抗倾覆稳定系数不足，主梁支点处局部应力超标；顶推导梁变形过大或连接处局部应力超标；悬臂施工时墩梁固结结构不满足稳定性要求；转体稳定系数不足等。

3. 检查方式

现场核查（目测、量具实测、现场抽检、抽查资料）。

4. 核查资料

设计文件，实测实量，查看施工记录、影像资料。

要点三：跨线转体桥梁

1. 检查内容

（1）桩基、承台、墩（台）身、索塔、垫石、主梁结构混凝土强度要满足设计要求。

（2）营业线防护工程混凝土强度应满足设计要求。

（3）转动体称重后实测的稳定力矩和摩阻系数是否满足设计要求。

跨线转体施工，悬臂转体施工时墩梁固结结构满足稳定性要求，转体稳定顺利，如图16-2所示。

图16-2　跨线转体施工

2. 易发问题

（1）先施工后变更，施工方案未经路局审批，不符合营业线施工管理要求。

（2）未进行施工监控，支架或基坑变形未收敛。

（3）支架使用前、拆除前未验收，贝雷梁横联不足，支点未在节点位置，存在垮塌风险。

（4）顶推时临时墩抗倾覆稳定系数不足，主梁支点处局部应力超标。

（5）顶推导梁变形过大或连接处局部应力超标。

（6）悬臂施工时墩梁固结结构不满足稳定性要求，转体稳定系数不足。

（7）吊装时吊机站位及地基处理不满足受力要求，吊具不合格。

3. 检查方式

现场核查（目测、量具实测、现场抽检、抽查资料）。

4. 核查资料

地质确认资料，设计文件、检验批记录等。

二、安全检查要点

要点一：施工环境

1. 检查内容

（1）检查现场施工环境条件：对施工地下、地面、空间施工环境条件进行调查，是否对既有营运铁路线路、接触网、信号、电力、地下管线，空中管线、建筑物进行了防护或迁改，消除施工安全隐患。

（2）施工用水、现场泥浆等是否设置封闭管道、排水通畅；是否采取防止外溢浸泡道床等措施。

导流沟线形顺直，但人员未戴安全帽，预制件色泽不一致，影响整体外观质量，如图16-3所示。

图16-3　防道床浸泡导流沟

2. 易发问题

基础施工过程中因塌孔或泥浆、水浸泡、地下水位下降影响既有线地下地层或道床边坡稳定；施工造成地下管线破坏或材料泄露发生危险；接触网、铁路贯通线等线路与施工作业设备与人员空间距离不足，不满足高压绝缘安全间距要求或未采取必要绝缘保护措施，施工过程中易发生触电危险。

3. 检查方式

现场核查（目测、量具实测、抽查资料）。

要点二：专项方案

1. 检查内容

检查邻近既有线安全技术专项施工方案、应急处理方案。检查跨线桥既有线专项施工方案是否严格按国铁集团及所属铁路（局）公司既有线高速铁路Ⅰ、Ⅱ、Ⅲ级，普速铁路Ⅰ、Ⅱ、Ⅲ级分级。检查方案内容是否完整，是否满足既有线对应等级安全管理要求；检查方案评审、审批程序是否依法合规；检查应急处理方案内容是否齐全，是否进行演练；邻近既有线施工方案是否经属地路局审批，并办理相关手续，签订安全协议。

转体施工前分项目分班组进行分级施工技术交底，做到交底全面覆盖全部管理人员和作业人员，如图16-4所示。

图16-4　转体前相关人员培训

2. 易发问题

专项施工方案中安全措施不完整、无针对性，安全资料缺失。

3. 检查方式

现场核查（目测、量具实测、抽查资料）。

4. 核查资料

方案、交底、安全协议等。

要点三：施工过程

1. 检查内容

（1）检查施工期间起重设备站位及其基础是否满足设计要求，检查吊装作业司机、信号、防护员是否履职。

（2）检查“天窗”“慢行”点执行情况。检查要点计划的申报、审批、执行是否到位。上述工点实地检查防护员、施工员履职情况，现场防护情况和应急处理准备情况。

2. 易发问题

因管理缺失造成施工设备、人员等侵限事故发生。

3. 检查方式

现场核查（目测观察、量具实测、抽查资料）。

4. 核查资料

方案、交底、安全人员值守记录等。

要点四：跨线挂篮悬浇与钢梁吊装

1. 检查内容

（1）跨线路悬臂施工时，挂篮是否设置兜底防坠物防护措施。

（2）邻近既有线线缆过轨是否从轨道下方穿过。

（3）跨线路钢梁吊装施工大型设备是否落实“十不吊”“八不准”“六禁止”原则，施工设备地基是否进行加固防倾覆。

跨既有线施工挂篮兜底及全封闭防护，确保营业线施工安全，如图16-5所示。营业线上方临边设置密目防抛网防护，防止杂物掉落影响线路运营安全，如图16-6所示。施工线缆从轨道下方穿过，降低对既有线影响，如图16-7所示。

图16-5　挂篮兜底及全封闭防护

图16-6　营业线上方临边设密目防抛网防护

图16-7　施工线缆从轨道下方穿过

2. 易发问题

（1）跨线路施工坠落物致使出现线路停车或其他事故。

（2）吊装管理缺失、制度落实不到位，导致出现邻近线路吊装事故，引发侵限事故。

3. 检查方式

现场核查（目测、量具实测、抽查资料）。

4. 核查资料

方案、交底、安全人员值守记录、特种作业人员上岗证等。

第二节　箱涵顶进施工

一、工作基坑

1. 质量检查要点

（1）检查内容

①工作坑开挖尺寸是否满足设计要求。

②工作坑四周是否设置截水沟及排水井。

③工作坑后背墙混凝土强度是否达到设计标高，是否检测合格。

④工作坑滑板（梁）是否平顺，是否采用石蜡或黄油等减摩阻措施。

（2）易发问题

①工作坑泡水塌陷。

②后背墙使用过程中因强度不足而开裂。

③顶进过程因滑板摩阻力过大导致顶进困难。

（3）检查方式

现场核查（目测、量具实测、现场抽检、抽查资料）。

（4）核查资料

核查设计文件，现场施工记录，测量资料，影像资料等。

2. 安全检查要点

（1）检查内容

①工作坑是否设置变形监测点并定期监测。

②基坑周边是否设置安全防护。

③是否按设计方案进行边坡加固。

④邻近基坑是否随意堆置重物或行驶重型车辆。

（2）易发问题

①基坑变形过大或导致坍塌事故。

②基坑顶部人员坠落事故。

（3）检查方式

现场核查（目测、量具实测、抽查资料）。

（4）核查资料

方案、交底、检测资料。

二、顶进结构件预制

1. 质量检查要点

（1）检查内容

①顶进结构件预制尺寸是否满足设计要求。

②构件预制胎架精度是否满足要求。

③结构件原材料是否进行进场质量验收。

④结构件混凝土浇筑时，高度超过2 m是否使用缓冲装置，例如串筒。

混凝土浇筑用串筒，结构件混凝土浇筑时，高度超过2 m时使用缓冲装置（串筒），如图16-8所示。

图16-8　混凝土浇筑用串筒

（2）易发问题

结构件尺寸、强度不达标。

（3）检查方式

现场核查（目测、量具实测、现场抽检、抽查资料）。

（4）核查资料

方案、交底、试验检测、验收资料。

2. 安全检查要点

（1）检查内容

①施工起重机械是否落实“十不吊”原则。

②施工用脚手架是否满足编制专项方案，满足结构受力要求。

③高处作业人员是否佩戴防坠劳保用品。

（2）易发问题

起重机械倾覆事故、人员坠落事故。

（3）检查方式

现场核查（目测、量具实测、抽查资料）。

（4）核查资料

方案、交底、特种作业人员上岗证、特种设备管理资料。

三、既有线加固

1. 质量检查要点

（1）检查内容

①加固用挖孔桩等是否按照设计施工，强度是否满足要求。

②加固用便梁是否进行进场材料验收，并验收合格。

（2）易发问题

桩基承载力不足。

（3）检查方式

现场核查（目测、量具实测、现场抽检、抽查资料）。

（4）核查资料

设计文件：方案、交底、试验检测、验收资料。

2. 安全检查要点

（1）检查内容

①是否按照施工设计图纸及相关规范要求完成既有线路加固措施。

②线路加固施工上报手续是否完善，施工现场专职防护、联络员是否履职。

③加固期间是否完成对线路的例行检查及维护。

④线路恢复期间施工现场是否完成施工设备、材料清理，线路恢复后是否及时完成交验手续。

⑤施工起重机械是否落实“十不吊”原则。

人工挖孔桩施工，采用“十字护桩”工艺，确保挖孔垂直度及轴线偏差满足要求；采用分层开挖，边挖边防护，避免挖孔垮塌，如图16-9所示。

既有线监控量测，测量既有线的电力、信号等线路及其他构造物的空间位置，避免施工侵限，如图16-10所示。

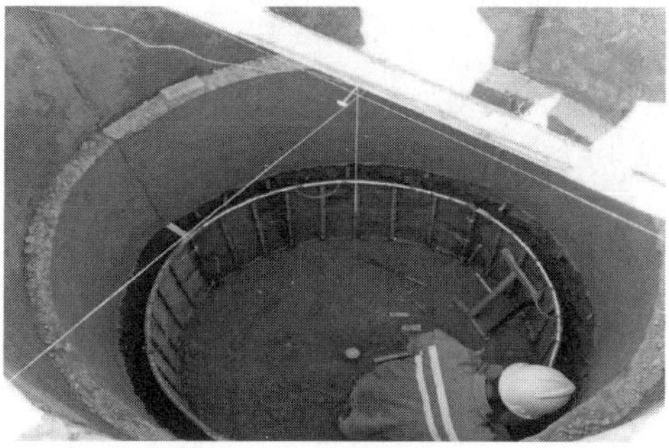

图16-9　人工挖孔桩施工

图16-10　既有线监控量测

（2）易发问题

①未按设计方案进行线路加固或因检查维护不到位导致线路加固措施被破坏从而引起既

有线路稳定性不足发生危险。

②施工期间或施工完成后现场存在侵限情况发生行车危险。

③桩孔坍塌或人员伤亡事故，起重机械倾覆事故。

（3）检查方式

现场核查（目测、量具实测、抽查资料）。

（4）核查资料

方案、交底、特种作业人员上岗证、特种设备管理资料。

四、顶进工序

1. 质量检查要点

（1）检查内容

①顶进施工前，主体结构混凝土是否达到设计强度、线路加固是否完成、顶进设备工作状态是否良好、现场照明、液压系统安装及试验情况是否良好、观测记录人员的组织和仪器装置是否完备。

②顶进设备及工作基坑是否进行顶进前检查签证。

③是否按照施工方案要求进行箱涵顶进工作，是否按照要求设置滑坡、船头坡等。

④顶进过程中是否安排专人对框架箱涵的轴线、标高进行跟踪测量，发现轴线、标高出现偏差时是否及时进行纠偏。

⑤每次顶进完毕后，是否及时完成中线及水平偏差复测，随时掌握框架顶进后状态。

箱涵顶进设备，顶进设备工作状态良好、液压系统安装及试验情况良好，如图16-11所示。

图16-11　箱涵顶进设备

（2）易发问题

①未按照方案施工或顶进过程中检测不到位导致框架中线或水平发生偏移，甚至发生栽头现象。

②顶进设备故障，无法顶进或无法同步顶进。

③后背墙或滑板（梁）开裂。

（3）检查方式

现场核查（目测、量具实测、现场抽检、抽查资料）。

（4）核查资料

方案、交底。

2. 安全检查要点

（1）检查内容

①防护人员及防护信号工具，防护标识牌是否齐全。

②顶进过程是否按照“少挖多顶”原则，确保既有线安全。顶进施工中挖土作业是否随挖随顶，是否存在超挖现象。

③挖土是否严格在列车天窗期进行。

④顶进施工期间是否按要求完成对既有线路的观测、检查、记录，是否及时处理线路安全隐患。

箱涵顶进施工，对既有线保护措施合理，顶进过程按照“少挖多顶”原则，确保既有线安全，如图16-12所示。

图16-12　箱涵顶进施工

（2）易发问题

①人员或机具侵限。

②道床沉降。

（3）检查方式

现场核查（目测、量具实测、抽查资料）。

（4）核查资料

方案、交底、既有线路的变形检测数据。

第三节　邻近既有线施工典型质量安全问题案例

案例一：2008年“2•14”事故

1. 事故简况

2008年2月14日13时30分左右，春节后上班第一天，××局的注浆分包施工单位在××铁路××处进行下穿立交桥顶进前路基注浆作业，在未通知设备管理单位的情况下，擅自对路基进行注浆施工。因压力控制不当且未对轨道进行监测，导致路基、轨道隆起6 cm未及时发现并整治，影响动车组18 min，中断行车50 min，对运输安全和秩序带来严重影响，构成一般D类事故（图16-13）。

图16-13　事故现场

2. 事故原因

（1）注浆工艺：注浆工艺不当，操作人员不熟练，未按方案要求进行施工控制。

（2）线路监测：未进行有效的线路监测，导致未及时发现线路线形问题。

（3）分包管理：分包管理单位不重视程序化施工，对营业线施工管理制度不重视，施工未及时通知设备管理单位。

案例二：2010年“5•18”事故

1. 事故简况

2010年5月18日19时01分，××局在××铁路××段处进行上跨桥架梁施工准备工作时（吊装架桥机前横移轨道，重9.8 t），因吊车倾倒吊件脱落，砸坏下行线接触网，并与正在通过的××次客车顶部相剐蹭，造成客车顶部部件损坏。事故中段上行线58 min，下行线1 h 59 min，影响客车8列、货车9列，构成铁路交通一般C类事故。

2. 事故原因

（1）上跨既有线施工，未严格执行天窗期施工指令，导致事故直接损坏列车构件。

（2）吊装采用双机抬吊，风险性高，且吊装指挥不明确，起重机站位方案不具备可操作性，且吊装前未严格检查吊件固定情况，未进行重要吊装签认制度。

（3）起重机站位区域未进行加固处理，处于软土地基，导致吊机出现倾覆。

案例三：2021年“6•4”事故

1. 事故简况

2021年6月4日5时18分，××局××段在××铁路××段下行线进行线路机械维修作业，因捣固稳定车临时故障，作业负责人在组织作业人员转场跨越铁路线路时，跨线人员与××次旅客列车发生相撞，造成9人死亡（图16-14）。

图16-14　事故现场

2. 事故原因

维修作业过程中，捣固稳定车发生故障，作业人员在转场跨线过程中，有关人员盲目指挥、联控不彻底、现场防护失效、违章跨越线路是事故发生的直接原因。

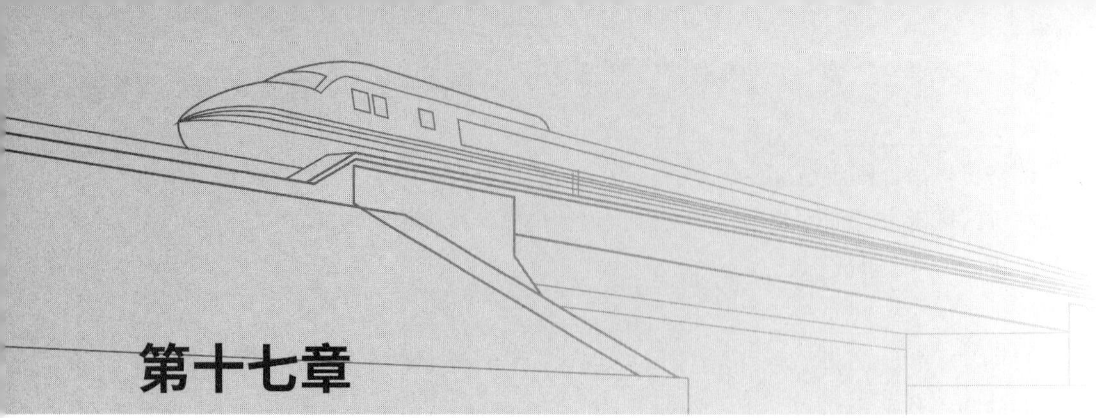

第十七章

>> 桥面附属设施

第一节　无砟轨道板安装（CRTS 双块式）

一、施工流程

CRTS双块式无砟轨道（轨排框架法）施工流程如图17-1所示。

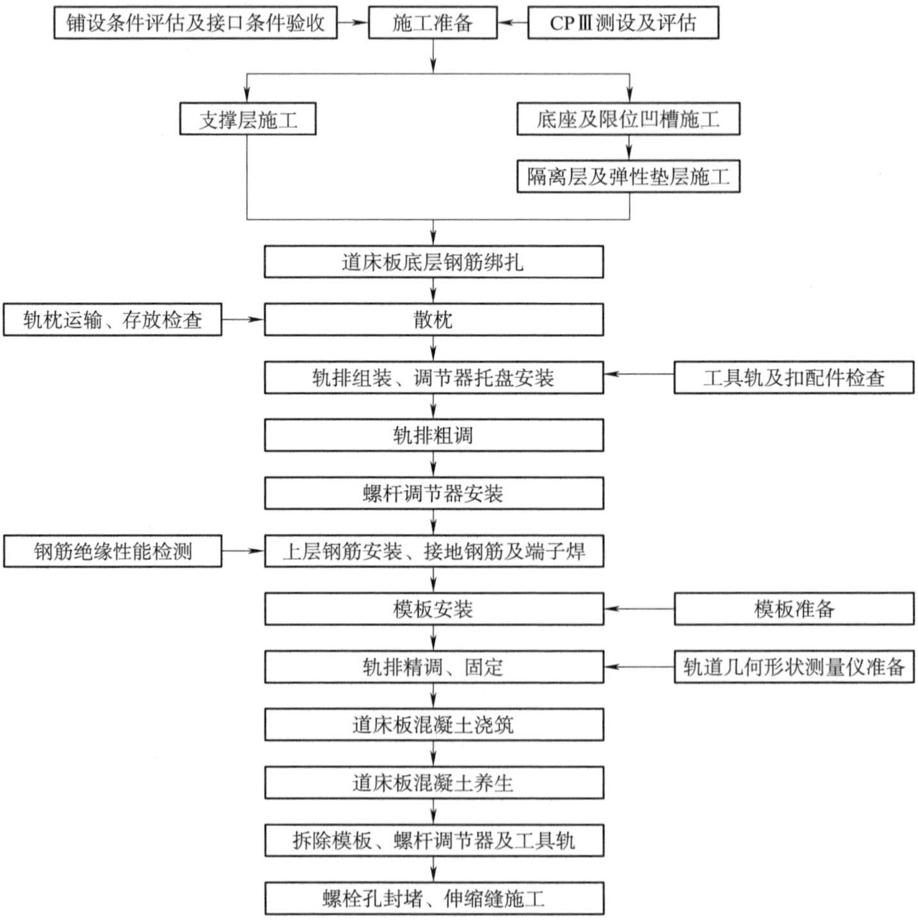

图17-1　CRTS双块式无砟轨道（轨排框架法）施工艺流程

二、底座板

1. 钢筋施工

1）质量检查要点

（1）核查内容

①钢筋有质量保证书，按规定取样试验合格后使用。

②钢筋配料卡经技术主管审核，下料成型的钢筋，按图纸编号挂牌，堆放整齐，堆放场地采取防锈措施。

③梁面植筋严格执行方案要求，植筋的材料、数量、位置和深度应满足设计要求。

底座板钢筋安装，采用钢筋网片进行预制安装，提高安装质量和效率，如图17-2所示。底座板植筋拉拔试验，检验底座板植筋的抗拉强度满足设计要求，如图17-3所示。

图17-2 底座板钢筋安装

图17-3 底座板植筋拉拔试验

（2）易发问题

钢筋锈蚀、钢筋保护层控制不到位、植筋抗拔力不满足设计要求。

（3）检查方式

现场核查（目测、量具实测、现场抽检、抽查资料）。

（4）核查资料

核查设计文件、出厂合格证，查看施工、试验记录。

2）安全检查要点

（1）检查内容

①施工用电安全。

②桥上作业时禁止向桥下抛撒杂物。

③钢筋吊装作业安全。

（2）易发问题

钢筋吊装伤人、用电伤人。

（3）检查方式

现场核查（目测、量具实测、抽查资料）。

（4）核查资料

交底、过程检查整改记录。

2. 模板施工

1）质量检查要点

（1）核查内容

①模板及支架应有足够的强度、刚度和稳定性，能承受底座混凝土侧压力及施工中产生的荷载，满足对底座高程的控制要求。

②模板安装完成后，及时复核底座板基限位凹槽的结构尺寸，曲线地段注意检查凹槽模板相对底座顶面的垂直关系。

模板安装，采用模板侧面拉撑的方式，保证了模板的垂直度和刚度，如图17-4所示。模板检查，检查模板平面位置及结构尺寸，复核底座板限位凹槽的结构尺寸及平面位置，如图17-5所示。

图17-4　模板安装

图17-5　模板检查

（2）易发问题

烂根现象、跑模、限位凹槽尺寸不达标。

（3）检查方式

现场核查（目测、量具实测、现场抽检、抽查资料）。

（4）核查资料

查看施工记录。

2）安全检查要点

（1）检查内容

①倒运模板时应临时捆绑，不超载。拆除和安装模板过程中，避免模板倾倒。

②其余安全问题与钢筋施工相同。

无砟轨道板施工安全防护，如图17-6所示。

图17-6　无砟轨道板施工安全防护

（2）易发问题

模板吊装伤人。

（3）检查方式

现场核查（目测、量具实测、抽查资料）。

（4）核查资料

交底、过程检查整改记录。

3. 混凝土施工

1）质量检查要点

（1）核查内容

①混凝土浇筑自由倾落高度不宜大于2 m，当大于2 m时，应采用滑槽、溜管等设施辅助下落，出料口距混凝土浇筑面的高度不宜超过1 m，混凝土不应出现离析现象。

②混凝土布料时宜先浇筑凹槽四角部位，防止凹槽四角混凝土开裂。混凝土浇筑应一次成型，中间不应留施工缝。混凝土入模后采用插入式捣固棒振捣，应注意避免漏捣、过振；凹槽四周应振捣密实。振捣后，用振动梁提浆整平或人工用长刮尺收浆抹平。浇筑时要严格控制凹槽高程及与线路垂直度。

③底座混凝土浇筑后应及时收浆抹面，并严格控制顶面高程、平整度和横向排水坡。在混凝土初凝后终凝前应进行二次抹面，二次抹面时间根据混凝土配制的终凝时间确定。抹面时严禁加水，抹面次数不超过2次。

底座混凝土浇筑，混凝土在夜间浇筑，温度相对稳定，轨排变形小，采用滑槽辅助下料，防止出现离析现象，如图17-7所示。底座板养护，在底座板上覆盖土工布，进行洒水保湿养护防止出现裂纹，如图17-8所示。

图17-7　底座混凝土浇筑

图17-8　底座板养护

底座板外观质量验收，现场采用靠尺、塞尺进行平整度进行检验，如图17-9所示。

图17-9　底座板外观质量验收

（2）易发问题

平整度差、收面质量差。

（3）检查方式

现场核查（目测观察、量具实测、现场抽检、抽查资料）。

（4）核查资料

混凝土相关技术资料、成品验收资料。

2）安全检查要点

（1）检查内容

①运输车辆严禁人、料混装，车辆行驶速度不应过快（10 km/h以内）。为确保运输车就位良好和安全进出，应派专人指挥。平交道口和狭窄的施工场地，设置“缓行”标识，必要时安排人员指挥交通。

②底座板施工区域内各种车辆应限速行驶，并严禁掉头、超车及会车。夜间施工时，应在物流通道上作出明显通道宽度限界反光标识，防止发生意外。

③混凝土浇筑时，振动棒操作人员必须穿胶鞋，严禁使用破损、裂纹的管道、接头、阀门。混凝土振捣设备的电源必须做接零保护。

④桥上高处作业，大风（6级）、雷雨天停止作业，人员设备严禁在边侧作业或停放，做好必要的防护。

（2）易发问题

交通事故、用电伤人。

直螺纹连接钢筋马蹄形切口断面不光滑平顺如图17-10所示，底座板平整度差导致板间错台如图17-11所示，底座板超高段易产生蜂窝麻面现象如图17-12所示。

图17-10　直螺纹连接钢筋马蹄形切口

图17-11　底座板平整度差导致板间错台

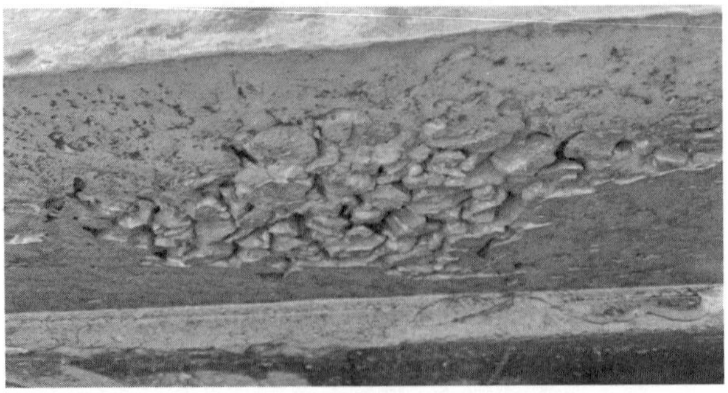

图17-12　底座板超高段易产生蜂窝麻面现象

（3）检查方式

现场核查（目测、量具实测、抽查资料）。

（4）核查资料

交底、过程检查整改记录。

三、道床板

道床板施工流程如图17-13所示。

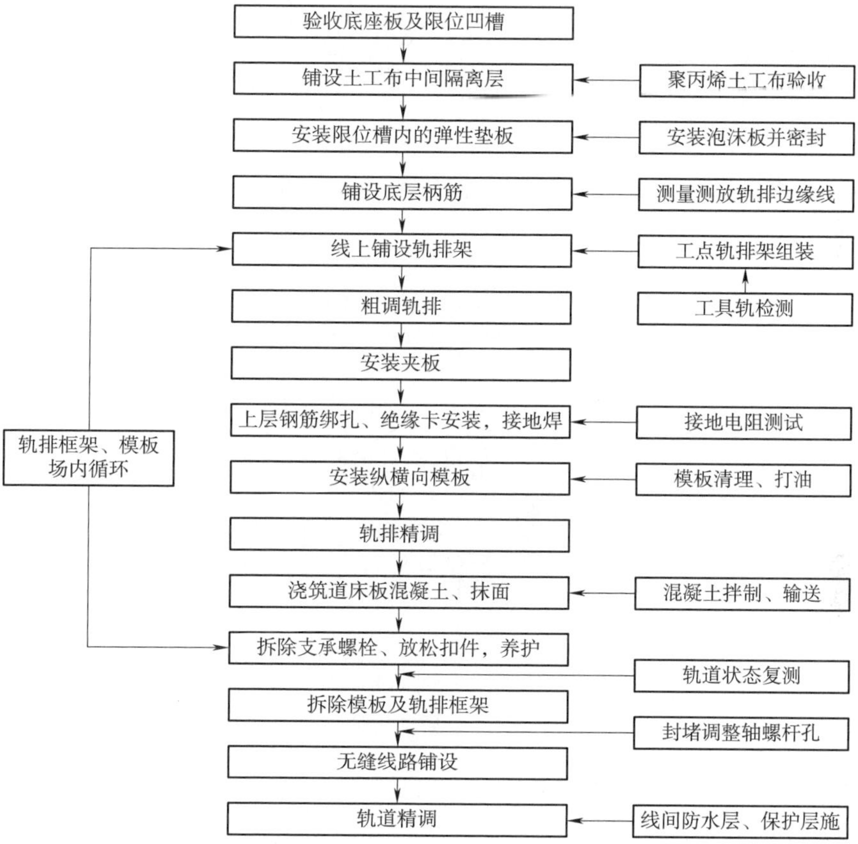

图17-13　道床板施工流程

1. 隔离层及弹性垫层施工

1）质量检查要点

（1）核查内容

①隔离层土工布铺设质量，土工布铺设应平整无褶皱，无破损，接缝采用对接，不可重叠。

②弹性垫板与凹槽侧面应粘贴牢固，搭接处及周边无翘起、空鼓、皱折、脱层或封口不严等缺陷。

③基底应平整清洁、干燥，不得有空鼓、空洞、蜂窝、麻面、浮渣、浮土和油污。

底座板顶面清理，采用鼓风机底座板表面的杂质进行清理，表面干净整洁，如图17-14所示。

隔离层铺设，土工布铺设平整无褶皱，无破损，接缝采用对接，无重叠，如图17-15所示。

图17-14　底座板顶面清理

图17-15　隔离层铺设

凹槽弹性垫板安装，弹性垫板与凹槽侧面粘贴牢固，搭接处及周边无翘起、空鼓、皱褶，如图17-16所示。

图17-16　凹槽弹性垫板安装

（2）易发问题

隔离层土工布翘起、不平整，限位凹槽弹性垫板不密贴。

（3）检查方式

现场核查（目测、量具实测、现场抽检、抽查资料）。

（4）核查资料

隔离层土工布及弹性垫板合格证及检验报告，施工记录。

2）安全检查要点

（1）检查内容

①桥上作业时禁止向桥下抛洒杂物，不得翻越防护墙，应尽量处于两侧防护墙内作业。

②隔离层铺设涉及吊装作业，吊装时应由专业装吊人员进行指挥，防止事故发生。

（2）易发问题

吊装伤人。

（3）检查方式

现场核查（目测、量具实测、抽查资料）。

（4）核查资料

交底、过程检查整改记录。

2. 钢筋施工

1）质量检查要点

（1）核查内容

①钢筋采购必须要有出厂质量保证书，对使用的钢筋要严格按规定取样试验合格后方能使用。

②道床板底层钢筋位置、数量及间距应符合设计要求。钢筋搭接长度、搭接接头位置相错量、搭接率应满足设计要求，搭接处按设计要求进行绝缘固定。

③钢筋搭接点采用绝缘卡进行绑扎，钢筋安装完成后，要检查每处钢筋交叉点绝缘电阻情况。

④检查预埋件的安装情况，数量、位置等。

道床板钢筋绑扎，钢筋搭接点采用绝缘卡进行绑扎，如图17-17所示。绝缘电阻检测，钢筋安装完成后，检查每处钢筋交叉点绝缘电阻值不超过设计要求，如图17-18所示。

图17-17 道床板钢筋绑扎

图17-18 绝缘电阻检测

综合接地焊接，综合接地钢筋的焊缝长度厚度满足设计要求，如图17-19所示。

图17-19 综合接地焊接

（2）易发问题

钢筋数量、绝缘绑扎情况、绝缘电阻、保护层厚度。

（3）检查方式

现场核查（目测、量具实测、现场抽检、抽查资料）。

（4）核查资料

钢筋相关技术资料、电阻验收资料、施工记录。

2）安全检查要点

（1）检查内容

①施工用电安全。必须严格执行“三级配电、二级保护”（即“三相五线”）制，必须确保线路无破损，设置配电箱接电，施工降尘洒水时注意洒水高度，不要浇入电机。

②钢筋施工过程中防火，尤其是综合接地焊接时，对底层无纺土工布保护，防止高温焊渣滴落在土工布上，引起火灾。

③钢筋加工过程中要加强培训，易出现机械伤人事故。

④钢筋安装涉及较多吊装作业，吊装时应由专业装吊人员进行指挥，防止事故发生。

（2）易发问题

钢筋吊装伤人、用电伤人。

（3）检查方式

现场核查（目测、量具实测、抽查资料）。

（4）核查资料

交底、过程检查整改记录。

3. 模板施工

1）质量检查要点

（1）核查内容

①模板及支架应有足够的强度、刚度和稳定性，能承受底座混凝土侧压力及施工中产生的荷载，满足对底座高程的控制要求。

②模板安装完成后，及时复核结构尺寸，曲线地段注意检查凹槽模板相对底座顶面的垂直关系。

模板安装，道床板模板及轨排支架有足够的强度、刚度和稳定性，如图17-20所示。单元板缝处模板安装，保证单元板至端部的距离符合设计要求，相对底座顶面的保持垂直，如图17-21所示。

图17-20　模板安装

图17-21　单元板缝处模板安装

（2）易发问题

烂根、跑模、板缝尺寸不达标。

（3）检查方式

现场核查（目测、量具实测、现场抽检、抽查资料）。

（4）核查资料

查看施工、试验记录。

2）安全检查要点

（1）检查内容

①施工用电安全。必须严格执行“三级配电、二级保护”（即“三相五线”）制，必须确保线路无破损，设置配电箱接电，施工降尘洒水时注意洒水高度，不要浇入电机。

②桥上作业时禁止向桥下抛撒杂物，不得翻越防护墙，应尽量处于两侧防护墙内作业。

③工地倒运模板时应进行临时捆绑，不应超载，避免模板运输途中滑落。拆除和安装模板过程中，应避免模板倾倒伤人。

④模板安装涉及较多吊装作业，吊装时应由专业装吊人员进行指挥，防止事故发生。

⑤桥上施工场面狭窄，各种机具、材料堆放要有序平稳，严禁临边，且要预留专门的过人通道。

（2）易发问题

吊装伤人、用电伤人。

（3）检查方式

现场核查（目测、量具实测、抽查资料）。

（4）核查资料

交底、过程检查整改记录。

4. 轨排框架组装

1）质量检查要点

（1）核查内容

①轨枕装卸和运输过程中严禁碰撞，保证轨枕运输中的安全、不变形。要保持预埋套管和定位螺母内的清洁，用管塞或防尘胶布封住套管口。

②轨枕铺设要垂直于线路，位置符合设计要求，并采用尺量检查，轨枕间距允许偏差为 ± 5 mm。

③每一榀轨排框架进场后应及时做好验收。

④轨排组装前检查标准轨是否清洁干净，特别在轨腰和轨底位置。

⑤轨排组装后应对轨距、轨枕间距、锚固螺栓扭矩、扣件部件、弹条与轨底之间的间隙进行检查。

⑥检查轨向调节器安装是否受力，支撑体系是否牢固。

轨枕铺设要垂直于线路，轨枕间距允许偏差在 ± 5 mm内，如图17-22所示。

轨排框架进场验收，满足设计制造精度要求，如图17-23所示。

图17-22　轨枕铺设

图17-23　轨排安装及调整

轨排组装后对轨距、轨枕间距等检查调整满足设计要求，如图17-24所示。扣件扭力检查，满足设计要求，如图17-25所示。

图17-24　扣件扭力检查

图17-25　轨排框架进场验收

（2）易发问题

扣件安装不全、轨枕间距超标、轨排变形。

（3）检查方式

现场核查（目测、量具实测、现场抽检、抽查资料）。

（4）核查资料

工装验收记录表、材料进场验收资料及合格证。

2）安全检查要点

（1）检查内容

①轨排轨枕堆码规划区域，分层堆码，轨枕一垛不超过5层，组装前空轨排不超过3层，组装后轨排不超过2层。

②在进行吊放和匀枕作业时，必须有序组织进行，避免机械设备碰撞。

③吊装前仔细检查钢丝绳，并确认绑扎牢固后方可起吊，起吊时下层作业人员必须保持在安全距离以外。

④组合式轨道排架起吊前，应检查吊点间距是否合理、挂钩是否牢靠。门式起重机吊运组合式轨道排架运行过程中，下方不得站人，轨道排架下降对位过程中，辅助人员应站在侧旁进行辅助对位。

⑤吊装机组在运行、作业和调整时，必须随时注意运行动态和人身安全。操作人员离机

前，必须停机，并按有关规定进行防护。

（2）易发问题

吊装伤人、用电伤人。

（3）检查方式

现场核查（目测、量具实测、抽查资料）。

（4）核查资料

交底、过程检查整改记录。

5. 轨排精调

1）质量检查要点

（1）核查内容

①轨道精调轨检小车在首次使用前，首先应严格复核接收到的轨道设计中心线数据，确保设计数据准确无误。

②CPⅢ控制网建网及复测，需采用最终的平差成果，复测前应先检查成果的所有测量和计算数据。

③每次精调时需与上次或前一站重叠至少8根轨枕，同一点位的横向和高程的相对偏差均不应超过2 mm。

④轨排精调到位后，立即对轨排进行加固，防止混凝土浇筑时轨排横向位移及上浮，并采集数据作为最终精调数据。

⑤轨排精调好后，及时浇筑混凝土。如间隔时间过长，或环境温度变化超过15℃，或受到外部条件影响，必须重新检查或调整轨排。

⑥精调前需要检查钢轨顶面及轨头侧面是否清洁干净。

轨道精调仪器——轨检小车，轨道板浇筑混凝土前用轨道精调仪器进行精调复核，如图17-26所示。

图17-26 轨道精调仪器——轨检小车

（2）易发问题

测量搭接长度不足、粗调精度不达标影响精调时间。

（3）检查方式

现场核查（目测、量具实测、现场抽检、抽查资料）。

（4）核查资料

精调及复测资料、仪器校准证书、CPⅢ成果。

2）安全检查要点

（1）检查内容

①施工用电安全。

②精调作业小车行走时须缓慢且及时调整方向，防止滚轮脱落导致作业架倾覆，就位后采取拉紧固定措施，避免大风造成作业小车溜车。

（2）易发问题

机械伤人、用电伤人。

（3）检查方式

现场核查（目测、量具实测、抽查资料）。

（4）核查资料

交底、过程检查、整改记录。

6. 道床板混凝土浇筑

1）质量检查要点

（1）核查内容

①混凝土浇筑前应清理底座表面的杂物。复测轨排几何线形、钢筋、模板及轨排固定装置状态，复测接地及绝缘性能，满足要求后方可进行混凝土浇筑。

②对钢轨、扣件、螺杆调节器和轨枕等采取防护措施，避免混凝土污染。用塑料布将扣件和钢轨包裹，轨排框架托梁等部件覆盖保护，防止在浇筑混凝土的过程中被污染。

③对浇筑道床板范围的底座及轨枕洒水湿润，洒水采用人工洒水方式，使用土工布进行保水，凹槽内不得积水。

④道床板混凝土宜按低坍落度、低水灰比、低胶凝材料、高含气量进行配合比设计。混凝土浇筑按“之”字形浇筑顺序进行均匀布料。混凝土应从轨枕一侧经轨枕底部漫流至另一侧，以便排出轨枕底下的空气。

⑤道床板混凝土浇筑完成后，收面至少分三次进行，在混凝土入模振捣后应及时采用木抹完成粗平，随后采用钢抹抹平，最后在混凝土初凝前进行第三次抹面、压光。抹面时应采用原浆抹面压光，不得洒水润面或采用干水泥吸水。

⑥按设计要求设置排水坡，并严格控制道床板顶面的标高和平整度。道床板表面采用双向排水坡，横向排水坡度为2%，要按设计要求设置排水坡，并严格控制道床板顶面的标高和平整度。

⑦混凝土初凝后，应及时松开螺杆调节器、扣件和钢轨连接夹具，释放应力。

⑧混凝土浇筑完成后及时安排专人进行覆盖洒水或喷养护剂养护，养护时间不少于14天。

道床板混凝土浇筑、收面、初凝检测、覆盖养护、成品验收分别如图17-27～图17-31所示。

图17-27　道床板混凝土浇筑

图17-28　道床板收面

图17-29　混凝土初凝检测

图17-30　道床板养护

图17-31　道床板成品验收

（2）易发问题

顶面平整度差、轨枕处“八”字裂纹、横向裂纹。

（3）检查方式

现场核查（目测、量具实测、现场抽检、抽查资料）。

（4）核查资料

施工记录、原材料报告、成品验收报告。

2）安全检查要点

（1）检查内容

①混凝土浇筑时，振动棒操作人员必须穿胶鞋。

②运输车辆严禁人、料混装，车辆行驶速度不应过快（10 km/h以内）。平交道口和狭窄的施工场地，设置“缓行”标识，必要时安排人员指挥交通。

③道床板施工区域内各种车辆应限速行驶，并严禁掉头、超车及会车。夜间施工时，应在物流通道上做出明显通道宽度限界反光标识，防止发生意外。

④桥上作业注意高处作业安全注意事项，大风（6级）、雷雨天停止作业。

（2）易发问题

吊装伤人、用电伤人。

（3）检查方式

现场核查（目测、量具实测、抽查资料）。

（4）核查资料

交底或作业指导书、过程检查整改记录。

道床板施工典型安全质量问题，如图17-32～图17-35所示。

图17-32　轨排标准轨的轨缝预留不足

图17-33　轨道板轨枕周边产生应力裂纹

图17-34　道床板与底座板间分层、错台

图17-35　道床板板缝歪斜

第二节　挡砟墙、电缆槽竖墙、接触网支柱基础

挡砟墙、电缆槽竖墙、接触网支柱基础施工流程如图17-36所示。

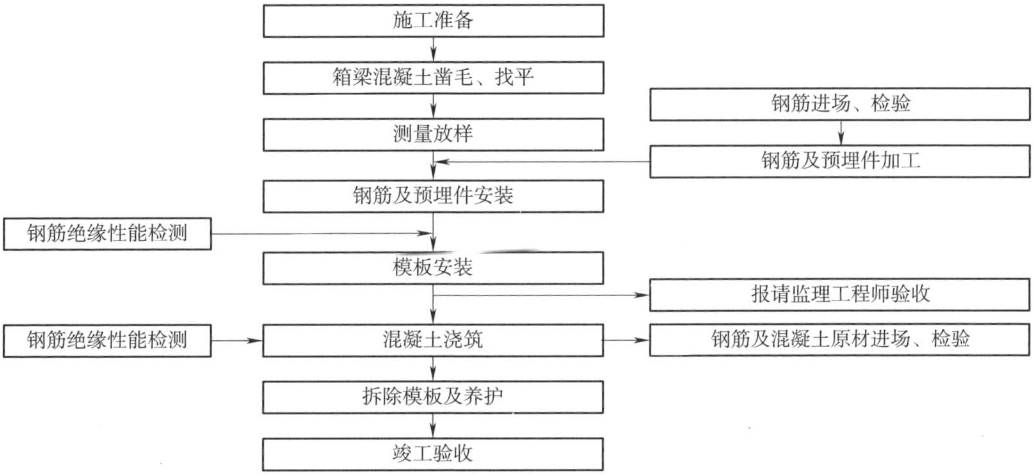

图17-36　挡砟墙、电缆槽竖墙、接触网支柱基础施工流程

一、挡砟墙

1. 质量检查要点

（1）检查内容

①挡砟墙所用的原材料和部件的品种、规格、材质、性能等是否符合设计要求及相关技术标准的规定。

②挡砟墙钢筋加工、连接和安装是否符合设计要求。

③挡砟墙接地系统是否符合设计要求。

④挡砟墙混凝土配合比、拌和、浇筑和养护是否符合设计要求。

⑤挡砟墙结构尺寸偏差、外观质量。

挡砟墙钢筋安装规范，符合设计要求，如图17-37所示。挡砟墙混凝土浇筑养护，采用土工布全覆盖洒水保湿养护，保证养护质量，如图17-38所示。

图17-37　挡砟墙钢筋模板安装

图17-38　挡砟墙混凝土浇筑养护

（2）易发问题

挡砟墙接地系统不贯通，挡砟墙的结构尺寸和外观质量不符合要求。

（3）检查方式

现场核查（目测、量具实测、现场抽检、抽查资料）。

（4）核查资料

产品合格证、原材料进场质量验收记录、混凝土拌和物出场记录、混凝土试块强度报告、设计文件、技术交底、检验批记录。

2. 安全检查要点

（1）检查内容

材料吊装及使用机械浇筑过程是否安排专业人员进行指挥，是否做好安全防护设施和设置安全警示标识。

（2）易发问题

材料吊装作业时无指挥人员。

（3）检查方式

现场核查（目测、量具实测、抽查资料）。

（4）核查资料

交底或作业指导书、过程检查整改记录。

二、电缆槽竖墙

电缆槽竖墙与挡砟墙检查要点相同。铁路电缆槽，外观质量及结构线形控制规范，如图17-39所示。

图17-39　铁路电缆槽（未敷缆）

三、接触网支柱基础

1. 检查内容

（1）检查接触网支柱基础上的预埋螺栓、预埋钢板的品种、规格、质量、防腐处理及预埋位置是否符合设计要求。

（2）其余检查要点与挡碴墙相同。

接触网支柱基础预埋件，施工规范，预埋螺栓预埋位置准确，如图17-40所示。

图17-40　接触网支柱基础预埋件

2. 易发问题

预埋件的质量和位置不符合要求。

3. 检查方式

现场核查（目测、量具实测、现场抽检、抽查资料）。

4. 核查资料

产品合格证、原材料进场质量验收记录、混凝土拌和物出场记录、混凝土试块强度报告、设计文件、技术交底、检验批记录。

第三节　声（风）屏障基础、风屏障

一、声（风）屏障基础

1. 检查内容

（1）声（风）屏障基础所用的原材料和部件的品种、规格、材质、性能等是否符合设计要求及相关技术标准的规定。

（2）声（风）屏障基础钢筋加工、连接和安装是否符合设计要求。

（3）声（风）屏障基础混凝土配合比、拌和、浇筑和养护是否符合设计要求。

（4）声（风）屏障基础结构尺寸偏差是否符合设计要求。

（5）声（风）屏障基础混凝土表面是否平整、颜色均匀，是否存在露筋、蜂窝、麻面等外观质量问题。

（6）声（风）屏障基础上的预埋螺栓、预埋钢板的品种、规格、质量、防腐处理及预埋位置是否符合设计要求。

（7）声（风）屏障基础的钢构件的结构尺寸和预焊位置、螺栓孔的数量和孔距是否符合设计要求。

混凝土梁声（风）屏障基础施工规范，基础结构尺寸标准，如图17-41所示。

钢梁声（风）屏障基础施工规范，基础结构尺寸标准，如图17-42所示。

图17-41　混凝土梁声（风）屏障基础

图17-42　钢梁声（风）屏障基础

铁路插板声（风）屏障，线形顺直，安装规范，如图17-43所示。

图17-43　铁路插板式声（风）屏障

2. 易发问题

材料的规格、尺寸不符合要求，声（风）屏障基础的结构尺寸和外观质量不符合要求，预埋件或预焊件的质量和位置偏差不符合要求。

3. 检查方式

现场核查（目测、量具实测、现场抽检、抽查资料）。

4. 核查资料

产品合格证、原材料进场质量验收记录、混凝土拌和物出场记录、混凝土试块强度报告、设计文件、技术交底、检验批记录。

二、风屏障

1. 检查内容

（1）检查风屏障所用的原材料和部件的品种、规格、材质、性能等是否符合设计要求及相关技术标准的规定。

（2）检查风屏障立柱钢板的焊接方式、焊接质量是否符合设计要求。

（3）检查风屏障障条、拉索和立柱的防腐体系、涂层厚度和外观质量是否符合设计要求。

（4）检查风屏障立柱的安装高程、相邻高差、垂直度、纵横位置是否符合设计要求。

（5）检查风屏障障条、拉索与立柱的安装位置及固定方式是否符合设计要求。

风屏障安装，风屏障线形顺直，安装规范，如图17-44所示。

图17-44　风屏障安装

2. 易发问题

材料的规格、尺寸不符合要求，风屏障各构件的固定方式不牢靠，风屏障外观存在磨损、锈蚀。

3. 检查方式

现场核查（目测、量具实测、现场抽检、抽查资料）。

4. 核查资料

产品合格证、原材料进场质量验收记录、设计文件、技术交底、检验批记录。

第四节　桥梁梁端防水装置、防落梁挡块

一、桥梁梁端防水装置

1. 检查内容

（1）检查桥梁梁端防水装置所用的原材料和部件的品种、规格、材质、性能等是否符合设计要求及相关技术标准的规定。

（2）检查桥梁梁端防水装置的安装位置和范围是否符合设计要求。

（3）检查桥梁梁端防水装置的部件是否齐全完整、连接可靠。

（4）检查桥梁梁端防水装置的安装质量是否满足梁体位移及转动的需要，防水装置是否能够做到可靠防水。

桥梁梁端防水装置，桥梁梁端防水装置的安装位置和范围、安装质量满足可靠防水要求，如图17-45所示。

图17-45　桥梁梁端防水装置

2. 易发问题

材料的规格、尺寸不符合要求，梁端防水装置出现明显破损、渗水情况。

3. 检查方式

现场核查（目测、量具实测、现场抽检、抽查资料）。

4. 核查资料

产品合格证、设计文件、技术交底、检验批记录。

二、防落梁挡块

1. 检查内容

（1）检查桥梁防落梁挡块所用的原材料和部件的品种、规格、材质、性能等是否符合设计要求及相关技术标准的规定。

（2）检查桥梁防落梁挡块的安装位置和范围是否符合设计要求。

（3）检查桥梁防落梁挡块的部件是否齐全完整、连接可靠。

桥梁防落梁挡块，安装位置和范围准确，部件连接可靠，如图17-46所示。

2. 易发问题

材料的规格、尺寸不符合要求，防落梁挡块与垫石间间距过大、连接螺栓未拧紧，钢构件涂层油漆厚度不足或过厚、表面存在有明显的起皮或脱落等情况。

图17-46　桥梁防落梁挡块

3. 检查方式

现场核查（目测、量具实测、现场抽检、抽查资料）。

4. 核查资料

产品合格证、设计文件、技术交底、检验批记录及第三方检测试验报告等相关资料。

第五节　防水层及保护层

一、施工流程

防水层及保护层施工流程如图17-47所示。

图17-47　防水层及保护层施工流程

二、质量检查要点

1. 检查内容

（1）检查防水层所用原材料，如基层处理剂、防水卷材、防水涂料等材料的品种、规格、质量、性能是否符合设计要求。

（2）检查防水层的铺设范围与厚度、构造形式是否符合设计要求。

（3）检查梁面基层处理是否符合要求。防水层的基面应平整、清洁、干燥，不应有浮渣、浮土和油污等杂物，应满足防水层铺设要求。

（4）检查防水层的铺设质量。防水层的搭接宽度、铺设工艺和细部做法是否符合要求，表面质量应平整均匀、厚薄一致、粘结牢靠、搭接封口正确，不应有滑移、翘边、起泡、空鼓和损伤等缺陷。

（5）检查保护层混凝土原材料、配合比设计、拌和及施工情况。各项数据应符合《铁路混凝土工程施工质量验收标准》。

（6）检查保护层施工部位、厚度、坡度、断缝处理情况。保护层表面应平整密实，不应有疏松。起砂、脱皮、损伤等现象，表面裂纹不应大于0.2 mm，断缝应使用设计要求材料填塞平整密实。

基面处理如图17-48所示，基层处理剂涂刷如图17-49所示，防水层铺设如图17-50所示，保护层浇筑及收面如图17-51所示。

图17-48　基面处理

图17-49　基层处理剂涂刷

图17-50　防水层铺设

图17-51　保护层浇筑及收面

2. 易发问题

基面处理不到位导致防水层与基面不能良好密贴，防水层搭接宽度不足、保护层厚度不足、保护层坡度不符导致表面积水，保护层浇筑方式不合理及断缝处理不到位导致表面开裂等。

3. 检查方式

现场核查（目测、量具实测、现场抽检、抽查资料）。

4. 核查资料

产品合格证、有资质的第三方检验报告、设计文件、现场施工方案、技术交底及检验批记录等有关资料。

第六节 人行道、检查梯、避车台、吊篮、围栏

一、人行道

1. 质量检查要点

（1）检查内容

①检查人行道步板所用材料质量和规格是否符合设计要求。

②钢构件连接质量。检查人行道钢横梁、立柱、支架等构件与桥梁的连接以及构件之间（焊接、栓接）是否符合设计要求。

③检查钢结构涂装是否符合设计要求，是否按方案工艺要求施工，油漆膜厚是否满足图纸和规范要求。

④检查步行板安装质量。人行道步行板安装是否铺装平稳、板面平整、排列均匀，有无明显损伤，嵌缝是否密实等；人行道步行板相邻高差应不大于3 mm。

人行道步板（混凝土梁区）如图17-52所示，人行钢格栅步板（钢梁区）如图17-53所示。

图17-52 人行道步板（混凝土梁区）

图17-53 人行钢格栅步板（钢梁区）

（2）易发问题

材料壁厚、尺寸不符，构件连接处螺栓松动、焊接质量过差，构件安装不顺直、存在明显变形弯曲，钢构件涂层油漆膜厚厚度不足或过厚、表面明显起皮或脱落情况，相邻步行板高差过大、抄垫不密实、步行板局部破损、安装不顺直等。

（3）检查方式

现场核查（目测、量具实测、现场抽检、抽查资料）。

（4）核查资料

产品合格证、设计文件、技术交底、检验批记录以及有资质的第三方检验报告等有关资料。

2. 安全检查要点

（1）检查内容

高处作业、吊装作业、焊接作业安全要求。

（2）易发问题

违章作业。

（3）检查方式

现场核查（目测、量具实测、抽查资料）。

（4）核查资料

交底或作业指导书、过程检查整改记录。

二、检查梯

1. 质量检查要点

（1）检查内容

①检查检查梯所用材料质量和规格是否符合设计要求。

②构件连接质量。检查检查梯构件与桥梁的连接以及构件之间（焊接、栓接）是否符合设计要求。

③检查检查梯的安装是否符合设计要求，有无明显变形、构件弯曲、不顺直等情况。

④检查钢结构涂装是否符合设计要求，是否按方案工艺要求施工，油漆膜厚是否满足图纸和规范要求。

（2）易发问题

材料壁厚、尺寸不符，构件连接处螺栓松动、焊接质量过差，构件安装不顺直、存在明显变形弯曲，钢构件涂层油漆膜厚厚度不足或过厚、表面明显起皮或脱落等情况。

（3）检查方式

现场核查（目测、量具实测、现场抽检、抽查资料）。

（4）核查资料

产品合格证、设计文件、技术交底、检验批记录以及有资质的第三方检验报告等有关资料。

2. 安全检查要点

（1）检查内容：高处作业、吊装作业、焊接作业安全要求。

检查梯作业人员安全防护如图17-54所示。

（2）易发问题

违章作业。

（3）检查方式

现场核查（目测、量具实测、抽查资料）。

（4）核查资料

交底或作业指导书、过程检查整改记录。

图17-54　检查梯作业人员安全防护

三、避车台

1. 质量检查要点

（1）检查内容

①检查避车台所用材料质量和规格是否符合设计要求。

②构件连接质量。检查避车台构件与桥梁的连接以及构件之间（焊接、栓接）是否符合设计要求。

③检查避车台的安装是否符合设计要求，有无明显变形、构件弯曲、不顺直等情况。

④检查钢结构涂装是否符合设计要求，是否按方案工艺要求施工，油漆膜厚是否满足图纸和规范要求。

避车台安装规范，构件无变形，连接牢固、涂装油漆均匀，如图17-55所示。

图17-55　避车台安装

（2）易发问题

材料壁厚、尺寸不符，构件连接处螺栓松动、焊接质量过差，构件安装不顺直、存在明显变形弯曲，钢构件涂层油漆膜厚厚度不足或过厚、表面明显起皮或脱落等情况。

（3）检查方式

现场核查（目测、量具实测、现场抽检、抽查资料）。

（4）核查资料

产品合格证、设计文件、技术交底、检验批记录以及有资质的第三方检验报告等有关资料。

2. 安全检查要点

（1）检查内容

高处作业、吊装作业、焊接作业安全要求。

（2）易发问题

违章作业。

（3）检查方式

现场核查（目测、量具实测、抽查资料）。

（4）核查资料

交底或作业指导书、过程检查整改记录。

四、吊篮

1. 质量检查要点

（1）检查内容

①检查吊篮所用材料质量和规格是否符合设计要求。

②构件连接质量。检查吊篮钢横梁、立柱、支架等构件与桥梁的连接以及构件之间（焊接、栓接）是否符合设计要求。

③检查吊篮的安装是否符合设计要求，有无明显变形、构件弯曲、不顺直等情况。

④检查吊篮步行板安装质量。吊篮步行板安装是否铺装平稳、板面平整、排列均匀，有无明显损伤等。

吊篮安装如图17-56所示。

图17-56　吊篮安装

（2）易发问题

材料壁厚、尺寸不符，构件连接处螺栓松动、焊接质量过差，构件安装不顺直、存在明显变形弯曲，钢构件涂层油漆膜厚厚度不足或过厚、表面明显起皮或脱落情况，相邻步行板高差过大、抄垫不密实、步行板局部破损、安装不顺直等。

（3）检查方式

现场核查（目测、量具实测、现场抽检、抽查资料）。

（4）核查资料

产品合格证、设计文件、技术交底、检验批记录以及有资质的第三方检验报告等有关资料。

2. 安全检查要点

（1）检查内容

高处作业、吊装作业、焊接作业安全要求。

（2）易发问题

违章作业。

（3）检查方式

现场核查（目测、量具实测、抽查资料）。

（4）核查资料

交底或作业指导书、过程检查整改记录。

五、围栏

1. 质量检查要点

（1）检查内容

①检查围栏立柱与桥梁的连接（灌浆及预埋深度）以及构件之间（焊接、栓接）是否符合设计要求。

②检查围栏的安装是否符合设计要求。

③检查钢结构涂装是否符合设计要求，是否按方案工艺要求施工，油漆膜厚是否满足图

纸和规范要求。

墩顶围栏安装如图17-57所示。

（2）易发问题

立柱预埋深度不足，构件连接处螺栓松动、焊接质量过差，构件安装不顺直、存在明显变形弯曲，钢构件涂层油漆膜厚厚度不足或过厚、表面明显起皮或脱落等情况。

（3）检查方式

现场核查（目测、量具实测、现场抽检、抽查资料）。

图17-57　墩顶围栏安装

（4）核查资料

产品合格证、设计文件、技术交底、检验批记录以及有资质的第三方检验报告等有关资料。

2. 安全检查要点

（1）检查内容

高处作业、吊装作业、焊接作业安全要求。

围栏作业人员安全防护齐全如图17-58所示。

（2）易发问题

违章作业。

（3）检查方式

现场核查（目测、量具实测、抽查资料）。

（4）核查资料

交底或作业指导书、过程检查整改记录。

图17-58　围栏作业人员安全防护齐全

第七节　桥梁排水设施

1. 检查内容

（1）桥梁排水设施所用材料的品种、规格、质量是否符合设计要求。

（2）泄水孔尺寸、间距、坡度是否符合设计要求。

（3）泄水管尺寸是否符合要求，泄水管有无破损、管盖有无缺失、是否固定牢靠。

（4）泄水管接头的连接方式是否符合设计要求。

排水孔（混凝土梁区）如图17-59所示，排水孔（简支钢梁区）如图17-60所示。

2. 易发问题

泄水孔堵塞、间距不足或过大，横纵向坡度不足导致易积水，泄水孔防水涂料涂刷不到位，泄水管尺寸不符，泄水管局部破、管盖缺失等情况。

图17-59　排水孔（混凝土梁区）

图17-60　排水孔（简支钢梁区）

3. 检查方式

现场核查（目测、量具实测、现场抽检、抽查资料）。

4. 核查资料

产品合格证、质量合格证、第三方检验报告、设计文件。

第八节　桥上救援疏散设施

一、质量检查要点

1. 检查内容

（1）检查桥上救援疏散设施所用原材料的品种、规格、材质、性能等是否符合设计要求及相关技术标准的规定。

（2）检查桥上救援疏散设施的钢筋加工、连接和安装是否符合设计要求。

（3）检查桥上救援疏散设施的基础、立柱、板、踏步和栏杆的结构形式、位置、质量是否符合设计要求。

（4）检查桥上救援疏散设施的基础、立柱、板和踏步的混凝土配合比、拌和、浇筑和养护是否符合设计要求。

（5）检查桥上救援疏散设施安全门的结构形式、安装位置、开启方向及安装质量是否符合设计要求。

（6）检查桥上救援疏散设施的钢部件防腐体系、涂层厚度和涂装质量是否符合要求。

（7）检查桥上救援疏散设施的指示标识，其设置位置、规格、数量是否符合设计要求。

桥上救援疏散设施如图17-61所示。

图17-61　桥上救援疏散设施

2. 易发问题

材料的规格、尺寸不符合要求，桥上救援疏散设施圬工结构的结构尺寸和外观质量不符合要求，桥上救援疏散设施钢结构的涂层厚度和涂装质量不符合要求，安全门的位置和开启方向不符合要求，救援疏散设施的指示标识设置位置错误、数量不足。

3. 检查方式

现场核查（目测、量具实测、现场抽检、抽查资料）。

4. 核查资料

产品合格证、原材料进场质量验收记录、混凝土拌和物出场记录、混凝土试块强度报告、设计文件、技术交底、检验批记录、施工记录。

二、安全检查要点

1. 检查内容

（1）脚手架连接是否可靠，布置间距是否符合设计要求。

（2）混凝土浇筑前，对模板进行检查，模板厚度与连接方式是否符合要求。

（3）其余为高处作业安全一般规定。

2. 易发问题

脚手架架体杆件间距过大。

3. 检查方式

现场核查（目测、量具实测、抽查资料）。

4. 核查资料

交底或作业指导书、过程检查整改记录。

第九节　综 合 接 地

一、质量检查要点

1. 检查内容

（1）接地体的位置、埋设深度、外露长度是否符合设计要求。

（2）贯通地线的敷设位置、接续和防护方式是否符合设计要求。

（3）各部位引接端子之间、各部位引接端子与贯通地线之间的连接是否符合设计要求，连接是否可靠，接地电阻测试是否符合设计要求。

混凝土梁区接地子安装如图17-62所示，钢梁区接地子安装如图17-63所示。

2. 易发问题

接地体预埋位置与设计不符，埋设深度不足，外露长度不足；接地钢筋连接不连续，相互交叉处未加过渡钢筋。

图17-62　混凝土梁区接地子安装

图17-63　钢梁区接地子安装

3. 检查方式

现场核查（目测、量具实测、现场抽检、抽查资料）。

4. 核查资料

产品合格证、进场验收记录、检验批记录、设计文件、技术交底等资料。

二、安全检查要点

1. 检查内容

高处作业安全。

2. 易发问题

人员施工时未佩戴安全防护用品。

3. 检查方式

现场核查（目测、量具实测、抽查资料）。

4. 核查资料

交底或作业指导书、过程检查整改记录。

第十节　边坡防护

一、质量检查要点

边坡防护施工流程如图17-64所示。

1. 检查内容

（1）检查施工放样是否符合图纸设计要求。现场需根据施工图纸划分施工区段，并做好平面、高程控制点。

（2）基坑开挖前检查开挖方法、防排水措施是否到位，开挖完成需检查基底平面位置、斜面基底坡率、尺寸、高程、地质情况和地基承载力等是否符合设计要求，基底处理和排水情况是否良好。

（3）检查垫层混凝土强度、铺设范围、厚度、顶面高程和横坡是否符合设计要求。

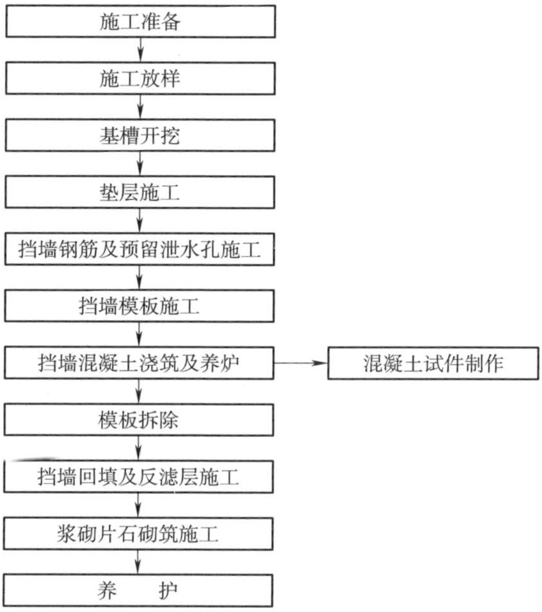

图17-64　边坡防护施工流程

（4）检查重力式挡墙所用钢筋、水泥、粗骨料、掺和料、外加剂、水、石料（砌块）等材料的品种、规格、质量是否符合要求。

（5）检查混凝土挡墙墙身钢筋的加工、连接和安装，泄水孔孔径、位置和排水坡度设置是否符合设计要求。

（6）检查混凝土挡墙沉降缝位置、宽度是否符合要求。

（7）检查墙背回填料的性质和压实质量，墙后反滤层所用填料、土工材料的品种及规格，反滤层的设置位置、构造尺寸是否符合要求。

（8）检查浆砌片石施工所用砌块的规格、质量，砌筑砂浆的强度等级是否符合要求。

① 基坑基底平面位置、地基承载力检测合格。

② 挡墙模板分段安装、设置沉降缝、分段施工，如图17-65所示。

③ 墙背区域用夯实机分层夯实，保证压实质量，如图17-66所示。

图17-65　挡墙模板分段施工

图17-66　墙背分层夯实

④浆砌片石施工规范，砌块的规格尺寸、砌筑砂浆勾缝、排水管布设规范。

2. 易发问题

基坑开挖前防排水措施不到位，基底积水导致地基承载力不足；反滤层规格尺寸及位置设置不符合要求，达不到防水土流失要求；混凝土挡墙浇筑过程中振捣不到位，混凝土表面存在蜂窝麻面等现象；泄水孔固定及混凝土浇筑过程中保护不到位，导致泄水孔堵塞无法排水。

3. 检查方式

现场核查（目测、量具实测、现场抽检、抽查资料）。

4. 核查资料

设计文件、技术交底、检验批记录以及有资质的第三方检验报告等有关资料。

二、安全检查要点

1. 检查内容

（1）基坑开挖前是否核实地质情况，并做好邻近地形的临时支护。

（2）混凝土浇筑前是否对模板及支撑进行全面检查，保证浇筑过程中不会漏浆、爆模甚至模板倾覆等情况。

混凝土浇筑前对模板进行检查，确保混凝土浇筑时无漏浆、无涨模等隐患。

2. 易发问题

坡顶堆载杂物、基坑未进行降排水；模板加固不牢靠。

3. 检查方式

现场核查（目测、量具实测、抽查资料）。

4. 检查资料

施工方案和技术交底

第十一节　桥面附属设施典型质量安全问题案例

1. 钢构件锈蚀问题

问题说明：构件边角处在吊（安）装时易出现磕碰，导致局部出现锈蚀（图17-67）（此图为避车台支架角钢）。

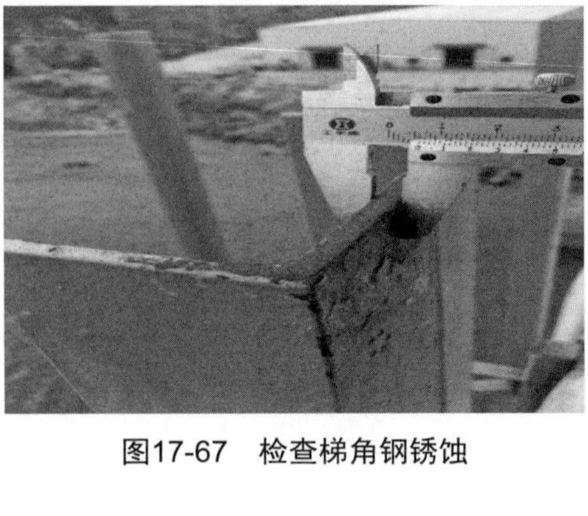

图17-67　检查梯角钢锈蚀

处理方法、方式：构件表面打磨除锈处理（除锈等级：PSt3级）、清理干净→底漆拌制→底漆涂刷（涂膜表干后按设计要求遍数、厚度涂刷）→中漆拌制→中漆涂刷（涂膜表干后按设计要求遍数、厚度涂刷）→面漆拌制→中漆涂刷（涂膜表干后按设计要求遍数、厚度涂刷）→成品保护。

标准要求：涂膜厚度和遍数满足设计图纸、规范要求；下一道涂层需在上一道涂层表干后方可涂装；涂层表面平整均匀，不应有剥落、起泡、裂纹、气孔，可有不影响防护性能的轻微桔皮、流挂、刷痕和少量杂质。

2. 桥面排水设施施工质量问题

问题说明：泄水管管盖破损（图17-68）。

处理方法：清除破损管盖→清理干净→更换新管盖→防水涂料涂刷（按设计要求遍数、厚度涂刷）→成品保护。

标准要求：管材管盖规格尺寸符合设计图纸要求，安装稳固牢靠、无缝隙。防水涂料涂刷厚度和遍数满足设计、规范要求。

3. 桥面防水层施工质量问题

（1）防水层搭接质量问题

问题说明：防水层铺设搭接宽度不足（设计10 cm，实际6 cm）（图17-69）。

图17-68　桥面泄水管破损

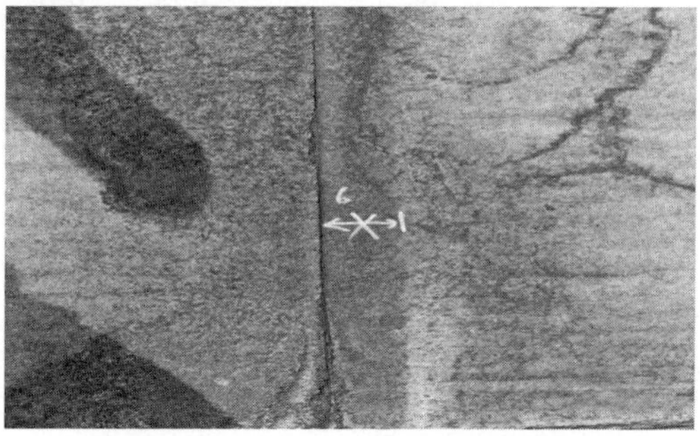

图17-69　防水层搭接宽度不足

处理方法、方式：将有问题的防水卷材掀开后重新进行铺设，二次铺设严格注意搭接宽度，可采取在防水卷材上做标识线的方式。

标准要求：防水层的搭接宽度、铺设工艺和细部做法应符合要求，表面应平整均匀、厚薄一致、粘结牢靠、搭接封口正确，不应有滑移、翘边、起泡、空鼓和损伤等缺陷。

（2）防水涂料涂刷质量问题

问题说明：聚氨酯防水涂料涂刷变干后出现起泡的现象（原因可能为防水涂料配比不符合要求、涂刷时温度过高或涂刷后遭遇暴晒、基面处理不到位存在异物等）（图17-70）。

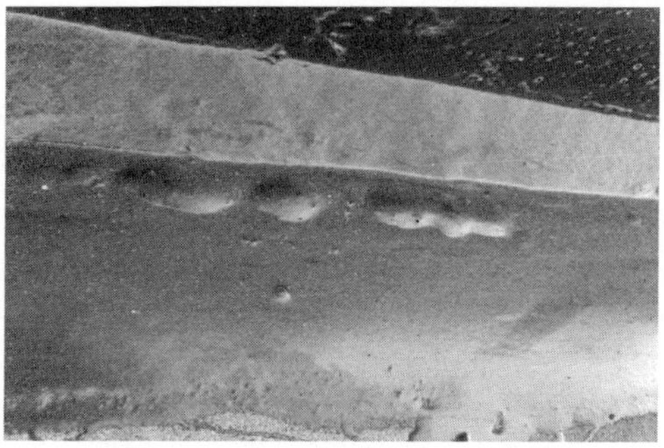

图17-70　防水涂料涂刷后起泡

处理方法、方式：将起泡位置的防水涂料进行割除，表面处理干净后补刷新的防水涂料。

标准要求：防水涂料主剂（A组分）、副剂（B组分）应按产品说明进行配制，每种组分的称量误差不应大于±2%；聚氨酯防水涂料涂刷时应分两次进行，以防止气泡存于涂膜内。第一次使用平板在基面上刮涂一层厚度0.2 mm左右的涂膜，1～2 h内使用金属锯齿板进行二次刮涂；防水层不得在雨天施工，施工环境温度高于35 ℃或低于5 ℃不得施工；防水涂料涂刷后12 h内应防止霜冻，雨淋及暴晒；待防水层完全干固后，方可浇筑保护层。

4. 边坡防护施工质量问题

问题说明：浆砌片石施工时，片石尺寸不规范导致砌缝过大且砂浆不饱满（图17-71）。

图17-71　浆砌片石砂浆不饱满

处理方法、方式：片石砌筑前先对其边角进行修整，砌筑时采用挤浆法分层、分段砌筑，保证砌筑质量。

标准要求：砌筑时应先砌外圈定位砌块，定位砌块宜选用表面较平整且尺寸较大的石料，定位砌缝应满铺砂浆，不得镶嵌小石块。定位砌块砌筑完成后，应先在圈内底部铺一层砂浆，其厚度应使石料在挤压安砌时能紧密连接，且砌缝砂浆密实、饱满。砌筑腹石时，石料间的砌缝应互相交错、咬搭，砂浆密实。石料不得无砂浆直接接触，也不得干填石料后铺灌砂浆。石料应大小搭配，较大的石料应以大面为底。挤浆时可用小锤敲打石料，将砌缝挤紧，不得留有孔隙。